W0247863

Claudia Bayerl (Hrsg.)

Bedienungsanleitung Liebe

100 praktische Tipps für mehr Liebe im Leben

Mit Beiträgen von:

Claudia Bayerl, Irene und Thomas Frei, Eric Hegmann, Susanne Hühn, Florian Kolfhaus, Eva-Maria Ruhland, Dr. Maren R. Stephan, Ulrike und Alexander Tourneur

Lesen Sie mehr auf unserer Homepage
www.bedienungsanleitung-liebe.de

Bibliografische Information der Deutschen Bibliothek

In der Deutschen Bibliothek wird diese Publikation in der Deutschen Nationalbibliografie verzeichnet; die bibliografischen Daten sind im Internet abrufbar, unter http://dnb.ddb.de.

1. Auflage 2012

Satz: Textakademie GmbH

Herausgeberin: Claudia Bayerl, Textakademie GmbH

Umschlaggestaltung und Abbildungen: Claudia Bayerl, Textakademie GmbH

Titelbild: © Claudia Bayerl, Textakademie GmbH

Motive: Hasan Yüksel, Textakademie GmbH

Printed in Germany

ISBN 978-3-00-039622-9

Gewidmet an

Dich

____

(Hier bitte eigenen Namen eintragen)

Liebe Leserin, lieber Leser,

ich freue mich so sehr über dieses Buch und dass Sie es gerade in Händen halten. Auf diesem Weg schicke ich Ihnen einen herzlichen Gruß.

Ich wünsche mir, dass Sie Freude an diesem Buch haben und davon profitieren. Ich selbst habe seit dem Entstehungsprozess jeden Tag Liebe dazu gewonnen und es hat mich und mein Leben beschenkt.
Auf der jahrelangen Suche nach Glück, Erfüllung und Zufriedenheit bin ich zu dem Ergebnis gekommen, dass **nur die Liebe uns genügend bereichert**.

Als kleines Mädchen wollte ich immer zaubern können. Ich lernte Hexensprüche und übte Reisigbesen aus, immer ohne Erfolg. Es schien mir hilfreich, ein Zaubermittel zu besitzen und heute kenne ich die **mächtigste Zauberformel, die ich mir vorstellen kann: Es ist die Liebe**.
Nichts erfüllt uns so sehr mit Freude und Tiefe, wie dieses Gefühl.
Und das Wunderbare daran ist, wer liebt ist völlig unabhängig.

Es liegt ganz allein an uns selbst, ob wir lieben oder nicht. Gleich nach dem Aufwachen können wir davon profitieren. Das entscheidet jeder von uns ganz allein. Lächle und liebe ich oder muffle ich vor mich hin. Liebe Leser, **wer liebt kann zaubern, ganz ehrlich**.
Denn Sie verzaubern sich, Ihr Leben und Ihr Gegenüber. Probieren Sie es aus und Sie werden überrascht sein, wie wirkungsvoll und ansteckend diese Zauberformel ist.

Die **Liebe ist der stärkste Schutzkreis, den es gibt**. Denn wer wirklich liebt, wird nicht verletzt, sondern ist sicher behütet. Sie brauchen Ihr Herz nicht hinter Mauern zu sichern, brauchen keine Waffe, um den Feind abzuwehren. Denn die Liebe ist die größte Macht unserer Welt. Wir werden mit dem Talent zu lieben geboren. Kinder würden nicht überleben, wenn sie nicht lieben und keine Liebe erhalten.

Liebe hat auch ganz praktische Nebenwirkungen: Unser Gehirn arbeitet leistungsfähiger, wir lernen leichter, denken schneller, es stärkt unser Immunsystem, verbessert unsere Gesundheit, fördert Heilungsprozesse – um nur einige zu nennen. Wer liebt, strahlt wie ein Leuchtturm und verzaubert sich, sein Leben, sein Gegenüber, seine Arbeit, sein Umfeld und unsere Welt.

Obwohl wir **sowohl mit der Sehnsucht als auch mit der Fähigkeit zu lieben geboren** werden, sind wir enttäuschte Kinder dieses Urbedürfnisses. Da es kein Lehrfach in Sachen Liebe gibt, reagieren wir oft unbeholfen mit Rückzug und Schutzmaßnahmen. Denn ohne Bedienungsanleitung erleben wir die Liebe oft auch als Verletzung.

Und damit Ihnen das nicht passiert, geben wir Ihnen eine solche Bedienungsanleitung zum Thema Liebe mit an die Hand.

Und jetzt wünsche ich Ihnen viel Freude auf Ihrem Weg
zu Ihrem persönlichen Liebesglück!

Von Herzen alles Liebe und ganz viel Freude beim Lesen.

Ihre

Claudia Maria Bayerl

Herausgeberin und
Geschäftsführerin der Textakademie GmbH

Ihr kleiner Wegweiser

Hier erklären wir Ihnen kurz **den Umgang mit Ihrem Buch**. Dann können Sie sofort loslegen und loslieben.
Viel Spaß beim Lesen und Umsetzen der Tipps!

100 Tipps

100 Tipps

Dieses Buch ist Ihr **Ratgeber zum Thema Liebe**. Suchen Sie aus Ihren 100 Tipps die heraus, die zu Ihnen passen.

Zehn Kapitel

10 Kapitel

In zehn Artikeln finden Sie jeweils zehn Tipps mit ganz konkreten Chancen, wie Sie mehr Liebe leben. Das Thema Liebe wird aus ganz **unterschiedlichen Blickwinkeln** betrachtet. Denn verschiedene Autoren berichten über Ihr Spezialgebiet und liefern Ihnen somit unterschiedliche Perspektiven für die Liebe. Wählen Sie aus, welche Themen Sie gerade brauchen.

Fünf Stolperfallen

Neben **Ratschlägen und Hilfestellungen** finden Sie auch die fünf häufigsten **„Liebes-Fallen“**. Damit Sie nicht stolpern, lesen Sie in den fünf Don'ts, worauf Sie besonders achten müssen. So machen Sie sich die Schwachpunkte bewusst und können sie gezielt umgehen.

Fünf Teile

5 Teile

Das Buch ist in **fünf Themen** aufgeteilt: Liebe für den Alltag, Selbstliebe, Partnerschaftsliebe, Partnersuche und Liebeskummer. Jeder Teil hat:
eine **eigene Farbe, ein eigenes Deckblatt, ein eigenes Vorwort** und ein Farbleitsystem am oberen Blattrand. So finden Sie sich schnell zurecht.

Motive

Zu jedem Tipp gibt es ein gezeichnetes **Strichmännchen-Motiv.** Sie dienen zur Veranschaulichung der Tipps und sollen Ihnen Freude bringen.

Notizen

Die **handschriftlichen Notizen** am Rand fassen den **Inhalt des Tipps** kurz und prägnant zusammen. So können Sie sich schnell orientieren. Ergänzen Sie die Notizen mit Ihren eigenen Bemerkungen.

Lösung ist Liebe

Fettdruck

Die Fettungen im Text heben **wichtige Hinweise und Inhalte** zur schnelleren Übersicht hervor. So können Sie die wichtigen Informationen im Schnelldurchgang überfliegen.

fett

Das @-Zeichen

Das @-Zeichen bietet Ihnen eine besondere Hilfestellung:
Unter www.bedienungsanleitung-liebe.de haben wir Ihnen viele Tipps, Beispiele und Ergänzungen zusammen gestellt. Nutzen Sie diese weiteren Anregungen auch für Ihr Arbeitsbuch.

@

Der Blitz

Hier heißt es: Achtung! Der Blitz zeigt Ihnen fünf Stolperfallen der Liebe auf, damit Sie nicht mehr hineinfallen.

Ihre Vorteile:

Je mehr Liebe Sie in Ihrem Leben haben, umso....

- glücklicher und zufriedener sind Sie.
- intensiver nutzen Sie Ihr Leben.
- erfüllter ist Ihr Leben und sind Sie selbst.
- mehr Spaß haben Sie auch bei der Arbeit.
- mehr Menschen lernen Sie kennen, die Liebe leben.
- mehr Liebe können Sie anderen Menschen schenken.
- lebendiger ist Ihr Leben.
- besser nutzen Sie Ihre kostbare Zeit.
- mehr Lebenszeit gewinnen Sie.
- mehr Ausstrahlung gewinnen Sie.
- mehr faszinieren Sie andere und sich selbst.
- mehr strahlen Sie wie ein Stern.
- mehr werden Sie geliebt.
- mehr lieben Sie sich selbst.
- beschützter sind Sie.

Und außerdem:

- Ein liebender Mensch kennt kein Alter und ist schön.
- Liebe ist die beste Kosmetik.
- Ihre Sehnsucht nach Liebe wird gestillt.

Ihre Benutzertipps:

- Gehen Sie offen, neugierig und positiv an jeden Tipp heran.
- Freuen Sie sich über jeden Tipp.
- Prüfen Sie, ob er Ihnen hilft.
- Seien Sie ehrlich zu sich selbst.
- Nehmen Sie sich Zeit.
- Nutzen Sie Ihre Chance für Selbsterkenntnis und Selbstreflektion.
- Verschaffen Sie sich Klarheit über die Realität.
- Machen Sie sich Ihre Situation, Ihre Gefühle und Gedanken bewusst.
- Lassen Sie Fragen und Gefühle zu.
- Betrachten Sie Ihre Fehler als persönlichen Lebens-Coach.
- Stellen Sie sich Ihren Ängsten und befreien Sie sich von Ihnen.
- Machen Sie sich Randnotizen im Buch.
- Arbeiten Sie mit Farbstiften in Ihrem Buch.
- Schreiben Sie, reflektieren Sie und handeln Sie.
- Besuchen Sie die Homepage www.bedienungsanleitung-liebe.de.
- Holen Sie sich dort unter Nützliches zusätzliche Infos. Zugangscode: Ich_liebe
- Bestellen Sie Ihren kostenlosen Newsletter mit dem Tipp zur Liebe.
- Beantworten Sie die Fragen im Arbeitsbuch.
- Wichtig: Gehen Sie zum Schluss in die aktive Phase!
  D. h.: Treffen Sie eine Entscheidung, was Sie in Ihrem Leben
  konkret verändern wollen und handeln Sie danach!

Das Arbeitsbuch

Besonders wichtig für Sie: Das „Arbeitsbuch Bedienungsanleitung Liebe“. Hier finden Sie zu **allen Tipps konkrete Fragen und Übungen**. So reflektieren Sie Ihre persönliche Situation, überdenken Ihr Leben und **entdecken Ihre individuellen Chancen** für mehr Liebe. Eine wahre Bereicherung für Sie und eine wunderbare Möglichkeit, konkret **an sich zu arbeiten**.

Mehr Information und Bestellmöglichkeiten finden Sie unter: www.bedienungsanleitung-liebe.de.

Die Homepage zum Buch

Auf www.bedienungsanleitung-liebe.de finden Sie ein umfangreiches Angebot. **Zahlreiche Hilfestellungen** in Form von Beispielen, Tipps oder Übungen warten auf Sie. Sie können **Kontakt aufnehmen** oder sich über die Autoren informieren. Geben Sie unter Nützliches und Liebeskummer den Zugangscode: „Ich_liebe“ ein.

Der Newsletter

Abonnieren Sie Ihren **monatlichen Tipp zur Liebe**. Melden Sie sich kostenlos auf www.bedienungsanleitung-liebe.de an. **In diesem Newsletter erhalten Sie jeden Monat einen neuen Tipp zum Thema Liebe**. So erweitern Sie ständig dieses Buch und bleiben kontinuierlich in der Liebe.

Facebook

Nutzen Sie viele Vorteile und werden Sie Fan auf unserer Seite: www.facebook.com/Bedienungsanleitung.Liebe

Ihr Liebes-Werkzeugkasten

Buch, Arbeitsbuch, Homepage, Facebook und Newsletter ergänzen sich optimal zu Ihrem Liebes-Werkzeugkasten. So steigen Sie in Ihren persönlichen **Veränderungsprozess** ein. Lesen Sie auf den folgenden drei Seiten, wie Sie in sieben Schritten gezielt vorgehen.

In sieben Schritten zu mehr aktiver Liebe in Ihrem Leben

1. Schritt: **Lesen**

Lesen Sie die Kapitel, die Sie interessieren.

2. Schritt: **Auswahl**

Treffen Sie eine Auswahl der Tipps, die Sie ansprechen.

3. Schritt: **Aufschreiben**

Beantworten Sie gezielt die Fragen im Arbeitsbuch zu diesen Tipps.

4. Schritt: **Bewusstmachung**

Denken Sie über die Fragen und Ihr Geschriebenes nach und reflektieren Sie.

5. Schritt: **Fehler erkennen**

Decken Sie Ihre Fehler auf und analysieren Sie sie genau.

6. Schritt: **Entscheidung**

Entscheiden Sie sich aktiv dafür, was Sie verändern wollen.

7. Schritt: **Handlung**

Setzen Sie Ihre bewusst getroffenen Entscheidungen aktiv in eine Handlung um.

… und jetzt nur noch üben, üben, üben.

Liebe lernen in sieben Schritten:

1. Schritt: Lesen und Information aufnehmen

Lesen Sie dieses Buch aufmerksam und intensiv durch. **Beschäftigen Sie sich mit dem Thema Liebe** und Ihren damit verbundenen Ängsten offen und ehrlich. Lassen Sie anschließend die Inhalte auf sich wirken.

2. Schritt: Auswahl treffen

Betrachten Sie Ihre momentane Situation und **wählen Sie sich die Tipps aus, die Sie ansprechen** und zu Ihrer Lebenssituation passen.

3.Schritt: Fragen im Arbeitsbuch beantworten

Beantworten Sie die Fragen zu den Tipps in Ihrem Arbeitsbuch. Lassen Sie Ihren Gefühlen dabei freien Raum. Sperren Sie sie nicht weg. Ihre Gefühle wollen angenommen und respektiert werden. Schreiben Sie zu jedem Tipp alles auf, was Ihnen einfällt. Denn **Schreiben bringt Klarheit und das ist ein wichtiger Schritt zur Selbsterkenntnis.**

4. Schritt: Reflektion und Transparenz

Durchdenken Sie Ihr Erlebtes. **Setzen Sie sich mit Ihren Gefühlen, Ihren Fehlern, Ängsten und Erlebnissen auseinander**. Was Sie erlebt haben, ist ein Teil von Ihnen, ein Teil Ihres Lebens. Jede Lebensgeschichte muss und darf Ihren Raum haben. Sein eigenes „Ich“ genau anzusehen, ist eine Aufgabe, vor der wir uns nicht verschließen sollten. Also ran an das Abenteuer: „Wer bin ich?“ Wichtig dabei ist: **Seien Sie ehrlich zu sich selbst**. Es geht nicht darum, seine Stärken hervorzuheben, sondern sich mit seinen Ängsten und Fehlern zu konfrontieren. Es gehört Mut dazu, sich selbst ungeschminkt und ohne Werbeparolen zu begegnen. Aber Sie werden sehen, dass es ein **tolles Gefühl** ist, **wenn man nicht perfekt sein muss, sondern stolz auf sich ist, wie man ist.**

5. Schritt: Fehler als Chance erkennen

Wir sind auf Entwicklung ausgerichtete Wesen. Es liegt in unserer Natur, dass wir lernen und nicht auf der Stelle stehen bleiben. **Für unsere Weiterentwicklung sind Fehler das Handwerkszeug**. Aus ihnen lernen wir und finden somit leichter den richtigen Weg. Kinder machen es uns täglich vor, wie selbstverständlich man mit seinen Fehlern umgehen kann. Suchen Sie bewusst nach Ihren Fehlern und freuen Sie sich über jeden, den Sie aufgedeckt haben. Jetzt dürfen Sie **von ihnen profitieren** und einen Schritt nach vorne gehen.

6. Schritt: Entscheidungen treffen und umsetzen

Treffen Sie bewusst eine Entscheidung, was Sie in Ihrem Leben ändern wollen. Notieren Sie in einem Kalender oder Notizbuch, was Sie sich vornehmen und **prüfen Sie regelmäßig, was Sie schon erreicht haben. Die Entwicklung steht im Vordergrund**: Da geht man mal einen oder zwei Schritte nach vorne und dann auch mal wieder einen Schritt zurück. Sie sind nicht im Wettkampf, sondern auf dem Weg zu sich selbst. Also nehmen Sie sich die Zeit, die Sie brauchen und **lieben Sie sich schon jetzt für die ersten Entscheidungen** und kleinen Schritte, die Sie bisher geschafft haben – auch für die zurück.

7. Schritt: Entscheidungen aktiv in Handlungen umsetzen

Und jetzt wird es richtig spannend. Gehen Sie mit offenen Augen durch Ihre Welt. Wenn Sie genau hinschauen, werden Sie überrascht sein, wie ausgetrocknet unser Umfeld nach aufrichtiger Liebe ist. Dabei reicht manchmal schon ein Lächeln für den Kollegen oder ein „Guten Morgen“ für den Postboten. **Liebe können Sie nicht genug verschenken und Sie werden sehen, es erfreut Sie, stärkt und kräftigt Sie, Tag für Tag mehr**. Sie werden spüren: Je mehr Sie ohne Erwartungshaltung lieben, desto besser und sicherer fühlen Sie sich.

Platz für Ihre Notizen

Wichtige Zugangsdaten:

Auf der **Homepage** www.bedienungsanleitung-liebe.de geben Sie bitte unter **„Nützliches“** und **„Liebeskummer“** **Ihren Zugangscode: „Ich_liebe“** ein.

Teil 1:
Liebe für den Alltag

Platz für Ihre Notizen

„Die wahre Liebe verausgabt sich nicht.
Je mehr du gibst, umso mehr verbleibt dir.“
(Antoine de Saint-Exupéry)

Liebe Leserin, lieber Leser,

über kaum ein Thema wird so viel geredet, gelesen, gesungen und gefilmt wie **über die Liebe**. Allein Google liefert über **300 Millionen Treffer**. Aber **wo ist die Liebe im Alltag**, wo in unserem Leben und Herzen? Gehen wir wirklich liebevoll miteinander und mit uns selbst um?
Lieben wir unser Leben, unsere Mitmenschen, unseren Partner, unsere Arbeit und uns selbst so sehr, dass wir erfüllt und reich beschenkt sind?

Bestimmt gibt es hier noch Nachholbedarf und das sollten wir im Eigeninteresse nutzen. Denn je mehr wir ehrlich lieben, desto besser geht es uns. **Liebe ist ein Wundermittel**, dass uns mit **Glück, Zufriedenheit, Kraft und Energie versorgt.** Und ich meine damit nicht die Hormondroge mit der rosaroten Brille, sondern die tiefe Liebe zu allem, was uns begegnet.

Die Liebe ist so stark, dass sie uns **gleichzeitig beschützt und bereichert**. Der Mensch der liebt, **füllt sein eigenes Herz mit Freude**. Diese gelebte Freude macht ihn zufrieden und geht in die Tiefe. Das gibt uns Kraft und Energie von innen. Und diese **Kraft schützt uns vor Kummer**. Das Fantastische daran: Wir entscheiden ganz eigenständig, wie oft wir unser Herz mit Liebe füllen. Jeden Tag, einmal die Woche, zehnmal am Tag oder gar nicht.

Wir haben die Wahl, uns über so vieles immerzu und aufrecht zu freuen: über das Leben, die Natur, unser Gegenüber oder darüber, anderen Gutes zu wünschen.
Je öfter wir diese Freude und Liebe zulassen, umso besser geht es uns. Es ist so wunderbar einfach und dennoch müssen wir es täglich üben.

Aber wir alle können es, denn **es liegt in unserer Natur, zu lieben**. Das Kapitel will Sie begleiten, um Ihnen die Möglichkeiten zu zeigen, wie wir täglich von der Liebe profitieren.

So wünsche ich Ihnen ganz viele Chancen zum Lieben,
damit Ihr Herz immer mit Liebe gefüllt ist.
Ihre

Claudia Bayerl

Platz für Ihre Notizen

Claudia Bayerl

Liebe für jeden Tag

Ein Leben ohne Liebe ist sinnfrei. Warum?
Wir sind auf Liebe ausgerichtete Wesen. Wir werden sowohl mit der Fähigkeit als auch der Sehnsucht zu lieben geboren. Die Natur hat es so eingerichtet, dass wir erst Erfüllung in unserem Leben finden, wenn wir lieben. Bei dieser Suche erfahren wir aber auch Liebesmangel und Kummer. Dies führt häufig zu Ersatzbefriedigungen, Rückzug oder Kapitulation. Die Zauberformel lautet allerdings immer: Liebe. Wenn wir aufrecht lieben, dann erfüllt uns echte Liebe mit Kraft und Energie. Gleichzeitig beschützt sie uns so wirkungsvoll, wie es kein Schwert oder Schild kann. Wer liebt:

1. erlebt Erfüllung und tiefe Freude,
2. wird durch seine eigene Liebe geschützt,
3. tankt Kraft und Energie.

Wie das geht und wie wir das optimieren, lesen Sie in diesem Kapitel.

Die Autorin

Claudia Bayerl

Claudia Maria Bayerl hat sich mit diesem Buch einen Herzenswunsch erfüllt und dabei selbst enorm viel gelernt. Liebe war schon immer ihr Thema. Die Liebe zu Menschen, Tieren, Natur, Arbeit, dem Leben und sich selbst.

Sie ist Expertin und Trainerin für die Themen Texten und Kreativitätstechniken, beschäftigt sich mit der Gehirnforschung und lernt jeden Tag dazu.

Als Geschäftsführerin der Textakademie GmbH begleitet sie viele Menschen und gibt leidenschaftlich gerne Seminare zum Texten und Kreativitätstechniken. Ihre Kraft zieht sie aus der Liebe, die sie ihrer Arbeit, ihren Mitmenschen, ihren Tieren und sich selbst gibt. Aber sie weiß auch, dass sie selbst noch viel lernen kann, um noch mehr zu lieben und selbst zu wachsen.

Warum Liebe so wichtig ist

Wir sind vorteilsorientierte Wesen. Evolutionsbedingt haben wir unser Überleben gesichert, indem wir stets nach Vorteilen Ausschau gehalten haben. Sind die Grundbedürfnisse des Überlebens gesichert, richtet sich unser Fokus nach Erfüllung, Entwicklung und Glücklichsein. Doch dies ist weitaus schwieriger als die Absicherung unserer Basisversorgung. **Wir wollen lieben und geliebt werden, dies liegt in unseren Genen**. Bekommen wir genug Liebe, strahlen wir, fühlen uns sicher, geborgen, zufrieden und erfüllt. Erleiden wir einen Liebesmangel, dann weint das Kind, tobt der Erwachsene und beide leiden. Liebevoll knuddeln wir den Teddy oder tätscheln unser Auto als mäßige Ersatzbefriedigung. Einen echten Ersatz für die Liebe gibt es allerdings nicht. Kein Job, kein Hobby, kein noch so tolles Auto, kein Wohlstand und keine Luxusreise können uns die Erfüllung geben wie eine erfüllte Liebe. Auch Hilfskrücken wie Alkohol, Sex, Drogen, Zigaretten, Meckern oder andere **Ersatzbefriedigungen geben uns nicht die Zufriedenheit, die wir brauchen.** Doch was tun, wenn die Liebe, die wir alle brauchen, nicht wie gewünscht da ist?

Liebes-Gene sind in uns

Wir sind evolutionsbedingt liebes-orientierte Wesen

Achtung: Ersatzbefriedigungen stillen nicht Liebes-hunger

Es gibt aus meiner Sicht **nur eine Lösung: Wir müssen selbst lieben**. Und das müssen wir zum Teil wieder lernen. Denn **wer bewusst liebt, holt sich Freude und Erfüllung in sein Leben**. Nichts macht uns so glücklich wie ein Tag, den wir in Liebe verbringen. Wer sein Herz stärkt, gelangt zu einer enormen Größe und entwickelt sich zu einer nahezu unabhängigen Persönlichkeit. Doch wie kommt man zu mehr Liebe? Wie schaffen wir es, so zu lieben, dass wir nicht enttäuscht und verletzt werden? Es ist wirklich einfacher, als man glaubt und dennoch muss man es täglich üben.

Lösung ist Liebe

Hier die Liebesformel:

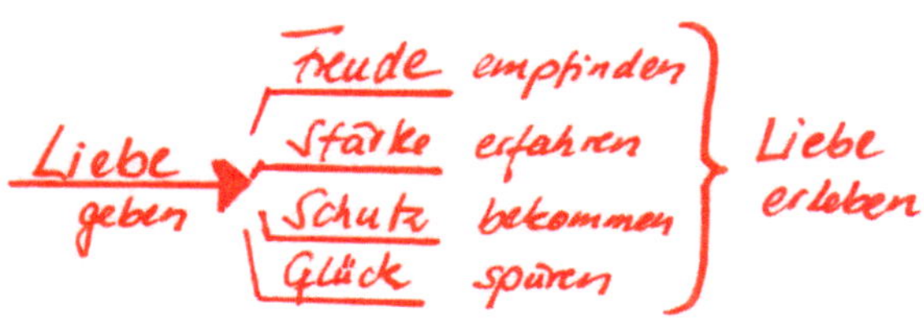

Liebesformel

1. Freuen Sie sich über die Chancen

„Leben ist das, was passiert, während du eifrig dabei bist, andere Pläne zu machen", meinte einmal John Lennon. Und so ähnlich ist es wohl auch. Doch die entscheidende Frage ist, **was wir aus dem machen, was uns im Leben passiert**. Man könnte meinen, dass wir nicht der Konstrukteur unseres Lebens sind, sondern dass das Leben uns immer wieder einen Streich spielt. Wir werden mit Herausforderungen konfrontiert, die wir gar nicht bestellt haben. Diese Aufgabenliste können wir nur bedingt beeinflussen. Was wir daraus machen, liegt an uns. Wir selbst treffen jeden Tag und jeden Moment die **weit reichende Entscheidung, wie wir die Erlebnisse bewerten, die uns das Leben vorsetzt**.

Sie sind der Konstrukteur, denn schlecht ist erst, was Sie als schlecht bewerten

Stellen Sie sich vor: Ein Kunde ruft an und winkt mit einem Großauftrag. Das freut Sie bestimmt. Sie nehmen den Anruf als echte Chance und Erfolg wahr. Gleicher Tag, doch in der Früh touchiert ein Junge mit seinem Fahrrad Ihr parkendes Auto. Sie sehen es und rufen dem Burschen hinterher. Der aber streckt Ihnen die Zunge raus und zischt auf seinem Rennrad davon. Auch hier entscheiden Sie, was Sie daraus machen. Selbstverständlich dürfen Sie sich jetzt aufregen und richtig sauer sein. Das ist eine menschliche Reaktion. Aber das wird an der Situation nichts ändern. **Denn was geschehen ist, können Sie nicht mehr korrigieren**. Es ist wichtig, dass Sie **wieder zur Ruhe kommen** und Ihr **inneres Gleichgewicht** finden. Der Tipp liegt darin, dass Sie **die Situation als geschehen annehmen** und sich **nicht länger negativ davon beeinflussen lassen**. Sie entscheiden jetzt ganz allein, ob der Junge nur Ihr Auto verkratzt hat oder Ihnen auch noch den Tag verdirbt. Das heißt, eigentlich hat der Junge nur Ihr Auto verkratzt. Den Tag verderben Sie sich womöglich selbst, wenn Sie sich darüber heftig ärgern. Nehmen Sie es als unbestellte Herausforderung des Lebens. Angenommen nach dem Vorfall ruft der Kunde mit dem Großauftrag an, Sie sind allerdings noch immer wütend und blaffen in den Hörer. Glauben Sie, Ihr Kunde winkt dann noch immer freudig mit dem Auftrag? Wie, glauben Sie, wird Ihr Tag verlaufen, wenn Sie sich so richtig ärgern? Optimal? Bestimmt nicht. Überlegen Sie, wie viele solche Erlebnisse Ihnen jeden

akzeptieren Sie, was geschehen ist, Sie können es nicht mehr ändern

Sie entscheiden, wie Ihr Leben verläuft durch Ihre Bewertung

Tag begegnen, z. B. der Kaffee, der umkippt; die Milch, die auf dem Herd anbrennt; der Bus, der zu spät kommt; der langsame Autofahrer vor Ihnen und vieles mehr. Halten Sie bei solchen Dingen inne, **atmen Sie einmal tief durch und lächeln Sie**. Nehmen Sie solche **Erlebnisse ganz bewusst gelassen** an und ärgern Sie sich nicht darüber.

Vielleicht ist es so, dass **das Leben uns Aufgaben gibt**, ähnlich wie Hausaufgaben in der Schule. Wenn man diese gerne macht, gut und gewissenhaft, muss man auch nicht nachsitzen und kommt weiter im Stoff. Wer sie nicht ordentlich macht, darf sie noch einmal machen und noch einmal und noch einmal. Wer sie mürrisch macht und denkt „nicht schon wieder“, wird sie nicht gut machen und darf noch einmal üben. **Entscheiden Sie selbst, wie Sie die kleinen und großen Aufgaben des Lebens meistern** wollen. Mein Tipp: Nehmen Sie die **Aufgaben mit Gelassenheit**. Denken Sie sich: Sie sind **zur Übung und nicht als Strafe gedacht**. Dies ist nicht immer leicht, aber ich bin mir sicher, das Leben gibt Ihnen ausreichend Gelegenheit zum Training. Entscheiden Sie selbst über den Verlauf Ihres kostbaren Lebens.

Hausaufgaben des Lebens meistern mit Liebe + ☺

Sie profitieren von Ihren Gefühlen, denn sie entscheiden ob Sie glücklich sind

Um das zu verdeutlichen, hier **eine kleine Formel**:

Sie ärgern sich = schlechte Zeit + strahlt negativ aus + hält negativ an
= Ihr Gehirn wird sauer + sieht viel Negatives
= Sie sind matt und kaputt

Ärgern = schlechte Zeit
= Gehirn sauer
= matt + kaputt

Sie lieben/freuen sich = gute Zeit + strahlt positiv aus + hält positiv an
= Ihr Gehirn wird glücklich + sieht viel Positives
= Sie sind voller Kraft und Energie

Lieben = gute Zeit
= Gehirn glücklich
= Kraft + Energie

Schlussfolgerung: Es ist klug, alles mit Liebe zu betrachten, denn Sie profitieren immer davon. Deshalb: **Begegnen Sie dem Leben und den Ereignissen mit Liebe und Wohlwollen**. Wichtig: Sie bestimmen Ihre Lebensqualität und -realität durch Ihre Gefühle.

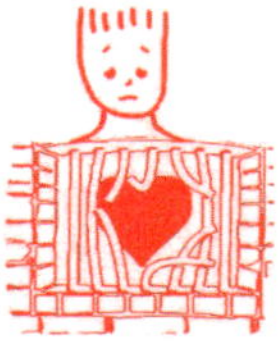

2. Mauern Sie Ihr Herz nicht ein

Kinder geben und brauchen bedingungslose Liebe

Die Sehnsucht nach Liebe wurde uns bereits in die Wiege gelegt. Abhängig von der Zuneigung unseres Umfeldes haben wir gelernt, wie sicher und geborgen wir uns in liebevollen Armen fühlen. Jedes Kind braucht die Liebe und Zuwendung genauso wie die soziale Versorgung. Ohne überleben wir nicht. **Kinder schenken ihre Liebe bedingungslos** und ohne Vorbehalt und **hoffen auf eine unkündbare Liebe im Gegenzug**. Doch nur selten erfüllt sich unser Wunsch nach bedingungsloser Liebe. Früh lernen wir, dass die **Liebe keine Selbstverständlichkeit ist**. Unser Urbedürfnis nach Geborgenheit, Schutzraum und **bedingungsloser Liebe wird nicht gestillt**. Jetzt beginnt häufig der Kampf und das Streben nach Liebe. Wir **werben mit Leistungsbereitschaft, Gehorsam und Fleiß** und versuchen, uns die Liebe und Zuwendung zu verdienen. Doch dieser Deal geht nicht auf. Denn bedingungslose **Liebe kann man sich nicht verdienen**. **Zurück bleibt ein Liebesmangel**. Dabei spielt es keine Rolle, ob wir vom Partner verlassen wurden, uns in einer Partnerschaft nicht ausreichend geliebt fühlen oder der Mangel aus der Kindheit stammt. **Immer ist die Wunde schmerzhaft**.

Liebesmangel ist schmerzhaft

Doch hier ist die Spezies **Mensch äußerst schmerzempfindlich**. Erfindungsreich ergreifen wir **Maßnahmen, um uns zu schützen**. Nicht selten wird das verwundete Herz, um uns zu „beschützen", vergraben und isoliert. Niemand soll uns mehr wehtun, niemand darf mehr so nahe heran. Doch wir sind **auf Liebe ausgerichtete Wesen**. Auf der einen Seite reagiert unser Schutzinstinkt und **bemüht sich um Schadensbegrenzung**. Aber die **Sehnsucht nach Liebe** bleibt. Dieser Spagat ist schwer zu stemmen und die **Lösung liegt nicht im Rückzug**. Der einzige Weg, uns erfolgreich vor Liebesverlust zu schützen, ist, **selbst zu lieben**. Das Verlies unseres Herzens ist immer unser eigenes. Es gibt **keine Schutzmauern, die uns wirkungsvoll schützen**. Sie isolieren uns vor uns selbst. **Wir sperren die stärkste Kraft unserer Persönlichkeit ein**.

Vorsicht Falle: Schutzmauern sind Einzelhaft für unsere Persönlichkeit

Liebe ist das natürliche Schutzschild vor Liebesschmerz

Das Fantastische an der Liebe ist: **Die Natur hat die Liebe als Schutzschild für uns gemacht**. So besteht unser Schutzschild darin, dass, je mehr wir bedingungslos und aufrecht lieben, wir umso beschützter sind.

3. Verstand und Herz im Gleichgewicht

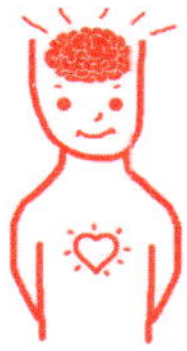

Im Laufe unseres Lebens werden unsere Gefühle verletzt. Unsere Trauer ist zum Teil so groß, dass unser Verstand uns nicht mehr schützen kann. Bei kleineren Schrammen lässt sich der Herzschmerz noch verdrängen und unser Kopf betäubt uns mit Arbeit oder anderen Ablenkungen. Doch was, wenn es tiefer geht und uns die Trauer übermannt. Wenn selbst gute Freunde uns nicht trösten können und scheinbar nichts mehr hilft. Ohnmächtig erlebt unser Verstand unsere Hilflosigkeit. **Das Herz scheint zu brechen und kein Pflaster kann es heilen.** Unser Verstand wählt zwischen zwei Möglichkeiten: Entweder wir öffnen uns unseren Gefühlen oder versuchen sie zu verdrängen. Im letzten Fall bekommen unser Schmerz und unsere Gefühle nicht den nötigen Raum. **Kummer muss gelebt werden**. Verdrängt unser Kopf unseren Schmerz, wird er nicht verarbeitet. Zurück bleibt dann ein verwundetes Herz, ein verletztes Ich und das Gefühl, nicht ausreichend geliebt zu werden. **Unser Verstand trifft** dann oft eine fatale **Entscheidung: Er will diesen Schmerz nicht noch einmal durchleiden und mauert unbewusst unser Herz ein**. Gefühle kommen ins Verlies der Vergessenheit. Doch leider ist damit weder das Problem gelöst, noch das Herz geschützt. Im Gegenteil: Jetzt beginnt erst recht das Drama. Ungestraft amputiert unser Verstand unser Herz nicht. Denn Liebe und Gefühle sind entscheidend für unsere Persönlichkeit, unseren Charakter und unsere Entwicklung. Wer hier nicht investiert, sondern geizt, wird als armer Mensch sterben. **Wir brauchen beides, Herz und Verstand**. Unser Gehirn kann sich erst frei entwickeln, wenn das Herz blüht. Denn durch die Liebe unseres **Herzens bekommen wir wirkliche Kraft, Energie und Freiheit**. Ohne die Liebe laufen wir oft im Hamsterrad unser Leben ab. Das Herz braucht aber auch den Verstand, um unsere Liebe umzusetzen und aus unseren Fehlern und Ängsten zu lernen. **Wahre Lebendigkeit können uns nur Herz und Verstand schenken**. Das ist eine unverrückbare Tatsache. Wer nicht liebt, ist vielleicht in Aktion, aber wirkliche Freiheit und echte Unabhängigkeit erleben wir als reine Kopfmenschen nicht. „Man sieht nur mit dem Herzen gut, das Wesentliche ist für die Augen unsichtbar",

bei Herzschmerz kann der Verstand uns nicht beschützen

Schutz-Aktion: Verstand mauert Herz ein

Defizit Liebe → keine: Entwicklung, Lebendigkeit, Kraft, Energie, Freude + Freiheit schreibt Antoine de Saint-Exupéry so treffend in seinem Bestseller „Der kleine Prinz“, den nahezu jeder kennt. Aber man darf auch sagen, **wer sein Herz einsperrt, läuft blind durchs Leben.** Dazu ist unser Leben zu wertvoll. Aufgrund der Tatsache, dass es begrenzt ist und mit dem Tod unser irdisches Dasein endet, sollte man sich gut überlegen, ob wir die Lebenszeit lebendig und liebend verbringen wollen oder unglücklich mit eingemauertem Herzen. Unsere Sehnsucht nach Liebe ist so stark, dass dieses Grundbedürfnis sich nicht so leicht wegdenken lässt. Es pocht und meldet immer wieder das Leck an Bord. Der „Kerkerwächter“ Verstand hat alle Mühe und kann sich auch nicht mehr frei entfalten. Der Kurs führt auf das Riff und das Lebensschiff beginnt, zu kentern. **Nichts wird bei diesem Kurs mehr wirklich gelingen**. Der Wind kommt von vorne und Sturm zieht aus allen Richtungen auf. Die einzige Lösung: die Ketten lösen, **das Herz und die Gefühle befreien und lieben**. Liebe üben Tag für Tag. Verschenken Sie Liebe, **leben Sie mit Herz und Verstand** und ab ins Glück.

Ohne Liebe läuft unser Lebensschiff aufs Riff

4. Fehler lieben und daraus lernen

Den einzigen Fehler, den Sie wirklich nicht begehen sollten: sich für Ihre Fehler zu verurteilen. Im Gegenteil! Denn **Ihre Fehler sind der Rohstoff für Ihre Entwicklung**. Jede vermeintliche Schwäche, die Sie aufdecken, hat eine Chance, nicht mehr gemacht werden zu müssen. Denn sie sind der Rohstoff und der **Kompass für den richtigen Weg**. Niemand hätte das Rad erfunden, wenn er nach dem ersten Fehlversuch aufgegeben hätte. Es geht **nicht darum, auf Anhieb die Lösung zu kennen**, sondern zu experimentieren, **Fehler zu sammeln**, diese anzuschauen und **daraus zu lernen**. Optimierung und Evolution funktionieren nach diesem Prinzip. Es wäre bedauerlich, wenn Sie sich für Ihre Fehler schämen oder gar bestrafen, denn Sie verpassen die größte Chance zur Selbsterkenntnis und Entwicklung. Jeder, der **seine Fehler vertuscht** – und darin gibt es Experten – **macht sich an sich selbst schuldig und angreifbar**. Wenn Sie jedoch dazu stehen, was Sie falsch machen, dann **nehmen Sie Ihrem Gegenüber den Wind aus den Segeln**. Darüber hinaus **sind Sie authentisch** und die

erkannte Fehler sind der Rohstoff für Entwicklung

aufgedeckte Fehler zeigen uns den richtigen Weg

Menschen in Ihrer Umgebung nehmen Sie als einen **ehrlichen, aufrichtigen und respektwürdigen** Menschen wahr. Das wiederum spüren Sie. Sie fühlen die Anerkennung, die Ihnen Ihr Umfeld entgegen bringt. Sie wertschätzen sich aber auch mehr, sind stolz und zufrieden mit sich. Deshalb: Verdrängen Sie Ihre Fehler nicht. Machen Sie sich immer bewusst, dass Fehler wichtig sind. Sonst bleiben Sie auf der Stelle stehen, anstatt vorwärts zu gehen. Analysieren Sie deshalb Ihr Verhalten, Ihre Fehler und Ihr Erlebtes.

eingestandene Fehler machen uns: authentisch und selbstbewusst

keine Fehler vertuschen

5. Morgentraining Lächeln

Beginnen Sie Ihren Tag gleich mit einem Morgentraining Lächeln. Wenn wir lächeln, ist das für unser **Gehirn ein Reflex zur Freude**. Versuchen Sie einmal zu lächeln und gleichzeitig unhöflich zu sein. Das ist ganz schön schwierig. Noch während Sie im Bett liegen, können Sie sich einen großen Gefallen tun: Lächeln Sie und freuen Sie sich auf den Tag. Egal, wenn das Wetter vielleicht gerade nicht so ist, wie Sie es gerne hätten. Denn **Sie entscheiden, wie gehaltvoll Ihr Tag wird – schon mit Ihrer ersten Einstellung**. Es ist Ihr Leben, nur Ihres und Sie wollen ein tolles Leben, ein lebendiges, mit Liebe gefülltes und erfülltes Leben. Also füllen Sie es mit Freude und Liebe aus. Strahlen Sie und **verzaubern Sie sich und Ihre Umgebung**. Und das beginnt bereits bei: „Guten Morgen, du wundervoller Tag!" Sie sind bestimmt einverstanden damit, dass diese Einstellung der bessere Start für ein Liebesprogramm ist, anstatt zu sagen: „Oh mein Gott, schon wieder Montag!" Vielleicht ist es für Sie am Anfang noch etwas ungewohnt und befremdlich, aber glauben Sie mir: Sie gewöhnen sich schnell an diese Übung, bereits beim Aufstehen gute Laune zu haben und sich im Spiegel mit einem strahlenden Lächeln zu begegnen. **Trainieren Sie Ihr Gehirn und Herz auf Freude am Leben und Liebe zum Tag**. Ein Lächeln signalisiert Ihrem Gehirn: „Es geht mir gut und ich bin glücklich." Und schon werden Sie **anders handeln und denken**. Unabhängig davon strahlt Ihr Umfeld zurück und **das Leben macht Ihnen Geschenke**. Ein Gesicht, das **lächelt, ist immer schön und wirkt sehr**

Beginnen Sie den Tag mit einem Lächeln

Lächeln ist Freude-Training für Gehirn und Herz

Ihr Lächeln verzaubert Sie selbst und alle anderen

sympathisch. Bedenken Sie, dass **alle von Ihrem Lächeln profitieren**. Sie selbst, Ihr Umfeld und letztendlich schicken Sie es hinaus in die Welt, die ein bisschen mehr Liebe und Freude gut vertragen kann. Ist das nicht ganz schön viel für ein bisschen Zähne zeigen? ;-) **Werden Sie zu einem strahlenden Leuchtturm, der Menschen verzaubert** und ansteckt. Wie bei einem Dominospiel wird sich Ihr Lächeln fortsetzen und garantiert zu Ihnen zurückkommen. **Alle Menschen sind dankbar für ein Lächeln**, weil es ein wahrer Türöffner für unsere Herzen ist und uns mit Wärme erfüllt wie Sonnenstrahlen. Werden Sie also zu einem lebendigen Sonnenschein. Denn den braucht man ja bekanntlich gerade bei trübem Wetter umso mehr.

@ Eine nützliche Hilfestellung finden Sie unter: www.bedienungsanleitung-liebe.de

6. Liebe für jeden Tag

Verschenken Sie Liebe und Sie sind der Gewinner

Wer Liebe verschenkt, bereichert sein eigenes Herz

Neben dem Lächeln ist auch die liebevolle Einstellung zu uns, unserem Leben und Umfeld besonders wichtig. Hilfreich ist dabei, dass wir nichts zurück erwarten. Schicken Sie liebevolle Gedanken an Menschen, die Sie kennen und die Ihnen Tag für Tag begegnen. Wünschen Sie ihnen von Herzen und aufrichtig einen schönen Tag und eine gute Zeit. **Verschenken Sie einen liebevollen Umgang, ohne Zinsen zu verlangen**. Ein wahres sowie schönes Zitat von Antoine de Saint-Exupéry lautet: „Die wahre Liebe verausgabt sich nicht. Je mehr du gibst, umso mehr verbleibt dir." Und das Wunder daran ist, je mehr wir von Herzen lieben, umso unverletzlicher sind wir. Wenn wir anderen aufrichtig Gutes wünschen, erfüllt sich das Gute automatisch für uns selbst, denn wir fühlen uns gut. **Wer andere mit guten Gedanken, mit Liebe beschenkt, bereichert sich selbst**. Es ist ein unerschöpflicher Brunnen der Freude und Erfüllung, wenn wir lieben. Deshalb lieben Sie jeden Tag: Lieben Sie das Aufstehen und freuen Sie sich, dass es geht und Sie nicht einen Gipsfuß oder Zahnweh haben. Freuen Sie sich über das Wetter, egal, ob es regnet oder schneit. Wenn Sie dem Tag mit einem Lächeln begegnen, wird er Ihnen Geschenke machen. Lieben Sie

Ihre Arbeit und das, was Sie tun. Scheint es Ihnen jedoch unmöglich, dann denken Sie ernsthaft über einen Standortwechsel nach. Ihr Leben ist zu wertvoll, um es nur abzudienen oder abzusitzen. **Nichts kann die Liebe und unseren angeborenen Wunsch danach ersetzen, außer die Liebe selbst**. Und das gibt's für jeden von uns zum Nulltarif. Ohne Vertragsabschluss und Zusatzgebühren. Nutzen Sie die **Kraft der Liebe und lieben Sie ganz bewusst** auch ohne Kleingedrucktes und Pferdefüßchen – Ihre Familie, Ihren Partner, Ihr Umfeld, Ihre Arbeit. Nehmen Sie öfter jemanden in den Arm, drücken denjenigen und sagen Sie auch den Zauberspruch: „Ich hab' dich lieb." Besonders in einer Partnerschaft ist es wichtig, sich gegenseitig immer wieder zu sagen und zu zeigen, dass man den anderen liebt. Aber bedenken Sie dabei, Sie müssen auch sich selbst lieben. In diesem Buch finden Sie zwei Kapitel mit tollen Tipps, wie wir das stetig steigern können.

Herzmuskel-Training: Werden Sie Supermann

Je mehr Sie bewusst und aufrecht jemand anderem Gutes wünschen und Liebe schenken, umso mehr trainieren Sie Ihr Herz. Ihr Herz wird durch dieses Training **stärker und unabhängiger**. Es erlebt wirkliche Freude, wenn wir von Herzen Liebe geben. Besonders dann, wenn wir nicht zu viel erwarten, sind wir wirklich nur **auf der Erfolgsspur**. Wir profitieren also **unabhängig davon, ob andere uns lieben**. Denn allein, wenn wir diese Menschen lieben, erfahren wir Liebe – ob diese uns ebenfalls lieben oder nicht. Das heißt: Leben ist, was wir daraus machen. **Unsere eigene Einstellung** bestimmt darüber, wie unser Leben verläuft.

Dazu **eine kleine Zauberformel** für Sie:

Zauberformel: Liebe geben = Liebe erhalten

„Ich wünsche anderen von Herzen Gutes!"

Daraus folgt für Sie:
→ Ihr Herz freut sich aufrichtig darüber
→ Sie erleben echte Freude, es geht Ihnen gut
→ Ihr Herz wird gestärkt und mit Liebe erfüllt
→ Sie sind unabhängig in Ihrer Liebe und beschützt

Sie glauben mir nicht? Sie denken, so einfach geht das nicht? Zaubern ist manchmal einfacher, als man denkt! Sie müssen es nur ausprobieren. Viel Freude und Liebe dabei! Sie werden feststellen, es funktioniert!

7. Akzeptieren, was geschieht

akzeptieren Sie, was Sie nicht mehr ändem können

Viele Dinge **passieren Tag für Tag, auf die wir keinen Einfluss haben**. Angefangen beim Wetter über gute und unangenehme Ereignisse bis hin zu Unfällen, für die wir nicht verantwortlich sind. Auch die Dinge, **die bereits geschehen sind, können wir nicht mehr ändern**. Umso wichtiger ist es, dass wir sie **annehmen und akzeptieren**. Die Autodelle vom Einparken ist nicht erfreulich, aber schon passiert. Wir können die Zeit nicht zurückdrehen und Dinge ungeschehen machen. Wenn Sie sich dazu entschließen, die Ereignisse so anzunehmen, wie sie sind, **nehmen Sie der Situation den inneren Widerstand und können sich gleich der Lösung widmen**. Wenn Sie sich **darüber ärgern, wird es weder besser noch erträglicher**. Im Gegenteil: Es kostet noch mehr Kraft und Zeit und Sie gehen in einen **erfolglosen Widerstand**. Denken Sie an Tipp 1: Gerade hinter unbestellten Geschehnissen können Chancen verborgen sein. **Üben Sie sich also im Akzeptieren**. Jeden Tag. Je mehr Sie es trainieren, desto automatischer gelingt es Ihnen, die **vermeintlichen Störfaktoren zu entschärfen**. Ja, es bringt sogar Freude, denn man spürt sofort den heilsamen Effekt. Man ist gelassener und hat sein Leben selbst in der Hand. Ihr Partner kommt nicht wie versprochen pünktlich. Sie warten vergeblich. Wenn der Partner kommt, ist die Verspätung schon passiert. Sie können toben, schmollen oder aber akzeptieren, dass es so ist. Wenn Sie es annehmen, schließen Sie Frieden mit dem Ereignis. Jetzt sind Sie entspannter, reden darüber, können eine Lösung für die Zukunft finden oder einfach die Zeit, die Ihnen bleibt, gemeinsam genießen.

investieren Sie Ihre Kraft nicht in den Widerstand

Wer akzeptiert, was geschehen ist, kann sich gleich der Lösung widmen

Natürlich rät Ihnen dieser Tipp nicht, alles hinzunehmen und zu ertragen. Es geht darum, seine **Kraft dort zu investieren, wo es sinnvoll ist**: **in den Lösungsweg** und die Überlegung, was wir selbst aktiv tun können, damit es uns gut geht.

8. Eigenverantwortung: Schaffe deine eigene Welt

Sie erschaffen sich mit Ihrer Einstellung Ihre eigene Welt oder anders gesagt: **Es liegt in Ihrer Verantwortung, wie es Ihnen geht**. Weder Ihr Partner, noch Ihr Nachbar, Ihr Chef oder Kollege sind dafür verantwortlich, dass es Ihnen gut geht. Genauso wenig sind diese Personen Schuld daran, wenn es Ihnen nicht gut geht. Das denken leider viele Menschen, wenn sie unzufrieden mit einer Situation oder ihrem Leben sind. Dabei leben doch Sie selbst Ihr Leben, nicht wahr? Viele Menschen sind ständig damit beschäftigt, andere zu kritisieren. Das ist verständlich. Denn es ist so viel leichter, als sich selbst zu betrachten und an sich etwas zu ändern. Aber nur dadurch überwinden Sie die Unzufriedenheit. **Ihre Gedanken, Ihre Einstellung und Ihre Haltung programmieren Ihr Gehirn**. So erleben Sie dann auch die Ereignisse. Andere Menschen verhalten sich nicht so, wie Sie es sich wünschen und Sie denken, dass ist der Grund, dass es Ihnen nicht gut geht. Die anderen sind dabei auch nur verantwortlich für sich selbst. Aber die Gefahr ist menschlich und groß, dass wir uns zu sehr bei der Kritik der anderen aufhalten. Dass wir nicht beachten, dass es an uns liegt, denn das erfordert große Ehrlichkeit gegenüber sich selbst. Sie haben vielleicht einen Partner, der nicht so ist, wie Sie es sich wünschen. Aber es ist auch nicht seine Aufgabe, so zu sein, wie Sie es gerne hätten. Er ist wie er ist. Sie müssen prüfen, ob Sie so leben wollen, mit ihr oder ihm. Vergessen Sie nicht, dass Sie mit Ihrer Einstellung gegenüber den Personen und Ihrer Umwelt die Weichen legen.

nicht andere sind dafür verantwortlich dass es Ihnen gut geht, sondern Sie selbst

übernehmen Sie die Verantwortung:
- für Ihr Leben
- dass es Ihnen gut geht

Begeben Sie sich **nicht in die Opfer-Position**, denn in dieser sind Sie **ohnmächtig und handlungsunfähig**. Opfer können sich nicht retten und haben die **Verantwortung für ihr Leben abgegeben**. **Übernehmen Sie die Verantwortung für Ihr Leben**. Übernehmen Sie die Verantwortung dafür, dass es Ihnen gut geht. Sind Sie mit einer Situation nicht zufrieden, dann akzeptieren Sie diese entweder oder verändern Sie etwas. Erwarten Sie nicht von **anderen, dass sie Ihren Job machen**. Sie leben Ihr Leben, sorgen Sie auch dafür, dass es gut ist. Sie kennen bestimmt den Begriff der **„selbsterfüllenden Prophezeiung“**. Ein Phänomen, das besagt, dass genau

in der Opfer-Position ist man hilflos und handlungsunfähig

mit Ihrer Einstellung erschaffen Sie Ihre eigene Wirklichkeit

das Verhalten eintritt, das wir erwarten. Das passt gut zu der Tatsache, dass **wir unsere eigene Wirklichkeit erschaffen**. Gehen Sie **positiv in den Tag und an Ihre Aufgaben heran**. Das betrifft **natürlich auch Ihre Gefühle**. Wenn jemand etwas vermeintlich Verletzendes sagt, dann entscheiden Sie selbst, wie Sie es erleben. Man kann Sie nur kränken, wenn Sie es auch zulassen. Sie entscheiden darüber, ob Sie sich als Opfer sehen und dementsprechend ein Leben lang so behandelt werden oder ob Sie selbst Ihre Welt erschaffen und für Ihr Glück sorgen.

9. Loslassen, was man nicht lieben kann

Ängste binden uns ans Unglücklich sein

gehen Sie, wenn es Ihnen nicht gut geht

Wenn Sie trotz Ihrer positiven Einstellung mit einer Person oder Situation nicht glücklich sind, überlegen Sie, ob es Zeit ist, zu gehen. Bemühen Sie sich vorher jedoch, die Menschen und **Umstände in Liebe anzunehmen.** Vielleicht finden Sie eine Lösung, mit Gesprächen oder positivem Willen, die Situation doch noch zum Guten zu wenden. Leider gelingt das nicht immer. Ich **rate Ihnen nicht, vor den Herausforderungen des Lebens wegzulaufen** oder bei dem kleinsten Problem aufzugeben. Aber ich empfehle Ihnen sehr wohl, wenn ein Umstand, sei es durch eine Person oder eine Arbeit, **Sie krank macht, seelisch oder körperlich, dann gehen Sie**. Suchen Sie sich Alternativen. Sie sind es sich selbst und Ihrer Lebensqualität schuldig, dass es Ihnen gut geht. **Ängste binden Sie häufig an Lebensumstände, die die Ängste noch mehren, anstatt zu lösen**. **Ängste sind kein Fluch, sondern eine Aufgabe**. Eine Aufgabe, hinzuschauen, sich diesen zu stellen und sie somit zu beheben. **Ängste haben eine Ursache**. Machen Sie sich auf die Fährte und verharren Sie nicht in den Ängsten, denn sie begrenzen Sie. **Sie sind ein freier Mensch und kein Sklave Ihrer Ängste.** Vielleicht kennen Sie das aus Ihrer Kindheit. Manchmal hatte man nachts vor einem Schatten Angst und vermutete im Dunklen etwas Bedrohliches. Kaum machte man das Licht an, erkannte man, dass es nur ein Kleiderständer war. Und die Angst war verschwunden. Deshalb mein Tipp für Sie: Knipsen Sie das Licht an! **Schauen Sie sich Ihre Ängste** an und Sie werden sehen, dass sie umso kleiner werden, je mehr Sie sich Ihren Ängsten stellen. Wegen Verlassensängsten oder Versorgungsängsten bleiben wir oft in unguten Situationen stecken, doch meistens gibt es einen Lichtschalter, der es schafft, diese Hindernisse aufzuheben.

Ich empfehle Ihnen, das Werk „Jedermann“ von Hugo von Hofmannsthal zu lesen. Sie finden es auf unserer Homepage www.bedienungsanleitung-liebe.de in Kurzform. Es zeigt sehr deutlich, was wir natürlich alle wissen: **Unser Leben ist begrenzt und wir können nichts mitnehmen**. Ja, wir wissen es, aber trotzdem sind wir gefährdet. Es gibt viele Widersprüche in unserem Leben. Decken Sie diese für sich auf und wägen Sie genau ab, **was Ihnen wirklich wichtig ist** und was Ihnen gut tut. Wenn Sie Ihre Arbeit und das, was Sie tun, lieben, weil es Ihre Talente und Interessen fördert, dann werden Sie sie nicht mehr eintauschen wollen. Auch wenn Sie vielleicht nicht so viel verdienen. Und Menschen um sich zu haben, die wir lieben und die uns lieben, ist das kostbarste Geschenk, das es gibt. Nichts anderes kann das aufwiegen. Geben Sie sich deshalb nicht mit weniger zufrieden. Überlegen Sie sich diese Sache anhand eines Beispiels: Wenn Sie einen Frosch in einen Topf mit heißem Wasser werfen, springt er sofort heraus und überlebt. Setzen Sie den Frosch in einen Topf mit kaltem Wasser und erwärmen es, gewöhnt er sich an den Schmerz und stirbt. Die Moral von der Geschichte: **Seien Sie kein Frosch, der sich an den Schmerz gewöhnt.**

Leben ist begrenzt
Wir nehmen nichts
mit – außer Liebe

kein Frosch sein,
gewöhnen Sie sich
nicht an Schmerz

10. Lebenselixier Liebe

Je mehr Sie lieben, desto intensiver erleben Sie die Zeit und umso langsamer vergeht sie. Warum? **Unser Gehirn speichert durch unser Lieben und das intensivere Erleben mehr Informationen ab**. Wir können uns an verbrachte Zeit besser erinnern und erleben sie intensiver und länger. Kennen Sie das Gefühl, dass die **Zeit im Laufschritt an Ihnen vorbei eilt**? Wenn man gar nicht mehr weiß, was man die letzten Stunden und Tage gemacht hat? Und **schnell ist eine Woche, ein Monat oder gar ein Jahr zu Ende,** ohne zu wissen, was man genau erlebt hat. Dann haben wir wahrscheinlich zu wenig geliebt und zu wenig intensiv gelebt. Bestimmt

Zeit vergeht wie
im Flug

Routinen fördern Alltags-Trott

Unser Gehirn speichert eher intensive Gefühle ab

haben wir uns dann **zu sehr in Routinen bewegt** und unser **Gehirn hatte nichts Wichtiges vordergründig abzuspeichern**. Ohne Liebe erleben wir unser Leben im Zeitraffer. Man kann auch sagen als Zeitverschwendung. Denn die **Zeit, die wir nicht intensiv erleben** und an die wir uns nicht erinnern können, **ist verlorene Zeit**.

Wozu länger Leben, wenn man Lebens-Zeit nicht nutzt

Leben ist begrenztes Gut, verlassen Sie den Alltags-Trott und fliegen Sie

Im Durchschnitt gibt der Deutsche im Jahr über 20 Prozent seines Geldes für seine **Lebensqualität aus und nimmt viel auf sich, um länger zu leben**. Aber wie nutzen wir unsere Lebenszeit? Was bringt es, wenn wir **länger leben, aber die Zeit ohne viele Glücksmomente durch unsere Finger rinnt**? Was bringt es, wenn wir einen **übervollen Kühlschra**nk haben, aber unser **Herz leer ist**? Was nützt es, wenn wir **14 Tage in den Urlaub** fliegen, **aber der Alltag uns so belastet**, dass wir Tag für Tag erschlagen und müde sind? Lieben Sie mehr, dann leben Sie intensiver und Sie haben mehr von Ihrem Leben. Es ist **Ihr Leben**. Und es ist **ein begrenztes Gut**. Wer mehr liebt, kann fliegen wie ein Adler. **Öffnen Sie die Gefängnistür des Alltags**, sie ist nicht verschlossen **und fliegen Sie**. Je mehr Sie lieben, desto intensiver und langsamer erleben Sie die Zeit und umso gehaltvoller und lebendiger vergeht sie.

Fünf Liebes-Don'ts

1. Nicht Lieben

Wer nicht liebt ist: Verlierer, Opfer oder Kämpfer

Wer nicht oder zu **wenig liebt, ist immer der Verlierer**. Man lebt in einem ständigen Mangel und das strahlt auf alle Bereiche aus. Entweder wird man dann zum **bedingungslosen Kämpfer oder Opfer**. Ein **Leben ohne Liebe ist ein Sterbeprozess der eigenen Persönlichkeit**. Das Schöne ist: Wir können uns jederzeit der Liebe zuwenden. Denn wir haben die Fähigkeit dazu in uns genauso wie die Sehnsucht.

2. Ärgern und Muffeln

Einen großen Teil unseres Lebens verbringen wir damit, **uns zu ärgern oder zu meckern**. Dabei sind wir sehr erfinderisch. Wir meckern über unsere Arbeit, unsere Mitmenschen, über das Leben, die kleinen Ungeschicklichkeiten des Alltags und „Gott und die Welt". Hier sind wir ortsungebunden und themenunabhängig. Lassen Sie das! Sie **vergiften damit sich, Ihr Umfeld und Ihr kostbares Leben.** Lieben Sie stattdessen jeden, sich selbst, was Sie machen, was Ihnen begegnet und widerfährt. Am besten lieben Sie „Gott und die Welt". Dann **strahlen Sie wie ein Leuchtturm** und das Leben bereitet Ihnen Geschenke. Ich verspreche Ihnen, es ist einfacher, als man denkt und Sie wollen nie wieder das „Mecker-Gen" leben.

Mecker-Gen vergiftet Ihr Leben

3. Sich nicht selbst lieben

Wer sich nicht selbst liebt, verliert sein **Schutzschild, Kraft und Energie**. Schnell **wird man zum Opfer oder Drachenkämpfer**. Wer sich selbst annimmt und liebt, strahlt und kann andere bereichern und erwärmen. Wie viel Kraft in uns steckt, sehen wir erst, wenn wir uns lieben und nicht unser größter Kritiker sind. Schon früh werden wir allerdings **eher zu Selbstkritikern erzogen anstatt zu Selbstförderern.** Doch **heute liegt es in Ihrer Hand**, wie Sie sich bewerten. **Ob Sie sich entwerten oder aufwerten**. Lieben Sie sich und **gönnen Sie sich ein wundervolles und erfülltes Leben**. Freuen Sie sich, dass SIE die Möglichkeit haben, sich ganz viel Liebe zu schenken. Dadurch wachsen Sie und verzaubern Ihre Welt und Ihr Leben.

Selbstliebe ist Ihr Schutzschild, Ihre Kraft und Energie

4. Unsere Fehler und Ängste ignorieren oder vertuschen

Schauen Sie sich Ihre Fehler aufrecht und ehrlich an, denn nur aus Ihnen können wir wirkungsvoll lernen. Kein Kind bleibt liegen, wenn es hinfällt. Es steht auf, läuft weiter, lernt und freut sich. Wir allerdings haben diese Freude an unseren Fehlern manchmal verloren. **Fehler sind lebendige und ganz persönliche Chancen**. Sie sind unser individueller Rohstoff für unsere eigene Entwicklung. Neben Fehlern haben alle Menschen auch Ängste, das ist keine Schande. Es ist **unser Job, unsere Ängste zu erkennen** und

Fehler und Ängste sind die Quellen unserer Entwicklung

uns ihnen zu stellen. Wer sich seine Urängste ansieht, kann sich davon auch lösen. Denn sie sind nicht unser Joch, sondern unsere Quelle, uns selbst zu verstehen. Wir lernen in unserer Kindheit aus unseren Fehlern und profitieren davon. Wenn wir damit **aufhören, blockieren wir unsere Weiterentwicklung**. Also heißen Sie Ihre Fehler und Ängste willkommen und arbeiten Sie an ihnen.

5. Lebenszeit vernichten

Irrtum: Leben muss nicht schwer sein. Feiern Sie das Leben. – Lieben Sie!

Einige Menschen leben in Routinen und dienen ihr Leben ab wie eine Strafe. Einige meinen sogar, das **Leben sei das Fegefeuer oder „life is no sugar eating“**. Das Leben ist **anstrengend, hart, schwer** und von **mühsamem Leistungsdenken, Fleiß und Gehorsam** geprägt. So hasten die Jahre dahin, ohne wirklich bewusst, lebendig und freudig erlebt zu werden. Schluss damit! Wir haben **Herz und Verstand** und **beides macht uns zu lebendigen Wesen**. Nutzen Sie beide, um zu lieben und leben Sie **dadurch erfüllt, glücklich, lebendig und kreativ**. Lassen Sie los, was Sie nicht lieben können oder was Ihnen nicht gut tut. **Verharren Sie nicht in Routinen, sondern leben Sie jeden Tag neu und intensiv**. Sie stecken **voller Talente, Kreativität und Liebe**. Leben Sie diese Gaben und machen Sie sich und damit unsere Welt glücklicher.

„Jeder muss sich entscheiden, ob er im Licht der Nächstenliebe oder im Dunkel der Eigensucht leben will.“

(Martin Luther King)

Liebe Leserin, lieber Leser,

die Nächstenliebe ist eine der **größten Herausforderungen**. Je mehr wir ihr nacheifern, desto mehr bereichern wir uns mit ihr.

Die Nächstenliebe soll allerdings nicht in Selbstaufgabe münden. Deshalb ist die Selbstliebe immer die natürliche Grenze. Konkret heißt das: Liebe.
solange es deiner Eigenliebe nicht schadet. Denn die Liebe zu Ihren Nächsten ist weder in der weltlichen noch in der christlichen Vorstellung als Opfer gedacht, sondern **dient immer auch zu unserer eigenen Freude**.

Und das ist auch das Ergebnis der gelebten und lebendigen Nächstenliebe. Man geht mit viel mehr Freude und Bewusstsein durch das Leben, denn es **gewinnt an Leichtigkeit** und Heiterkeit. Lieben Sie ohne Erwartungen, denn sie belasten und erschweren und eine Enttäuschung ist vorprogrammiert. Verschenken Sie Ihre **Liebe großzügig ohne auf Zinsen und Rückzahlung zu spekulieren** und Sie werden sehen, wie entspannt und befreit Sie lieben.

Der Zauber der Nächstenliebe besteht auch darin, dass wir selbst die Gewinner sind. **Wer liebt, profitiert** in vielerlei Hinsicht: Sie erhalten sehr **viel Kraft und Energie**. Sie sind beschützter und unangreifbar. Stellen Sie sich vor: Jemand mault Sie an und Sie werfen ihm in Freude und echter Zuneigung eine Kusshand zu. Was glauben Sie, das geschieht? Das Maulen prallt an Ihnen ab. Es macht Sie erst sauer und zieht Ihnen Energie, wenn Sie sich ärgern lassen.

Kontern Sie mit Liebe und echter Zuneigung und setzen Sie die Störenfriede Schach matt. Es hört sich wie ein Märchen an. Das stimmt, aber Sie können es für sich wahr werden lassen. **Probieren Sie es aus und lassen Sie sich verzaubern**. Ich habe es probiert und bin noch heute überwältigt von dem Resultat. Tag für Tag. Allerdings musste ich auch lernen, dass der Alltag wieder nach mir greift, sobald ich nachlässig werde. Hier geht es um das bewusste Hinschauen und wachsam sein.

Doch es lohnt sich für alle: Für Sie, Ihre Nächsten und alle anderen auch.

In Verbundenheit
Ihre

Claudia Bayerl

Platz für Ihre Notizen

Florian Kolfhaus

Liebe deinen Nächsten wie dich selbst

Wer kennt nicht die biblische Aussage: "Liebe deinen Nächsten wie dich selbst!". Sie ist uns so bekannt und vertraut, dass wir sie gar nicht mehr beachten. Dabei ist sie doch die kürzeste Bedienungsanleitung der Liebe, eine Formel, die auf den Punkt bringt, worum es geht: sich selbst lieben, mit sich im Reinen sein und aus dieser Haltung heraus den Menschen, die mir in meinem Alltag begegnen, Gutes tun. Liebende sind nicht die Dummen auf der Verliererseite, sondern die wahren Gewinner. Sie haben einen Schatz im Herzen, der Sie glücklich macht. Und je mehr Sie davon austeilen – so paradox das klingt – umso reicher werden Sie. Niemand verliert, wenn er die Liebe wagt!

Der Autor

Florian Kolfhaus

Florian Kolfhaus, geboren 1974 in Straubing und seit 2000 Priester der Diözese Regensburg, hat in Rom mit einer Arbeit über das Zweite Vatikanische Konzil promoviert und das Lizenziat in Kirchenrecht absolviert. Nach seinem Studium an der Päpstlichen Diplomatenakademie ist er in den Dienst des Heiligen Stuhls eingetreten, um 2006 in Bogotà (Kolumbien) seine Tätigkeit aufzunehmen. Eine völlig andere Erfahrung war seine Tätigkeit in der Ständigen Vertretung des Heiligen Stuhls beim Europarat in Straßburg. Heute arbeitet Kolfhaus im Päpstlichen Staatssekretariat in Rom. Er ist Seelsorger für deutschsprachige Verbindungsstudenten und publiziert regelmäßig zu Themen der Theologie und Spiritualität.

Ratgeber gibt es auf dem Büchermarkt viele: Wie backe ich Kuchen? Wie kann ich abnehmen? Wie lerne ich „nein" zu sagen? Für Gartenfreunde und Hobbysportler, für Briefmarkensammler und Globetrotter, für Manager und Büroangestellte gibt es Handbücher, die sich an die privaten und beruflichen Bedürfnisse ihrer jeweiligen Zielgruppe richten. Und natürlich gibt es Ratgeber für alle Lebensfragen und Beziehungsprobleme. Ob frisch verliebt oder einsam, ob gelangweilt im Ehealltag oder überlastet von den Anforderungen der Familie – die Buchhandlungen sind voll davon. Zu fast allen Formen der Liebe – und was von manchen Autoren als solche ausgegeben werden mag – finden sich **Ratgeber, nicht aber zum Thema Nächstenliebe**. Ist das nicht sonderbar? Zu allen wichtigen und unwichtigen Fragen des Lebens gibt es Handbücher, aber für die Liebe zu meinen Mitmenschen findet sich keine praktische Anleitung. Die Betonung liegt auf „praktisch", denn an theologischen, philosophischen und soziologischen Schriften – also mehr oder weniger theoretischen Abhandlungen – mangelt es nicht. Konkrete **„Gebrauchsanweisungen Nächstenliebe" – genauso simpel wie Kochrezepte** – gibt es nicht. Das mag daran liegen, dass Nächstenliebe für manche nur ein Ideal ist – eine platonische Idee – die mit dem konkreten Alltag nur dann etwas zu tun hat, wenn ein Fernsehspot daran erinnert, doch wieder einmal für arme Kinder in Afrika zu spenden. Doch gerade das ist nicht Nächstenliebe! Sie sind jetzt sicher überrascht? Den Armen in der Dritten Welt zu helfen ist keine Nächstenliebe? Nun ja, hilfsbedürftige Menschen auf anderen Kontinenten sind nun einmal streng genommen nicht unsere „Nächsten". Die Spende für Misereor ist eher Ausdruck einer „Fernenliebe".

Nächstenliebe meint die Menschen, die uns täglich begegnen

Bei Nächstenliebe geht es um meinen Nachbarn, meine Arbeitskollegen, die Kassiererin im Supermarkt, in dem ich jeden Samstag einkaufe, und um den Briefträger, der mir jeden Tag die Post bringt. Es geht darum, **Menschen zu lieben** – nicht nur die, die mir nahestehen, sondern die, die mir **tatsächlich nahe sind** (und das ganz wörtlich genommen). Ja, auch die, die mir manchmal vielleicht sogar zu sehr „auf die Pelle" rücken, mir unsympathisch sind und die ich eigentlich nicht in meiner Nähe haben möchte. Das ist sicher der zweite Grund, warum es wohl keine Ratgeber für

Nächstenliebe gibt. Nächstenliebe ist auf der einen Seite kein Hobby, das ich mir aussuche, aber – zumindest scheint das auf den ersten Blick so – auch keine notwendige Pflicht wie mein Job, den ich einfach brauche. Ich muss lernen, mit meinem Chef gut auszukommen, ich muss kapieren, wie ich meine Zeit besser planen und meine Produkte gewinnbringender verkaufen kann. Niemand kann mich verpflichten, der alten Dame am Ende der Straße beim Einkaufen zu helfen, und für mein eigenes „Überleben" ist es ganz bestimmt nicht notwendig, mich der alleinerziehenden Mutter im Nachbarhaus als Babysitter anzubieten. Ich muss nicht lieben, aber ich kann!

Wer liebt gewinnt!

Nächstenliebe macht glücklich – den anderen und immer auch mich selbst. Wir wünschen uns doch alle eine Welt, in der eben kein anonymer Hilfsdienst Oma Berta die Brötchen bringt, sondern Kinder, Freunde, Nachbarn, die das erledigen und sich womöglich auch noch die Zeit für ein Gespräch nehmen. Wir glauben alle an das große Ideal „Liebe" oder wünschen es uns doch wenigstens. Was hält uns eigentlich auf, den anderen zu lieben? Gründe gibt es sicher viele. Eigene Enttäuschungen, Trägheit, Scheu, falscher Stolz und manchmal vielleicht auch jene fatale Hoffnungslosigkeit, die uns glauben macht, dass diese Welt böse sei und Gutes tun gar keinen Sinn habe. Wie bereits gesagt, philosophische und psychologische Ratgeber zu diesen Problemen gibt es genug. In diesem Beitrag geht es um eine praktische Anleitung zur Nächstenliebe. Probieren Sie's aus. Erproben Sie ganz bewusst, wie das geht, den Nächsten zu lieben. Je mehr Sie „es tun", manchmal vielleicht sogar ganz trotzig gegen den „inneren Schweinehund", umso mehr werden Sie erfahren, **dass Liebende** nicht die Dummen, sondern **die eigentlichen Gewinner sind**. Liebe, Nächstenliebe, das ist nicht nur das Gefühl von Sympathie, Wohlwollen oder Mitleid, sondern meint, Gutes zu tun.

Liebende sind Gewinner

1. Den Nächsten lieben wie sich selbst

Nächstenliebe ist nicht nur ein christlicher Begriff. Aber die Liebe ist der Mittelpunkt des Christentums. Der heilige Augustinus, einer der größten Theologen der Kirche, hat einmal darüber nachgedacht, welcher Satz der Bibel der allerwichtigste sei. Man stelle sich vor, so sagt er, alle Bibeln der Welt würden verbrennen und nur eine einzige Seite bliebe vergilbt und kaum leserlich übrig. Ja, nur ein einziger Satz auf ihr wäre noch zu entziffern, so wäre doch die wichtigste Botschaft gerettet, wenn es das Wort des heiligen Johannes aus seinem ersten Brief wäre: **„Gott ist die Liebe.“** (1 Joh 4, 8). Im Mittelpunkt des Christentums steht tatsächlich die Botschaft von der Liebe. Noch einmal deutlich wird das in dem wichtigsten Gebot, das Jesus seinen Jüngern gibt – eine Norm, an der, wie er selbst sagt, alles andere hängt, was ein guter Christ tun oder lassen soll: Liebe Gott und liebe deinen Nächsten wie dich selbst. Müssten Christen nicht Spezialisten in Sache Liebe sein? Theoretisch scheint alles klar, aber in der Praxis ist es für Christen oft nicht weniger schwer als für andere zu lieben.

In diesem Kapitel geht es um ganz praktische Tipps für Gläubige – und Nicht-Gläubige – für engagierte Christen und für Zweifelnde, wie Nächsten- und Selbstliebe funktionieren kann. Es erwartet Sie keine theologische Abhandlung und keine moralischen Appelle, sondern schlicht und einfach konkrete Vorschläge zum Thema Liebe. In Medikamentenpackungen findet sich immer auch ein Beipackzettel, der genaue Angaben enthält, wie die Arznei einzunehmen ist und der vor eventuellen Nebenwirkungen warnt. Keine Sorge, die folgenden Anregungen haben für Nicht-Christen keine Nebenwirkungen. Sie müssen, ganz egal, ob Sie gläubig sind oder nicht, nicht befürchten, Kopfweh zu bekommen. Im Gegenteil: **Zu lieben ist für alle Menschen die wichtigste Medizin, die oft schon in ganz kleinen Dosen große Wirkung zeigt.** Und wie die meisten Medikamente wirkt es von innen. **Es geht um ihr Herz, um Ihr Denken und Wollen.** Wenn Sie den Entschluss gefasst haben, zu lieben, werden fast automatisch Taten folgen. Wenn wir den Satz „Gott ist die Liebe“ ganz ernst nehmen, so dürfen wir, wann immer die Bibel von Gott spricht, auch das Wort „Liebe“ einsetzen.

Liebe ist die heilsamste Medizin für uns

Versuchen Sie's. Dann heißt der erste Satz der Bibel „Am Anfang schuf die Liebe Himmel und Erde" (Gen 1, 1) – **Alles, was ist, hat Ursprung und Ziel in der Liebe.** Oder zwei Verse später (Gen 1, 3): „Und die Liebe sprach: Es werde Licht" – **Nur die Liebe vertreibt das Dunkel**, macht alles hell. Oder wenn Jesus im Evangelium sagt: „Euer Herz lasse sich nicht verwirren: „Glaubt an die Liebe und glaubt an mich." (Joh 14, 1) – Allein der Glaube an die Liebe zählt.

Gehen Sie so auf Entdeckungsreise durch die Bibel. Machen Sie sich bewusst, wie groß die Liebe ist – so groß und mächtig wie Gott selbst. Lassen Sie sich innerlich davon anstecken und bewegen. Wenn Sie Christ sind, beten Sie ganz bewusst darum, dass Gott, dass die Liebe, in Ihr Herz tritt und in Ihrem Leben konkret wird. Gott selbst – Vater, Sohn und Heiliger Geist – ist Gemeinschaft und Ewige Liebe. Er lädt ein, ruft und schenkt, dass wir daran teilhaben.

die Liebe ist der Ursprung allen Seins

2. Im Doppelbett mit dem Penner von der Ecke?

Fast jeder kennt das bereits erwähnte Gebot Jesu: Liebe Deinen Nächsten wie Dich selbst. Und fast jeder fragt sich dabei sofort: Wie soll das gehen? Je konkreter man darüber nachdenkt, umso provokanter, ja absurder und unrealistischer kann diese Forderung werden. Ich will in einem schönen Haus mit Garten wohnen, ein Auto haben und jeden Tag genug zu essen... Muss ich jetzt also den Landstreicher an der Ecke einladen, bei mir zu leben, ihm eine große Scheibe vom Sonntagsbraten abschneiden und ihm sagen, er könne jederzeit meinen Wagen benutzen? Das kann ja nicht sein. Niemand will das, niemand kann das. **Das Fundament für die Nächstenliebe ist die Selbstliebe.** Deshalb sollten wir zuerst darüber nachdenken, was es heißt, sich selbst zu lieben. Der Fehler bei der Überlegung, was ich aus Liebe dem nächstbesten Bettler alles schenken sollte, liegt in einem falschen Begriff von lieben, genauer gesagt, in einer falschen Vorstellung von dem, wie ich mich selbst liebe. **Bedeutet mich selbst zu lieben, dass ich mir alle meine materiellen Wünsche erfülle?** Finde ich meine Liebe – oder besser gesagt mein Glück – in einem Traumhaus, schnellen Autos,

Selbstliebe ist die Voraussetzung für Nächstenliebe

Reisen, gutem Essen? Die erste ganz praktische Übung ist es, sich darüber klar zu werden, **was mich wirklich glücklich und zufrieden macht.** Was ich mir **selbst wünsche, weil ich mich liebe.**

Im Italienischen gibt es neben dem Wort „ti amo“ den schönen Ausdruck „ti voglio bene“, um zu sagen „Ich liebe Dich“, „Ich mag Dich“. Wörtlich kann man das vielleicht auch übersetzen mit: Ich will Dir Gutes. Stellen Sie sich vor, **Sie sind Ihr allerbester Freund.** Sie lieben sich. Und deshalb wünschen Sie sich nur das Beste, all das, **was Sie glücklich macht.** Sagen Sie: „Mi voglio bene!“ – **„Ich wünsche mir selbst Gutes“**. Nicht nur für einen Moment – auch das darf auf der **Wunschliste stehen** – sondern vor allem auf Dauer, für immer. Zählen Sie alles auf. Auf dieser Liste dürfen natürlich materielle Sachen auftauchen, an denen Sie Freude haben. Sie dürfen auch an Ihre Hobbys denken, die Ihnen Spaß machen: Sie reiten gerne, also wünschen Sie sich selbst einen Araber-Hengst. Sie sammeln Briefmarken, also schenken Sie sich in Gedanken die „Blaue Mauritius“. Hören Sie auf alle Fälle nicht zu schnell auf, sich etwas zu wünschen. Sie können sich alles schenken: Also auch Gesundheit, ein hohes Alter, einen liebevollen Partner, einen besten Freund, mit dem man durch dick und dünn gehen kann, … Wenn Sie mit dieser Übung nicht zu früh aufhören, werden in Ihrem Kopf – und in Ihrem Herzen – immer mehr immaterielle Wünsche auftauchen. Und dann stellen Sie sich die Frage: Könnte ich noch glücklich und zufrieden sein, wenn ich in eine andere Wohnung umziehen müsste, wenn ich meine Familienfotos verlieren würde, wenn ich dies und das nicht mehr hätte… Stellen Sie sich auch vor, und das ist eine sehr harte Übung, **was Ihrem Leben noch Sinn geben könnte, wenn Sie nicht gesund wären**, nach einem schweren Unfall im Rollstuhl sitzen würden oder blind am Stock gehen müssten. Wäre das wirklich das Ende oder gäbe es noch etwas, was Ihr Leben trotzdem noch lebenswert machen könnte? **Entdecken Sie, was wirklich für Sie zählt und worauf es in Ihrem Leben ankommt.** Bleiben Sie aber nicht bei abstrakten Begriffen stehen wie Glück, Zufriedenheit, Sinn. **Werden Sie so konkret wie möglich!** Sich selbst lieben heißt, sich selbst wirklich dieses wahre Glück, dieses gelungene Leben zu wünschen. Christen (und vielleicht sogar Menschen, die eigentlich gar

Schreiben Sie eine Wunschliste

Was gibt Ihrem Leben wirklich Sinn?

nicht an Gott glauben) werden sich sogar ewiges Glück, ewiges Leben, kurz gesagt, den Himmel wünschen. Das ist auch gut so, denn das ist für Gläubige tatsächlich das letzte und größte Ziel. Doch zunächst bleiben wir auf der Erde, im Jetzt, in unserem Alltag heute. Es geht um die **Mitte in mir selbst, es geht um mein Herz. Hier sitzt die Liebe zu mir selbst und zu den anderen.** Zurück zu unserem Bettler an der Ecke: Es geht nicht einfach darum, dass Sie den nächstbesten Armen in ihre Wohnung holen oder ihm Ihre ganzen Ersparnisse in den Hut legen. Es geht darum, auch ihm das zu wünschen, was Sie sich von Ihrem Leben als tiefsten (oder wenigstens tieferen) Sinn erhoffen. So lieben Sie ihn.

Zentrum meines "Ichs" ist mein Herz

3. „Und die Liebe gibt es doch!"

Haben Sie eine erste Ahnung, was es heißt, sich selbst Gutes, ja das Beste, was im persönlichen Leben möglich sein kann, zu wünschen. Ja? Dann auf zum nächsten Schritt. Wir alle merken nämlich auch, dass es oft gar nicht so leicht ist, sich selbst zu mögen. Manche stehen morgens vor dem Spiegel und fühlen sich buchstäblich unwohl in ihrer Haut, weil sie nicht so aussehen, wie sie es gerne möchten. Sie fühlen sich wie das hässliche Entlein, das doch so gerne ein schöner, stolzer Schwan wäre. Andere merken, dass es ihnen schwer fällt Freunde zu finden, weil sie schüchtern sind, sich für langweilig halten. Und wieder andere hadern mit ihren Begabungen, die einfach nicht ausreichen, um als Fußballer in der Nationalmannschaft zu spielen, in der Scala zu singen oder in den Bundestag gewählt zu werden. Mag ich mich trotzdem, auch wenn so vieles in meinem Leben anders läuft, als ich gerne möchte? Träume ich immer wieder davon, ein anderer zu sein, und halte ich mich selbst kaum aus? **Nächstenliebe setzt voraus, dass ich mich selbst liebe und mich annehme**, so wie ich jetzt bin. Ich habe kein anderes Leben. Ich bin ich, hier und jetzt, mit all meinen Fehlern. Sich selbst lieben meint nicht, sich stolz auf die Schultern zu klopfen und sich als Superstar zu fühlen, sondern **ganz realistisch sich selbst anzunehmen.** Es gibt viele Möglichkeiten vor sich selbst zu fliehen. Sie können sich in die Arbeit stürzen, weil sie glauben, dass irgendwann, wenn Sie genug

Geld haben oder auf der Karriereleiter ganz oben stehen, alles besser wird. Sie können sich frustriert über Ihre Einsamkeit in Ihre Wohnung einschließen und Ihre Tage ohne weiteres Nachdenken vor dem Fernseher verbringen. Oder Sie tun genau das Gegenteil und meiden das Alleinsein, um ja nicht mit Ihrem Innenleben konfrontiert zu werden. Sich selbst lieben heißt aber oft, **sich selbst auszuhalten**. Probieren Sie's. Setzen Sie sich **zehn Minuten einfach nur hin und hören Sie in sich hinein. Spüren Sie, was das in Ihnen ist** – gerade auch das, **was schwer und belastend, einschüchternd und falsch ist. Zehn Minuten Stille** und Sie werden vielleicht merken, dass Sie das Radio einschalten wollen, zu einer Illustrierten greifen möchten oder einfach nur meinen, aufstehen zu müssen, weil Sie innerlich unruhig werden. **Dieser Mensch** – und kein anderer – **sind Sie**. Fliehen Sie nicht vor sich selbst, sondern **halten Sie sich aus**. Verdrängen Sie nicht, was an negativen Gedanken in Ihnen aufsteigen mag, und beschönigen Sie auch nicht Ihre Fehler. Das ist nicht leicht, aber jetzt kommt der wichtigste Punkt. Sagen Sie sich: Und **trotzdem werde ich geliebt**. Vielleicht klingt das zuerst wie eine Lüge oder ein frommer Wunsch? Sagen Sie es sich noch einmal und immer wieder, denn es ist die Wahrheit. Ich werde geliebt, obwohl ich kein Topmodel bin, obwohl ich keine Arbeit finde, obwohl ich krank bin. Ich werde geliebt. Ja, ich bin es wert, geliebt zu werden. **Denken Sie an die Menschen, die Sie lieben** – so wie sie sind. Denken Sie an Ihren Partner, Ihre Kinder, Ihre Freunde. Sie werden geliebt. Denken Sie an Ihre Eltern, die Sie geliebt haben. Und denken Sie daran – gerade dann, wenn Ihnen niemand einfällt, der Sie trotz all Ihrer Fehler und Macken mag – **dass Gott Sie liebt.** Sie glauben aber nicht an Gott? Dann versuchen Sie trotzdem dieses Gedankenexperiment und sagen Sie sich: Was wäre, wenn… Was wäre wenn es einen Gott gäbe, der mich erschaffen hat, weil er mich liebt. So wie ein Vater sich ein Kind wünscht und es liebt, ganz gleich, ob es begabt ist oder nicht, brav oder frech, gesund oder krank. Auch für Christen ist es gar nicht leicht, zu glauben, dass Gott die Liebe ist, der mich liebt, obwohl ich doch gar kein so guter und toller Mensch bin. Galileo Galilei soll im Hinblick auf die Erddrehung vor der römischen Inquisition gesagt haben: „Und sie bewegt sich doch!“ Wenn so manches in

10 Min. Zeit nehmen und sich in Stille aushalten

ich werde geliebt

ihrem Leben schief läuft, sie sich selbst nicht ausstehen können und am Sinn ihres Daseins zweifeln, sagen Sie mit dem gleichen „ketzerischen" Trotz: „Und Er liebt mich doch!" und falls Sie kein Christ sind, wagen Sie dennoch diesen Glauben an die Liebe trotz aller Widrigkeiten auszusprechen: **„Und die Liebe gibt es doch!"**. Irgendwann bricht sie in meinem Leben auf. Es geht hier darum, die **Liebe im eigenen Leben zu entdecken** und zu verstehen, dass **ich es wirklich wert bin, geliebt zu werden**. Wenn zwei Menschen sich lieben, so können sie hundert Gründe aufzählen, was sie am anderen toll finden: Vom guten Aussehen bis hin zum Humor gibt es so vieles, was Liebende aneinander entdecken. Aber all das würde sich auch bei Millionen anderen Menschen finden. All diese vielen guten Gründe reichen nicht aus, um zu erklären, warum es gerade diese Person ist und nicht eine andere. **Liebe zielt auf das Eigenste des anderen**. Und dann wird wahre Liebe zwar nicht blind, wie das Sprichwort fälschlicherweise sagt, aber doch gibt es da so viel mehr, was zählt. Sie verdienen es, geliebt zu werden. Nicht weil Sie hübsch, sportlich oder intelligent sind, sondern weil Sie Mensch sind, erschaffen für die Liebe. Sie werden geliebt – ob Sie es nun glauben oder nicht – nicht weil Sie gut sind, sondern weil Gott gut ist. Der Glaube an diese Liebe ist die Vorraussetzung, damit Selbst- und Nächstenliebe wirklich funktionieren können. Wie gesagt, falls Sie kein Christ sind und sich auch nicht auf den Gedanken einlassen wollen, dass Sie kein Produkt des blinden Zufalls sind, sondern gewollt und geliebt, suchen Sie nach anderen **Menschen in Ihrem Leben, die Sie trotz all Ihrer Schwächen mögen** oder einmal gemocht haben. Wir können leichter lieben, wenn wir uns geliebt wissen. Und je mehr wir uns sicher sind, dass es jemanden gibt, der uns liebt, umso **mutiger und großzügiger können wir die Nächstenliebe wagen**. Oder anders gesagt: Wer sich beschenkt weiß, kann geben, um dabei wiederum selbst beschenkt zu werden. Wenn Sie glauben, dass Sie wirklich geliebt werden, **zünden Sie den Motor und die Fahrt kann losgehen**. Lassen Sie das Auto nicht in der Garage, weil Sie meinen, Sie könnten nie einen Wagen lenken. Es geht jetzt um den ersten Schritt, den Ihnen kein Fahrlehrer abnehmen kann. Drehen Sie den Zündschlüssel, glauben Sie, dass Sie liebenswürdig sind und geliebt werden.

ich bin es wert geliebt zu werden

jemand liebt mich so wie ich bin

4. Wünschen Sie Ihrem Spiegelbild einen schönen Tag

Die bisherigen Übungen haben sich in Ihrem Kopf (oder Ihrem Bauch), hoffentlich aber auch in Ihrem Herzen abgespielt. Jetzt geht es in Sachen Selbstliebe darum, konkret zu werden und etwas zu tun. Also los! Sie haben es schon gemerkt, das christliche Gebot der Nächstenliebe nimmt Maß an der Selbstliebe. Wenn ich **mich selbst nicht ausstehen kann, werde ich ein griesgrämiger Einzelgänger**. Wenn ich es selbst **nicht mit mir aushalte**, bin ich **ungeduldig mit anderen**. Umgekehrt gilt aber auch, dass **meine innere Zufriedenheit, meine Lebensfreude und mein Vertrauen ansteckend sind und anderen Mut machen**. Zeigen Sie also sich selbst, dass Sie sich mögen. Das ist kein Egoismus, auch keine Eitelkeit und erst recht keine narzisstische Selbstverliebtheit. All diese falschen Formen der Selbstliebe entstehen nämlich nicht aus einem gesunden Wohlwollen sich selbst gegenüber, sondern aus Komplexen, Minderwertigkeitsgefühlen und Ängsten. Ich muss mein Ego nur dann aufplustern wie ein eitler Pfau seine Federn, wenn ich mich nicht annehmen kann und mich nicht mag, so wie ich bin. Christliche Demut ist oft so verstanden worden, als ginge es darum, sich immer klein, minderwertig und fehlerhaft zu fühlen. In Wahrheit bedeutet es aber, **einfach ehrlich zu sein**, vor allen Dingen **mit sich selbst**. Hier sind **meine Talente** und dort sind **meine Schwächen**. Hier sind **meine Wünsche** und dort **meine Sorgen**. Das bin ich. Was gut ist, kann ich fördern. Was schlecht ist, kann ich vielleicht ändern, wenigsten Schritt für Schritt. Aber schon jetzt, so wie ich heute bin, mag ich mich und nehme mein Leben als Geschenk an. Damit das keine leeren Worte bleiben, versuchen Sie sich selbst etwas Gutes zu tun. **Erfüllen Sie sich** ansatzweise **Ihre Wünsche**, die Sie in der ersten Übung aufgelistet haben. Sie erinnern sich: Sie selbst haben sich das Beste für Ihr Leben gewünscht. Fangen Sie an, es wenigstens im Kleinen zu realisieren. Sie wollten Ruhe und Sicherheit – gönnen Sie sich einen Spaziergang, ein freies Wochenende, ein Gespräch mit einem Freund. Vielleicht wissen Sie noch gar nicht, was Sie sich eigentlich Gutes tun könnten. Probieren Sie es aus! Es geht um Kleinigkeiten, mit denen Sie **sich selbst eine Freude bereiten**. Kaufen Sie sich mal

Selbstliebe führt zu Lebensfreude

ehrlich zu sich selbst sein

erfüllen Sie sich Ihre Wünsche

wieder einen Roman, setzen Sie sich allein in ein Kaffeehaus und genießen Sie die Umgebung, schenken Sie sich selbst einen Strauß Blumen, schreiben Sie sich – so dumm das Ihnen vielleicht erscheinen mag – selbst eine Postkarte, auf der Sie all das Gute und Schöne auflisten (wie Urlauber es normalerweise tun), was Sie heute erlebt haben… Das alles klingt vielleicht ziemlich banal und lächerlich, aber Sie werden merken, dass diese kleinen Schritte Ihnen helfen, morgens lächelnd in den Spiegel zu schauen und sich zu freuen, dass es Sie gibt. Versuchen Sie auch ganz bewusst immer wieder in Ihrem Alltag, das Gefühl von Dankbarkeit zu erwecken. Es gibt **so viele Kleinigkeiten um Sie herum, die schön und gut sind**. Mag es nur die Tasse Kaffee am Morgen oder der freundliche Gruß des Nachbarn sein. **Entdecken Sie die versteckten Schönheiten in Ihrem Leben** und beschenken Sie sich selbst damit, indem Sie **dafür „Danke“ sagen**: ein spielendes Kind, ein Blumenbeet im Park, ein tolles Musikstück im Radio, ein kleiner Erfolg in der Arbeit, das Telefonat mit einem Freund. **Beschenken Sie sich und lassen Sie sich beschenken**. Und wenn Sie Christ sind, danken Sie Gott dafür. Erinnern Sie sich, was Er Ihnen geschenkt hat. Staunen Sie über die Schönheit Seiner Schöpfung. Freuen Sie sich an Ihrem Glauben, in dessen Mittelpunkt Gottes Sohn steht, der sein Leben für die Freunde opfert und – ein unfassbares, „verrücktes“ Geschenk! – seinen Leib als Speise gibt. Für Christen ist dieses Wunder Beispiel höchster Liebe, die sich ganz und gar verschenkt. Vielleicht öffnet nichts so sehr unser **Herz für die Liebe wie die Dankbarkeit**. Dankbare Menschen fühlen sich reich, beschenkt und, wie Glaubende sagen, gesegnet. Füllen Sie Ihre Hände und Ihr Herz, denn sonst haben Sie nichts, um es an andere auszuteilen.

die Schönheit des Lebens ist ein Geschenk an uns

5. Was das Gerümpel am Speicher mit Liebe zu tun hat

Unser Alltag ist natürlich nicht immer ein Sonntagsspaziergang. Wir haben ja schon gesehen, dass wir in der Stille und im Alleinsein mit uns selbst vieles entdecken, was nicht passt. Auch hier gibt es eine praktische Übung, wie Sie ganz leicht mehr Ordnung schaffen und so mit sich ins Reine kommen können. **Unsere Wohnungen sind Spiegel unserer Seele**. Ich meine damit gar nicht bestimmte Bücher, Bilder und Gegenstände, die einem Besucher sofort ihre Interessen und Hobbys verraten können. Es geht um die Frage, **wie aufgeräumt Ihre Zimmer sind**. Sind die Dinge an ihrem Platz oder liegt alles wild herum? Wandeln Sie durch Stapel von Zeitschriften, Kleidern und Krimskrams oder haben Sie noch Raum, **sich frei zu bewegen**? Ganz egal, ob Ihre Wohnung groß oder klein ist: Fragen Sie sich, ob Sie **Enge oder Weite spüren, Raum für neue Möglichkeiten oder verstellte Chancen**? Es gibt auch einen anderen Extremfall: Ist in meiner Wohnung alles steril, leer und tot, oder gibt es liebgewordene Erinnerungen und Dinge, die nicht zweckmäßig, aber schön und für mich ganz persönlich wertvoll sind? **Pflege ich Erinnerungen** oder **fliehe ich vor der Vergangenheit? Schaffen Sie Ordnung in Ihrer Wohnung und automatisch klärt sich in Ihnen selbst manches, was in Unordnung scheint**. Die meisten von uns müssen entrümpeln, weil sich in den Jahren Ballast angestaut hat. Andere dagegen sollten versuchen, ihre Wohnung als Heim zu sehen und nicht nur als Schlafstätte und zweckmäßige Kantine. **Unser Haus spiegelt unsere Seele**: Ganz deutlich wird das an Schubladen und Schränken. Vielleicht stimmt der äußere Eindruck. Alles ist sauber, hübsch und ordentlich. Wehe jedoch, man schaut in den Schreibtisch oder gar in den Keller, wo sprichwörtlich die Leiche versteckt liegt. **Entrümpeln Sie Truhen, Kisten und Schränke**. Befreien Sie sich von dem, was Sie belastet. **Schaffen Sie Ordnung. Das hat eine Auswirkung auf Ihr Inneres**. Schaffen Sie sich Raum – ganz wörtlich in Ihren eigenen vier Wänden. Das ist ein erster, ganz konkreter Schritt, um etwas zu verändern. Wenn Sie ihn machen, finden Sie auch die Entschlossenheit, andere Schwächen und Probleme anzupacken. In einem tieferen Sinne meint christliche Askese

Wohnung aufräumen + Platz schaffen

Ordnung klärt auch uns selbst

Entrümpeln befreit uns

nicht, sich selbst wehzutun, weil Schmerz und Verzicht irgendwie etwas Gutes seien, sondern schlicht und einfach **Ordnung zu schaffen im eigenen Leben**. Fangen Sie mit Ihren Schubladen an, wagen Sie sich dann an andere Gewohnheiten, die Sie einengen und unfrei machen: Hören Sie mit dem Rauchen auf, schalten Sie die Glotze ab, machen Sie **mehr Sport**, hören Sie **bewusst Musik**, **lesen Sie** ein gutes Buch. Überfordern Sie sich nicht. Sie müssen nicht Supermann werden oder von heut auf morgen alles anders machen. Es geht darum, Raum zu schaffen, damit **Platz für die Liebe ist**. Ein wichtiger Punkt darf an dieser Stelle nicht außer Acht gelassen werden: **Machen Sie Fehler wieder gut**. Wagen Sie es, Ihre **Schuld einzugestehen** und um **Verzeihung zu bitten**. Werden Sie allen **Ballast los**. Was wir alle in unserem Herzen an kleiner und großer Schuld angesammelt haben, muss endlich raus. Hier geht es um mich. Ich will in meinem Herzen wieder Platz für anderes haben – nicht für den Mist, den ich angestellt und nie aus der Welt geräumt habe. Oft ist es nicht leicht, ja vielleicht sogar unmöglich, Fehler gegenüber anderen wieder gut zu machen. Es genügt, wenn Sie dann ganz bewusst in den dunklen Keller ihres Herzens steigen, die Leiche aus dem Schrank holen und, indem Sie **bereuen, was da geschehen ist**, sie endlich aus dem Haus schaffen. Ein neuer, besserer Anfang ist immer möglich. Wenn Sie Christ sind, dann bitten Sie Gott um Verzeihung und gehen Sie zur Beichte. Das klingt altmodisch – aber es hilft, **Kopf und Herz frei** zu machen. Es ist das allerbeste Mittel, um wirklich Verzeihung und Heilung zu erleben. Jeder von uns hat hoffentlich schon einmal erlebt, wie es ist, sich nach einem heftigen Streit zu versöhnen oder von jemanden, dem man Unrecht getan hat, zu erfahren, dass alles wieder gut ist. Wenn Sie das nicht allein schaffen, scheuen Sie sich nicht, Hilfe in Anspruch zu nehmen. Suchen Sie das ehrliche Gespräch mit einem guten Freund, vielleicht sogar mit einem Psychologen oder mit einem Priester. Mit einem schlechten Gewissen kann man nur halbherzig lieben. Schaffen Sie Ordnung – in Ihrer Wohnung, Ihren Gewohnheiten, Ihrer Vergangenheit. Befreien Sie sich aus dem, was Sie einengt. Das kostet Überwindung, Schweiß oder gar Tränen, aber es öffnet einen neuen Horizont und schafft Zukunft. Lieben heißt, den Schritt in diese grenzenlose Weite zu gehen.

im eigenen Leben Ordnung schaffen

eigene Fehler eingestehen

6. Herzmuskeltraining

Erinnern Sie sich noch an den Bettler an der Straßenecke und die eingangs gestellte Frage, ob Nächstenliebe bedeutet, ihn in Ihrem Haus wohnen zu lassen? Sie ahnen mittlerweile schon, dass es darum gar nicht geht. Lieben heißt, dem **anderen Gutes zu wünschen** (und wenn möglich auch zu tun). Versuchen Sie's! Denken Sie an die Liste mit all dem, was Sie sich für sich selbst wünschen und probieren Sie es, sich vorzustellen, dass all das im Leben derer, die Sie lieben auch Wirklichkeit wird. Vielleicht haben Sie zuerst Ihre Familie und Freunde vor Augen, aber dann sollten Sie auch jenen Bettler an der Straßenecke in den Blick nehmen. Was bräuchte er, um wirklich glücklich zu sein? Was kann ihm helfen, sein Leben zu meistern? **Üben Sie es, anderen Gutes zu wünschen**. Vielleicht setzen Sie sich dazu auch in ein Straßenkaffee und beobachten die Passanten. Was wünschen Sie jedem Einzelnen? Merken Sie, dass diese positiven Gedanken helfen, das eigene Herz ein bisschen größer und weiter zu machen? Das lateinische Wort für „segnen" heißt „benedicere" – auf deutsch: Gutes sagen. **Sagen Sie Ihren Mitmenschen**, wenigsten in Gedanken, **Gutes zu**. Versuchen Sie, ihnen – zumindest im Stillen – von Herzen Gutes zu wollen. Als Christ wird Ihnen schnell auch Gott in den Sinn kommen, der all das schenken möge. Das ist dann ein ganz spontanes Gebet, das Ihre Liebe zum Nächsten bereits konkret macht. Ihr Wunsch für den anderen wird so zum Segen.

Wünschen Sie Ihrem Nächsten Gutes

Auch hier gibt es noch einen Schritt, der diese Übung etwas schwieriger macht. Den anderen lieben wie sich selbst heißt, dem Nächsten zu wünschen, was ich selbst für mein Leben erhoffe. Kann ich so auch über **Menschen** denken, **die mir unsympathisch sind**, die ich eigentlich unausstehlich finde und für die ich nun wirklich keine Zuneigung empfinde? Es mag leicht sein, bei einer Tasse Cappuccino einem vorübergehenden Touristen gute Freunde und Gesundheit zu wünschen, aber gelingt das auch bei anderen, mit denen ich Tag für Tag zusammenarbeite? Bei jedem von uns gibt es heftige innere Widerstände, einem arroganten Kollegen innerlich Erfolg zu wünschen. Gerade hier aber muss der Herzmuskel trainiert werden. Stemmen Sie schwerere Gewichte – wünschen Sie unsympathischen Menschen Gutes. Sie brauchen sich **dabei nicht zu überfordern** und schon gar nicht erwarten, dass sich auf einmal ihre Sicht auf den anderen radikal ändert. Lieben heißt nicht, dass ich für alle Menschen schöne Gefühle hege und mit ihnen in Einklang stehe. Lieben heißt – schlicht und einfach, und in der Umsetzung doch gar nicht so leicht – **zu wünschen, dass ihr Leben gelingt**. Sie müssen nicht jeden als Freund umarmen, aber versuchen Sie, ihm zu wünschen, dass es andere gibt, die das aus ehrlichem Herzen tun. Je **mehr Ihnen das gelingt, umso freier und offener** werden Sie, und umso **weniger setzen Ihnen Ärger und Ungerechtigkeiten seitens anderer zu**.

Mitmenschen etwas Gutes wünschen, beschenkt mich selbst

Andere zu lieben ist vor allem ein Geschenk an uns selbst. Schon der unausgesprochene **Wunsch für andere ist in Wirklichkeit eine Bereicherung für uns selbst**. Sie müssen nicht Ihr gesundes Urteil über Ihre Mitmenschen aufgeben. Liebende laufen nicht mit einer rosaroten Brille durch die Welt, die den Blick für Fehler, Unrecht oder Schuld verschleiert. Es geht darum, die anderen trotzdem zu lieben. Jeder Mensch verdient es, geliebt zu werden. Sie, ich, der Bettler an der Ecke und sogar der jähzornige Chef, der mich zu unbezahlten Überstunden verdonnert. Vielleicht hilft es Ihnen, sich vorzustellen, dass dieser kleine Diktator auch einmal ein Kind war, das seine Mutter voller Stolz umarmt hat. Und falls Sie Christ sind, erinnern Sie sich daran, dass das Wutgeschrei Ihres Vorgesetzten Gott sicherlich keine Freude bereitet, er aber selbst diesen „Knallkopf" liebt.

Gutes wünschen üben

Sobald es Ihnen gelingt, in Ihrem Kopf (noch besser in Ihrem Herzen) anderen Gutes zu wünschen, versuchen Sie Ihnen gegenüber das auch auszusprechen. Nur an Geburtstagen und Weihnachten floskelhaft „Alles Gute" zu wünschen, ist doch viel zu wenig. Sagen Sie Ihrem Kollegen „Viel Erfolg bei deiner Konferenz!", Ihrer Freundin „Viel Glück bei deiner Verabredung!" und dem Bettler wenigstens „Einen schönen Tag!". **Üben Sie Wünsche**, manchmal vielleicht sogar augenzwinkernd und humorvoll, etwa wenn Sie dem Landstreicher viele Euros im Hut wünschen. Versuchen Sie, die geheimen Sehnsüchte Ihrer Mitmenschen zu treffen, um der vielleicht immer gestressten Familienmutter zu sagen, sie möge ein erholsames Wochenende haben und vielleicht die Zeit, um abzuschalten. Wenn Sie an Gott glauben, versprechen Sie anderen, für sie zu beten – auch im Alltag.

7. Geben ist seliger denn Nehmen

Natürlich beschränkt sich Nächstenliebe nicht auf gute Wünsche und fromme Gedanken. Sie sind jedoch ein Anfang, der zu freundlichen Worten und Ermutigungen führt, um dann auch wirklich zur guten Tat zu werden. Wenn man an christliche Nächstenliebe denkt, so fallen einem vielleicht spontan die Almosen und Spenden ein. Die Deutschen sind Weltmeister im Spenden und dank ihrer Hilfe ist es möglich, in vielen Ländern der Welt Gutes zu tun. **Es genügt auch schon, wenn Sie jemandem eine Freude machen.** Sie werden merken, dass **Sie jede Gabe reicher macht**. Wer regelmäßig anderen eine Freude macht, hat das Gefühl, viel oder doch **wenigstens genug zu haben, um anderen beistehen zu können**. Das gibt Ihnen selbst ein Gefühl von **Sicherheit und Zufriedenheit**. Versuchen Sie, Menschen, die Sie besser kennen, ganz bewusst **Geschenke zu machen, die ihnen Freude bereiten**. Das fordert vielleicht ein bisschen Nachdenken und Fantasie, aber ist – je mehr sie sich bemühen – echter Ausdruck dafür, dass Sie Freunden und Bekannten Gutes wollen. **Machen Sie Geschenke** – nicht nur zu Weihnachten und zum Geburtstag, und schon gar nicht, um danach eine Gegenleistung zu erwarten. Es geht nicht um teure Geschenke, sondern um den Wunsch, anderen Freude zu bereiten. Vielleicht verschenken Sie sogar Gutscheine, mit denen Sie anderen Ihre Zeit zur Verfügung stellen: für einen Kinobesuch, für eine Entrümplungsaktion der Garage, fürs Babysitten. **Lieben heißt, von sich selbst etwas hergeben. Üben Sie das mit Geschenken.** Damit ist gar nicht eine große Summe Geld gemeint. **Verschenken Sie Zeit.** Helfen Sie Ihren Mitmenschen oder reden Sie mit Kollegen, die Sie (noch) nicht mögen. **Nächstenliebe kann man üben.** Der Gewinner dabei sind Sie selbst. Sie werden freier, ausgeglichener und zufriedener, **Sie gewinnen an Freude und Freiheit** – mehr als das Geschenk Sie eigentlich kostet. Machen Sie die Erfahrung, dass Geben glücklicher macht als Nehmen.

jedes Geschenk
macht mich reicher

8. „Man sieht nur mit dem Herzen gut.“ (Antoine de Saint-Exupèry)

Kennen Sie auch die Erfahrung, dass enge Freunde sofort merken, wenn es Ihnen schlecht geht, obwohl Sie nichts gesagt, ja sich vielleicht sogar ganz bewusst bemüht haben, sich nichts anmerken zu lassen? **Liebe macht sensibel und hellhörig.** Gerade dann, wenn Sie in Not sind und Hilfe brauchen. Diese Aufmerksamkeit ist nicht einfach nur eine Gabe, die einige haben und andere nicht, sondern ganz wesentlich mit der Liebe verbunden. Wer liebt, hilft anderen sich selbst zu helfen. Um ein offenes Herz zu haben, braucht es zuerst offene **Augen für Ihre Mitmenschen**. Achten Sie darauf, wer Ihnen Tag für Tag über den Weg läuft. Ihr Nächster merkt, dass Sie ihn verstehen und ihm Gutes wollen. Das ist Nächstenliebe. Wir müssen nicht die ganze Welt retten, und doch sollte unser Herz Tag für Tag weiter und liebevoller werden. Einsamkeit, Trauer, Krankheit, Arbeitsdruck, Liebesmangel – das begegnet Ihnen im Nachbarhaus, im Büro des Kollegen und an der Kasse am Supermarkt. Je mehr Sie das zulassen, die Augen öffnen und bereit sind, anderen in Liebe zu begegnen, umso besser geht es Ihnen selbst. Das Zitat aus dem Buch „Der Kleine Prinz“ von Saint Exupery – „Man sieht nur mit dem Herzen gut“ – ist fast schon zu einer Floskel geworden, die allzu oft als „seinem Gefühl folgen“ missverstanden wird. In Wirklichkeit meint es aber, dass **ein mitfühlendes Herz die oft verborgene Not des anderen sieht**. Der englische Kardinal John Henry Newman hatte als Wahlspruch „Cor ad Cor loquitur“ – Das Herz spricht zum Herzen. Mein Herz ist das Sinnesorgan für das Innerste meines Nächsten, für seine Freuden und Sorgen, für seine Nöte und Ängste. Ein solches Herz ist der fruchtbare Boden, auf dem Kreativität, Initiative und Liebe wachsen.

9. Keine Angst vor Schwierigkeiten

In jedem Schulhof kann man die gleiche Dynamik beobachten, die sich in Banken und Büros wiederholt: Ein Kind verspottet ein anderes. Ein Wort ergibt das andere und bald wälzen sich die zwei schlagend auf dem Boden, bis irgendwann die Lehrerin eingreift. Ein böses Wort ergibt das andere, ein Schlag fordert den Nächsten, eine Gemeinheit bringt andere hervor. Nur die Liebe kann diese Kette durchbrechen, indem sie Gewalt und Aggression nicht mit gleicher Münze heimzahlt. Das berühmte Wort Jesu aus der Bergpredigt „Wenn Dich einer auf die linke Wange schlägt, dann halt ihm auch die rechte hin“ (Mt 5, 39), meint nicht, dass wir Naivlinge sein sollen. Immer die Dummen, die buckeln und kriechen müssen. Es ist der Aufruf, die Kette von Hass und die Spirale der Gemeinheiten zu durchbrechen. Hier braucht es Liebe. Unrecht darf und muss beim Namen genannt werden: **Kein Verschweigen, Beschönigen oder Wegschauen**. Auch das würde nur dazu beitragen, dass sich – nennen wir es ruhig beim Namen – das Böse immer weiter ausbreitet. Liebe muss hier kreativ und geduldig sein. **Haben Sie keine Angst, Ihre Meinung zu sagen**, wenn Sie ungerecht behandelt werden – sei es am Arbeitsplatz, in der Familie oder im Freundeskreis. Aber **schlagen Sie nicht zurück**. Treten Sie vor, wenn anderen Unrecht widerfährt und zeigen Sie Zivilcourage. Fast reflexartig werden wir in Konfliktsituationen laut, drohen, beleidigen oder verletzen. Das ist ein Selbstverteidigungs-Mechanismus, der uns im Dschungel vielleicht das Leben retten kann. In unseren Wohnzimmern und Büros bewirkt er aber meist das Gegenteil: Verbitterung, Aggression und Wunden, die oft lange nicht heilen. Um in solchen Situationen zu bestehen, müssen Sie fest davon überzeugt sein, dass die Liebe Sie nicht auf die Verliererposition bringt. Greifen Sie nicht zu den Waffen, sondern bleiben Sie bei sich. Jetzt geht es aber nicht darum, den ultimativen K.O.-Schlag zu setzen, der den anderen umhaut, sondern ihn zu überzeugen, zu gewinnen, indem man sich versöhnt. **Bleiben Sie ruhig sachlich, ausgeglichen**. Sie dürfen deutlich machen, dass Sie eine andere Meinung haben und sich verletzt fühlen. Aber zahlen Sie es ihm oder ihr nicht heim. Durchbrechen Sie die Kette der Ag-

Schauen Sie hin, wenn Unrecht geschieht und sagen Sie "Nein"

Selbst im Streit sachlich und ausgeglichen bleiben

gression. Konflikte lösen sich meist nicht sofort in Wohlgefallen auf. Nehmen Sie sich Zeit, sich in die Haut Ihres Arbeitgebers oder Kollegen zu versetzen. Vielleicht ist er nicht nur Täter, sondern selbst Opfer von vorausgehenden Ungerechtigkeiten? Das ist keine Entschuldigung, aber eine Erklärung. Es ist möglich, **sich fair und sachlich zu begegnen**. Das Wichtigste dabei ist, keine Angst vor Verletzungen zu haben. Halten Sie das aus ohne zurückzuschlagen. Das ist wahre Tapferkeit. Thomas von Aquin, der große katholische Kirchenlehrer, sagt, dass Tapferkeit nicht im Angreifen, sondern im Aushalten besteht. Tapfer ist der, der um eines höheren Gutes zulässt, verwundet zu werden. Begnügen Sie sich nicht mit kleinen und billigen Siegen, die Sie im Streit mit Kollegen gewinnen können: Glauben Sie an Friede, Gerechtigkeit, Liebe, Freiheit!

10. Die Saat geht auf

Unser Herz, unsere Seele, unser Innerstes sind nicht so leicht zu bedienen wie ein Fernseher, bei dem man einfach auf den Knopf drückt. Liebe ist Gnade und Geschenk. Etwas, das wir empfangen und weitergeben, aber nicht selber machen können. Liebe ist wie eine Pflanze, die ich gießen und düngen kann, die aber auch Luft und Licht braucht, um dann ohne mein Zutun zu wachsen und zu blühen. Liebe kommt aus dem Innersten, um sich dann in Worten und Taten zu entfalten. Haben Sie Geduld mit sich selbst, wenn **es Zeit braucht, Ihre Liebe wachsen zu lassen**. Verwechseln Sie Liebe nicht mit romantischen Sehnsüchten, die sich nicht immer einstellen werden. Glauben Sie vor allen Dingen **an die Liebe, die Ihr Leben reich** und strahlend machen wird, auch wenn Sie nur kleine, zaghafte Schritte wagen. Lassen Sie sich von Vorbildern der Nächstenliebe inspirieren. Es gibt wahre Helden der Liebe, die wir Christen Heilige nennen: Martin von Tours, der seinen Mantel geteilt; Franz von Assisi, der den Aussätzigen umarmt; Elisabeth von Thüringen, die trotz der Drohungen ihres Mannes, Brot an die Armen austeilt; Johannes Bosco, der für die Straßenkinder Turins Heime und Schulen gebaut hat; Damien de Veuster, der freiwillig unter Aussätzigen gelebt hat, die aus der Gesellschaft verbannt worden waren;

Liebe bereichert mein Leben

Maximilian Kolbe, der im KZ sein Leben für die Rettung eines Familienvaters angeboten hat. Gott sei Dank – im wahrsten Sinne des Wortes – gibt es immer wieder **Männer und Frauen, die wirklich Liebe ausstrahlen und weitergeben**. Oft sind es nicht die, die in der Öffentlichkeit stehen und Schlagzeilen machen. Entdecken Sie diese Menschen, die es sicher auch in ihrer Nähe gibt: Eheleute, die jahrzehntelang füreinander da sind; Eltern, die ein behindertes Kind liebevoll großziehen; Freiwillige, die sich in allen möglichen caritativen Bereichen engagieren; Krankenschwestern und Pfleger, die trotz Zeitdruck versuchen, ihren Patienten Aufmerksamkeit und Trost zu schenken. Lassen Sie sich anstecken und motivieren vom Beispiel anderer. Fangen Sie an, **den Nächsten zu lieben** – in Ihrer Familie, an der Straßenecke, am Arbeitsplatz. Sie werden merken, **wie sehr Ihr eigenes Leben dadurch gewinnt.**

strahlen auch Sie Liebe aus und geben Sie sie weiter

Platz für Ihre Notizen

Teil 2:
Selbstliebe

Platz für Ihre Notizen

„Ohne Liebe zu sich selbst, ist auch die Nächstenliebe unmöglich."
(Hermann Hesse)

Liebe Leserin, lieber Leser,

sich selbst zu lieben fällt uns als Erwachsene oft besonders schwer. Die Fähigkeit zur **Selbstliebe ist uns allen angeboren**. Sonst hätten wir uns als Kind nicht entwickelt.

Die Liebe zu uns selbst ist die Antriebskraft, warum wir uns entwickeln und lernen. Sie macht uns glücklich und zufrieden.

Wir sind **entwicklungsorientierte Wesen**. Wir wollen lernen, erforschen und entdecken.

Was früher spielerisch und aus reiner Liebe zu sich und dem Leben geschah, müssen wir **heute bewusst üben**. Wir haben unsere natürliche Liebe zu uns und unserem Leben vergessen.

Aber diese Gabe ist noch in uns, wir müssen sie nur erneut wecken. Sie werden spüren, dass Sie ganz viel Freude daran haben.

Das vor Ihnen liegende Kapitel zeigt Ihnen ganz konkrete Tipps auf, wie Sie die Selbstliebe wieder finden. Wie Sie wieder Freude daran haben **zu wachsen und sich zu entfalten**.

Doch ein kleiner Tipp vorab: **Fehler sind der Rohstoff** der Entwicklung. Menschen, die sich lieben, sagen zu ihren Fehlern „ja". Und freuen sich über die Erkenntnis, die in jedem Fehler wie ein Geschenk für uns steckt.

Suchen Sie sich die Tipps aus, die Sie konkret ansprechen und freuen Sie sich auf die Liebe zu sich selbst. Es ist **eines der größten Geschenke**, die wir uns machen können.

Alles Liebe und viel Spaß beim Lesen und Ausprobieren
Ihre

Claudia Bayerl

Platz für Ihre Notizen

Eva-Maria Ruhland

Mit der Selbstliebe fängt alles an ...

Selbstliebe, was ist das? Was bedeutet Selbstliebe für Sie? Schlagen Sie vielleicht sogar in einem Wörterbuch nach? Der Duden liefert Synonyme wie „Selbstsucht" und „Egoismus". Ein Egoist stellt sein eigenes Wohl vor das Wohl anderer und verhält sich oft rücksichtslos und unfair gegenüber anderen, weshalb eine gleichberechtigte und selbstlose Liebe unmöglich wird. „Selbstsucht" (Narzissmus) ist eine übersteigerte, krankhafte Form der Selbstliebe, mit der das Bedürfnis nach Bewunderung und der Mangel an Einfühlungsvermögen einhergehen. Jetzt stellt sich die Frage: Passen diese zwei negativen Auffassungen tatsächlich zum Begriff Selbstliebe? Ist Liebe nicht immer etwas Wunderbares und Heilsames? Solange Liebe in einem angemessenen, gesunden Rahmen stattfindet, ja! Selbstliebe bedeutet inneres Gleichgewicht, Zufriedenheit und Unbeschwertheit.

Die Autorin

Eva-Maria Ruhland

Eva-Maria Ruhland studierte an der Universität Regensburg den Bachelor-Studiengang Germanistik in Verbindung mit Spanisch und Vergleichende Kulturwissenschaften. Ihr dort erworbenes Wissen setzt die Oberpfälzerin in der Redaktion der Textakademie in die Tat um. Ob Korrekturlesen, Text-Optimierung oder selbstständiges Verfassen von Texten, sie ist mit viel Engagement bei der Arbeit. Mit ihrem Beitrag zum Buch verbindet sie ihr persönliches Interesse an Psychologie, insbesondere der Persönlichkeitsentwicklung, mit ihrer Affinität zur deutschen Sprache.

Selbstliebe aus der Sicht der Wissenschaft

Wer bestimmt über uns? Wir selbst, unsere Erziehung oder unsere Gene?

Jetzt wagen wir uns auf ein Terrain, auf dem schon sehr lange Kämpfe ausgetragen werden. Genetik versus Erziehung versus Selbstbestimmung. Die Genetiker sind davon überzeugt, dass unsere Gene eine wesentliche Rolle spielen, was unser Selbstbewusstsein anbelangt. Die Erziehungswissenschaftler dagegen betonen die Bedeutung des „Umwelteinflusses". Wer hat nun Recht? Und wo bleibt unsere eigene Selbstbestimmung? Ein Mittelweg scheint am plausibelsten. Wir alle wissen, dass uns unsere Eltern, rein biologisch betrachtet, genetisches Material bei der Verschmelzung von Eizelle und Sperma überliefern. Dieses Material unserer Eltern wird uns mit auf den Weg gegeben und dient uns als Basis. Ein gewisser Grundstock an Voraussetzungen und Möglichkeiten unserer Persönlichkeit ist somit in uns vorhanden. Darauf aufbauend entwickeln wir unser Selbstbewusstsein und bilden unser Bild von uns selbst. Da wir als Kleinkinder noch nicht sprechen oder selbstständig handeln können, nehmen wir Vorgelebtes an. Deshalb spielen natürlich unsere Eltern und ersten Erziehungsberechtigten eine sehr wichtige Rolle. Was wird uns verboten? Wie werden wir behandelt? Werden unsere Fähigkeiten wert geschätzt? Wissenschaftler und Psychologen gehen davon aus, dass ab ca. 21 Jahren die Persönlichkeit voll entwickelt und ausgebildet ist. Pah! Das muss erst einmal verdaut werden, nicht wahr? Vielleicht denken Sie sich gerade: „Aha! Kein Wunder, dass ich keine oder nur wenig Selbstliebe empfinde bei den Eltern, die ich habe…" Doch seien Sie unbesorgt. **Unser Selbstbewusstsein wird vielleicht durch unsere Gene und im frühen Kindesalter vorbestimmt, aber statisch und unveränderlich ist es nicht. Wir können immer, zu jeder Zeit etwas für unsere Selbstliebe tun.** Sollten in der frühen Kindheit jedoch massiv negative Prägungen stattgefunden haben, sei es durch Gewalt oder Missachtung, dann ist es wichtig, Frieden mit seiner Vergangenheit zu schließen. Eine psychotherapeutische Behandlung ist eine gute Möglichkeit, auch in diesem Fall etwas positiv für sich zu verändern. Deutlich wird

Unser Selbstbewusstsein ist genetisch geprägt, kann aber von uns verändert werden also, wie extrem viel Verantwortung bei den Eltern liegt. Sie und unser soziales Umfeld beeinflussen unser Selbstbild als Erstes und am stärksten.

Ist Selbstbewusstsein eine Sache der Männer?

unterschiedliche Prägung von Mann und Frau in der Kindheit

Was ist mit dem Klischee, dass Männer eher von sich und ihren Stärken überzeugt sind als Frauen? Haben Männer von Natur aus weniger oder keine Probleme damit, sich selbst zu lieben und können sie deshalb positiver und erfüllter leben? Ein klares „ja“ gibt es auf diese Frage natürlich nicht. Allerdings ergab die Längsschnittstudie „Aida“, an über 3000 Berliner Jugendlichen, im Juni 2012 interessante Ergebnisse: Nach wie vor, trotz aller Modernität der Gesellschaft, bestehen große Unterschiede bei den Geschlechtern, was die „Ich-Stärke“ anbelangt. Unter diesem Begriff versteht man ein Konzept des Ichs, das sowohl positives Selbstbild, Kompetenzbewusstsein als auch psychische Stabilität umfasst. Bei der Untersuchung trat zum Vorschein, dass die männlichen Befragten weit mehr von sich überzeugt waren als die weiblichen Teilnehmerinnen. Wie bereits erwähnt, ist unser Selbstbewusstsein stark von unseren Eltern und unserem sozialen Umfeld geprägt. Deshalb ist klar, wer dafür verantwortlich ist, dass Kinder diese Bilder über sich selbst entwickeln. Sie ahmen das nach, was ihnen vorgelebt wird, zum Beispiel die besonders männlichen Züge des Vaters oder die besonders weiblichen Züge der Mutter. Zudem wird den Kindern schnell eingebläut, **was typisch für ihr Geschlecht ist und was nicht.** Wenn ein Junge mit einer Pistole spielt, dann wird das mit größerer Wahrscheinlichkeit toleriert, als wenn das ein Mädchen macht. Das sind jedoch alles Einflussfaktoren, die in der Kindheit stattfinden. Als Erwachsener ist man über diese Dinge erhaben.

als Erwachsener entscheiden Sie selbst über Ihr Selbstbewusstsein

Daher gilt: Es scheint Unterschiede in der Entwicklung des Selbstbewusstseins von Männern und Frauen zu geben. Dies wird jedoch von äußeren Umständen wie Erziehung und soziales Umfeld sowie den Erwartungen der Gesellschaft geprägt. Sind Sie sich dessen im Erwachsenenalter bewusst, fällt es Ihnen leichter an Ihrem Selbstbild zu arbeiten. Denn dafür ist es nie zu spät! Sie entscheiden, auf welche Merkmale Sie bei sich stolz sind. Und das hat nichts mit dem Geschlecht zu tun. Sie müssen nicht besonders stark oder technisch versiert sein, um ein gesundes Selbstbewusstsein zu haben. **Jeder Mensch ist ein Individuum mit ganz eigenen Stärken**. Jeder entscheidet als Erwachsener selbst, auf welche Pfeiler seiner Persönlichkeit, seiner Talente und seiner Vorlieben er sein Selbstbewusstsein aufbaut. Wenn Sie das für sich geklärt haben, ist Ihr Leben erfüllt mit Liebe und Sie werden merken, wie leicht und wundervoll das Leben ist. Eine Anleitung, wie Sie sich selbst lieben und Ihr Leben in vollen Zügen genießen können, finden Sie in den folgenden zehn Tipps.

Stärken Sie Ihr Selbstbewusstsein durch Selbstliebe

Anmerkung zu den Tipps

Sie sind eingeladen, an Ihrer Selbstliebe zu arbeiten. Falls ein Tipp für Sie nicht in Frage kommt, ist das völlig in Ordnung. Fühlen Sie sich zu nichts gezwungen. Versuchen Sie so viel wie möglich anzunehmen, aber achten Sie immer auf Ihr Herz. Schließlich pflegt jeder Mensch seine Liebe individuell und das ist gut so.

1. Alles beginnt und fällt mit Ihrer Einstellung!

Sich selbst lieben? Hört sich das für Sie immer noch etwas komisch an? Wie wäre es mit: sich selbst wert schätzen? Selbstliebe verlangt, für sein eigenes Leben Verantwortung zu übernehmen. Das erfordert eine extreme Ehrlichkeit sich selbst gegenüber. Denn man muss **sich akzeptieren**, mit all seinen Stärken, aber auch, oder besser gesagt vor allem, mit seinen Schwächen. Das funktioniert nur, solange wir keine Vollkommenheit erwarten. Nicht von der Welt, nicht von unserem Partner und vor allem nicht von uns selbst. Und nur **wer sich selbst liebt, kann Liebe weitergeben**. Denn wie sollen wir etwas verschenken können, was wir selbst nicht haben? Wie können wir glauben, aus tiefstem Herzen glauben, dass uns jemand liebt und zwar so, wie wir sind, wenn wir selbst nicht daran glauben? Denken Sie sich gerade: „So einfach ist das aber nicht. Das Leben ist oft schwierig. Wie soll das im Alltag funktionieren?“ Dann gibt es nur einen Rat: Fangen Sie jetzt an, Ihre Denkstrukturen zu durchbrechen. Denn es ist Ihr Leben, genießen Sie es! Wie? Entscheiden Sie sich aus ganzem Herzen dazu, etwas zu verändern. **Machen Sie sich bewusst**, dass Sie momentan nicht zufrieden sind und **dass Ihnen Liebe in Ihrem Leben fehlt**. Wenn Sie dieses Bewusstsein finden, dann können Sie anfangen etwas zu verändern. Und genau das ist bereits der erste Schritt in die richtige Richtung. Es ist der erste Schritt auf dem Weg in ein Leben erfüllt von Liebe.

Sich bewusst werden, ob man sich liebt

Erkennen Sie Ihre Gedanken. Sind Sie oft negativ? Kommt es oft vor, dass Sie sich selbst kritisieren und unzufrieden sind? Schärfen Sie Ihr Bewusstsein darüber, dass Sie den Zugang zu Ihrer Liebe vernachlässigt haben. Beschließen Sie **jetzt, daran etwas zu verändern**. Dadurch treten Sie in den Veränderungsprozess ein.

2. Schließen Sie Frieden mit Ihrer Vergangenheit

Liebe und Zuneigung, Lob bei Erfolg und Trost bei Misserfolg, das sind Aspekte, die eine junge Persönlichkeit braucht, um sich zu festigen. Aber oft ist unsere Kindheit geprägt von Regeln, Verboten und Zurechtweisungen: „Tu dies nicht!“, „Mach das nicht!“, „Fall nicht negativ auf!“. Kommt Ihnen das bekannt vor? Als Kind waren Sie abhängig. Sie haben gelernt, nur wenn sie „brav“ sind und das tun, was man von Ihnen verlangt, bekommen Sie Zuneigung und Lob. Anderenfalls werden Sie getadelt oder bestraft. Das **Kind, das sich damals anpassen musste**, lebt in gewisser Form immer noch in uns. Es konnte sich nicht selbst bestimmen und entfalten. Aus dieser Erfahrung heraus entstand unser innerer Kritiker. Nur wenn wir alles perfekt erledigen und darauf achten, dass wir es den anderen recht machen, werden wir gelobt und wert geschätzt. Das denken wir. Aber bei genauerem Betrachten ist das Gegenteil der Fall. Denn Menschen, die nur auf andere achten sind nicht glücklich. Aus einem einfachen Grund: Sie erhoffen sich hinter ihrer Aufopferung für andere, dass sie etwas dafür zurück bekommen. Sie können sich selbst nicht wert schätzen, sondern brauchen die Bestätigung von außen. Das wird von anderen reflektiert.

häufiger Irrtum: brav sein, um geliebt zu werden

Das eigene Bild wird zum Spiegelbild. Wer schlecht über sich denkt, signalisiert den anderen: „Ich bin es nicht wert, geliebt und respektvoll behandelt zu werden.“ Machen Sie sich daher jeden Tag mehrmals bewusst: **Sie sind gut so, wie Sie sind**! Stehen Sie mit einem Lächeln auf. Und sagen Sie sich: „Ich mag mich, ich liebe mich!“ Gemäß dem Prinzip „steter Tropfen höhlt den Stein“ stellt sich schon bald eine Veränderung ein. Ihre Selbstliebe verleiht Ihnen eine positive Ausstrahlung, die von Ihrer Umgebung respektvoll wahrgenommen wird. Und egal, was in der Vergangenheit war: Sie sind nicht mehr in ihr gefangen.

jeden Tag sagen: „ich liebe mich“

3. Schönheit liegt im Auge des Betrachters

Natürlich schadet es nicht, sich Gedanken über seinen Körper und seinen Kleidungsstil zu machen und sich bewusst und gesund zu ernähren. Es ist sogar für alle ratsam. Kontraproduktiv ist hingegen der unerbittliche Kritiker und Perfektionist in uns, der jedes noch so kleine Detail unter die Lupe nimmt. Schnell fühlen wir uns dann hässlich oder unfähig. „Nobody is perfect"? Diesen Ausspruch kennen Sie doch bestimmt. Aber nehmen Sie die Botschaft dahinter auch wirklich wahr? Jeder Mensch hat individuelle Schwächen oder Macken an sich. Und seien Sie ehrlich: Macht nicht gerade diese Tatsache uns als Mensch besonders? Lieben Sie nicht genau diese kleinen Unterschiede an Ihrem Partner, bei Ihren Freunden oder bei Menschen aus Ihrer Familie? Ist Perfektionismus nicht auch langweilig?
Nobody is perfect! Es bringt Ihnen und den Menschen in Ihrer Umgebung nichts, wenn Sie sich ständig damit beschäftigen, was alles an Ihnen hässlich, schlecht oder unvorteilhaft ist. Das sorgt für schlechte Laune und wenig Selbstbewusstsein. Und ehrlich gesagt, können Sie von keinem anderen erwarten, dass er Sie schön oder toll findet, wenn Sie selbst nicht einmal daran glauben! Probieren Sie es doch einfach mal anders: Stellen Sie sich vor den Spiegel und achten Sie bewusst und konkret auf die Dinge, die Sie an sich mögen. **Sagen Sie „ja" zu Ihrem Körper**. Und wenn Sie schon dabei sind: Was mögen Sie im Allgemeinen an sich? Wo liegen Ihre Stärken? Hier zählen die Kleinigkeiten genauso wie große Talente. Jeder Mensch hat ganz besondere Stärken an sich. Achten Sie einfach auf alles Gute. Stehen Sie jeden Tag mit einem positiven Gedanken auf und wenn Sie im Bad vor dem Spiegel stehen, dann sagen Sie zum Beispiel:
„**Ich mag mich und meinen Körper**. Besonders gefallen mir meine Augen. Mein Mund ist schön, ..." Sie werden merken, wie sich Ihr Gefühl für Ihren Körper verändert. **Schreiben Sie eine Liste mit all Ihren Vorzügen**. Diese Liste kann jeden Tag erweitert werden. Bitten Sie Freunde ebenfalls eine solche Liste zu erstellen. Sie werden erstaunt sein, welche Eigenschaften oder Merkmale andere Personen an Ihnen schätzen und schön finden!

Listen Sie Ihre Stärken auf

4. „Ein Tag ohne Lachen ist ein verlorener Tag." (Charly Chaplin)

Wann haben Sie das letzte Mal so richtig herzhaft gelacht, so dass Ihnen der Bauch weh tat? Müssen Sie jetzt überlegen? Dann ist es schon viel zu lange her! Denn Lachen ist gesund. **Lachen fördert unser Immunsystem** und hat eine sehr lange, positive Nachwirkung. Kinder sind, was das Lachen angeht, wahre Vorbilder. Laut Statistiken lachen Kinder rund 400 Mal pro Tag. Erwachsene dagegen kommen im Schnitt nur auf etwa 15 Mal. Dabei ist wissenschaftlich bewiesen, dass **Lachen befreit**, **von Anspannung, Stress, Ärger und Angst**. Wenn wir lachen, erhöht sich unser Puls, was **unseren Kreislauf anregt.** In Stress-Situationen hilft uns Lachen, weil der Adrenalin-Ausstoß verlangsamt wird und sich unsere Muskeln entkrampfen. Lachen ist **kostenloses Facelifting**. Denn es sorgt für eine bessere Durchblutung der Haut. Aber das sind nur ein paar Gründe, weshalb lachen gesund und wichtig ist. Natürlich gibt es oft Tage, an denen es vielleicht nichts zu lachen gibt. Aber wissen Sie, was erstaunlich ist? Unserem Gehirn ist es total egal, ob wir wirklich lachen oder ob wir uns dazu zwingen. Die Wirkung ist die Gleiche! Und weil wir das wissen, können wir diesen Vorteil für uns ausnutzen, um unsere Laune zu verbessern. Denn wenn wir gute Laune haben, fällt es uns automatisch leichter, die Dinge positiv zu betrachten und uns wohl zu fühlen. Pinnen Sie doch einfach ein Smiley-Symbol an verschiedene Stellen in Ihrer Wohnung. So erinnern Sie sich ganz gezielt immer wieder daran, bewusst zu lachen. **Lachen ist ein Heilmittel**, rezeptfrei und garantiert mit Nebenwirkungen! Was finden Sie lustig? Wenn Sie schwarzen Humor mögen, ist das vollkommen in Ordnung. Wenn Sie über banale Dinge lachen können, ist das gut so. Alles ist erlaubt, sofern Sie niemanden beleidigen. Übrigens schlagen Sie zwei Fliegen mit einer Klappe: Denn ein Lächeln auf Ihrem Gesicht hinterlässt bei den Menschen in Ihrer Umgebung einen sympathischen Eindruck. Und in neun von zehn Fällen werden die Menschen zurücklächeln. Auch das können Sie jeden Tag ausprobieren: Begegnen Sie Ihren Mitmenschen mit einem Lächeln! Sie werden erstaunt sein, wie schnell sich **gute Laune teilen** lässt.

Lachen Sie so oft es geht, Sie werden damit unbesiegbar

5. Reißen Sie Ihre Schutzmauern ein

Wurden Sie in der Vergangenheit schon einmal durch die Liebe verletzt? Vielleicht wurden Sie verlassen, enttäuscht, betrogen? Wir alle kennen diesen Schmerz. Nicht nur körperliche Verletzungen hinterlassen Narben. Auch seelische Schmerzen gehen nicht spurlos an uns vorbei. Nur können wir diese Wunden nicht sehen. Unsichtbar bleiben auch unsere Mauern, die wir zum Schutz errichten. Das ist menschlich, denn **niemand will leiden**. Wenn wir zum Beispiel beim Rollschuh fahren stürzen und uns die Knie aufschlagen, dann werden wir beim nächsten Mal bestimmt mit Knieschützern fahren. Genauso verhalten wir uns auch in der Liebe. Sobald uns jemand gefährlich nahe kommt, rücken die Steine unserer Mauern zusammen und unser **Gegenüber prallt daran ab**. Aber wissen Sie, was das Problem an diesen Schutzmauern ist? Sie sind wahre Liebesblockaden. Sie halten nicht nur die Liebe von außen ab. Sie versperren auch uns selbst den Zugang zu unserer Liebe. Die Folge: Die Liebe ist eingesperrt und verschwindet letztendlich. Deshalb:

unsere Schutzmauern sind auch unser Gefängnis

Befreien Sie sich von Ihren Mauern! Aber wie funktioniert das? Denn wie bereits erwähnt, liegt es in der Natur des Menschen, sich zu schützen. Aber wenn Liebe den Platz Ihrer Schutzmauer einnimmt, brauchen Sie die Mauern nicht mehr. Konkret bedeutet das: Lieben Sie sich. Machen Sie sich bewusst, **was Ihnen gut tut und was Sie verletzt**. Und dann stehen Sie zu Ihren Bedürfnissen und sorgen aktiv dafür, dass Sie sich wohl fühlen. Das bedeutet auch, dass Sie Situationen, Personen oder Ihre Arbeit verlassen oder vermeiden können bzw. müssen. Bildlich gesprochen: Schutzmauern brauchen Sie, wenn Sie mit jemandem oder etwas auf Kriegsfuß stehen. Auf lange Sicht ist das aber kein erfülltes und unbeschwertes Leben. Sorgen Sie also dafür, dass Sie sich ein friedliches Umfeld schaffen, auch wenn das Veränderung bedeutet. Werden Sie von Personen nicht respektvoll behandelt? Dann treffen Sie sich mit diesen Menschen nicht mehr. Ihre Arbeit empfinden Sie als große Belastung und Erniedrigung? Dann suchen Sie nach Alternativen. Es gibt immer neue Wege.

6. Sport

Es klingt vielleicht plakativ, aber in einem gesunden Körper fühlt sich auch Ihre Seele wohl. Sie müssen nicht zum Leistungssportler mutieren. Auch nach einem ausgiebigen Spaziergang werden Sie sich besser fühlen. Sie tanken dabei nicht nur frische Luft, sondern verschaffen Ihrem Körper auch noch Bewegung. Eine ideale Kombination, um sich wohl zu fühlen. Sport kann darüber hinaus auch helfen, **Stress und Aggressionen abzubauen**. Und wenn Stress und Aggressionen kontrolliert verschwinden, dann bleibt Ihnen mehr Raum für Liebe. Ein weiterer Grund, warum es sich für Sie lohnt, sportlich aktiv zu sein, ist **der Stolz, den Sie danach empfinden** werden. Wie von selbst stellt sich ein Überlegenheits- und Zufriedenheitsgefühl ein, wenn Sie den inneren Schweinehund besiegen. Ganz zu schweigen von dem **besseren Körpergefühl**, das Sie gewinnen. Sport kann Ihnen also gerade dann besonders gut helfen, wenn Sie Probleme haben, sich selbst zu loben. Glauben Sie das nicht? Dann probieren Sie es doch einfach aus! **Sie können nur gewinnen.**

Sport fördert Ihr Selbstbewusstsein. Überlegen Sie, welchen Sport Sie gerne einmal testen wollen oder welchen Sport Sie in Ihrer Kindheit geliebt haben. Es gibt so viele Möglichkeiten. Nicht jedem liegt joggen, genauso wenig mag jeder Volleyball spielen. Finden Sie einfach heraus, was Ihnen gefällt. Und sollten Sie sich ganz schwer mit dem Thema Sport anfreunden, dann nehmen Sie sich z. B. vor, dreimal in der Woche spazieren zu gehen. Hören Sie Musik dazu, laden Sie eine Freundin oder einen Freund ein, Sie zu begleiten oder nutzen Sie die Zeit intensiv nur für sich selbst. In erster Linie geht es um den Stolz, den Sie nach dem Sport empfinden, um das gute Gefühl, das Ihnen hilft, sich selbst zu lieben. Zusammenfassend die positiven Nebenwirkungen von Sport:

Sport macht stolz und selbstbewusst

- Mehr gute Laune
- Abbau von Stress und Aggression
- Bessere Gesundheit durch höhere Fitness
- Besseres Körpergefühl
- Selbstachtung fällt leichter, weil Sie stolz auf sich sind

7. „Glück ist das Einzige, das sich verdoppelt, wenn man es teilt.“
(Albert Schweitzer)

Die Freude, die wir unseren Mitmenschen bereiten, besitzt eine ganz besondere Kraft. Wenn wir **Freude verschenken, beschenken wir uns selbst**. Wir fühlen uns rundum glücklich, wenn wir merken, dass wir jemandem Freude bereiten. Sie kennen das vielleicht von Weihnachten oder Geburtstagen. Ist es nicht immer am Schönsten, den anderen beim Auspacken der Geschenke zuzusehen? Die Voraussetzung, dass wir uns von der Freude anstecken lassen ist jedoch, dass wir **ohne Hintergedanken handeln**. Nur so kommt wahre und reine Liebe zum Vorschein. Wenn wir unseren Partner z. B. Blumen schenken, weil wir uns davon erhoffen, dass er uns dann eine Woche lang besonders wohlgesonnen ist, dann ist das nicht die Art von „Freude verschenken“, die hier gemeint ist. Wir sprechen von **selbstloser Freude**. Das Glück ist so ansteckend für Sie, dass Sie eine besonders positive Ausstrahlung erhalten. Und diese wird von Ihrer Umgebung wahrgenommen. Das führt oft und wie von selbst dazu, dass sich bei Ihnen eine **Leichtigkeit des Lebens** einstellt. Plötzlich können Sie mit Problemen besser umgehen und alles läuft wie von selbst. **Das ist die Kraft der Liebe.** Wenn wir mit Liebe Freude verschenken, dann kehrt das Glück oft doppelt zu uns zurück. Verschenken Sie Freude. Gibt es einen guten alten Freund, dem Sie schon längst einmal wieder eine Freude bereiten wollten? Oder einen Kollegen, mit dem Sie schon viel in der Arbeit erlebt haben? Jetzt ist genau der richtige Zeitpunkt „Danke“ oder **„Ich hab dich lieb“ zu sagen**. Senden Sie doch mal wieder eine persönliche Karte oder bedanken Sie sich einfach beim Nachbarn, der Ihnen schon oft Salz geliehen hat. Auch hier kommt es nicht darauf an, wie groß Ihr Geschenk oder wie wortgewandt Ihr „Danke“ ausfällt. Wichtig ist nur, dass Sie jemandem eine Freude bereiten. Natürlich funktioniert das auch bei Ihren Haustieren. **Tiere lassen uns ihre Liebe spüren** und zeigen uns, wenn sie sich freuen. Auch das ist sehr ansteckend und wohltuend für uns.

verschenken Sie Freude

8. Dankbarkeit – oder die Liebe in den alltäglichen Dingen sehen

Ein Grundgedanke der „Positiven Psychologie" beschäftigt sich damit, dass die Fähigkeit dankbar zu sein, Einsamkeit und Traurigkeit entgegenwirken kann. Stattdessen wird die Konzentration auf positive Dinge gefördert, wodurch wir die Liebe in allen Kleinigkeiten des Alltags entdecken lernen. Konkret bedeutet das: Wenn wir unsere Aufmerksamkeit wieder vermehrt den Dingen und Personen zuwenden, die uns täglich das Leben erleichtern, geht es uns besser. Das klingt logisch aber vielleicht fragen Sie sich: Wofür soll ich jeden Tag dankbar sein? Im Grunde genommen gibt es **nichts Leichteres, als dankbar zu sein**. Aber leider vergisst man oft im Stress des Alltags, dankbar zu sein. Denn **auch die heiße Dusche am Morgen ist Glück**. Vielleicht ist Ihnen das zu banal, aber Dankbarkeit zu empfinden ist eine hilfreiche Gabe, die Sie fördern können und sollten. Vielleicht sehen Sie erst, wie gut es Ihnen geht, wenn Sie Menschen begegnen, die schwer krank oder verletzt sind. Das ist schade. Viel öfter und viel bewusster sollten Sie sich jeden Tag darüber im Klaren sein, dass es Ihnen wirklich gut geht und dass Ihr Leben keine Selbstverständlichkeit ist! Nebenbei entwickelt sich aus der Dankbarkeit gegenüber Personen heraus ein Gemeinschafts- und Zugehörigkeitsgefühl, das uns als **Teil einer Gruppe oder einer Beziehung** wahrnehmen lässt und wir uns nicht einsam fühlen.

3x täglich dankbar sein

Seien Sie **dankbar für all das Wunderbare und Wunderschöne**, das Ihnen in Ihrem Leben begegnet. Erstellen Sie bewusst ein Liebe-Dankbarkeits-Tagebuch. Schreiben oder zeichnen Sie mindestens drei Situationen oder Erlebnisse auf, in denen Sie Dankbarkeit empfinden konnten. Notieren Sie, warum Sie dankbar waren und wer für dieses Gefühl verantwortlich ist. So pflegen und fördern Sie Ihre Achtsamkeit, die sich auch positiv auf Sie selbst auswirken wird. Denn wer dankbar ist für das, was er hat und wie er ist, liebt und akzeptiert sich und sein Leben.

erstellen Sie ein Freude-Tagebuch

Ein Beispiel: „Ich bin dankbar, dass die Straßenbahn pünktlich gekommen ist und der Straßenbahnfahrer so einen guten Job macht."
Ist doch eigentlich ganz einfach, oder?

9. Ziele setzen

Passiert es manchmal, dass Sie nicht wirklich wissen, was Sie mit sich und Ihrem Tag anfangen sollen? Entsteht dann ein Gefühl der Leere und Antriebslosigkeit? Das wiederum schlägt sich negativ auf Ihre Laune aus und schnell entwickelt sich ein Gefühl von „Ich bekomme nichts auf die Reihe"? Und Ihre Selbstliebe verkriecht sich ... Das muss nicht so sein! Wenn Sie nicht weiter in den Tag hinein leben und Ihre Selbstliebe verlieren wollen, dann überlegen Sie doch, welche Aufgaben Sie am Tag schaffen möchten. Bleiben Sie dabei realistisch. Gerade auch **kleine Ziele**, die Sie bis zum Abend erreichen, werden Sie zufrieden stimmen. Nebenbei planen Sie konkret noch weitere Dinge. Wann möchten Sie diese Woche mit Freunden Zeit verbringen, mit Ihrem Partner oder Ihrer Familie? Wann wollen Sie Sport machen? Welche Aufgaben wollen Sie diese Woche in der Arbeit schaffen? Wenn Sie sich Aufgaben und Ziele setzen, dann spüren Sie einen **inneren Antrieb**. Das Gefühl gebraucht zu werden und Verantwortung zu haben, stärkt unser Selbstbewusstsein und unser **positives Selbstbild**. Und wenn Sie sich gebraucht und verantwortlich fühlen, dann fällt es Ihnen leichter, stolz auf sich zu sein und sich selbst zu lieben. Sie brauchen einen **Lebensinhalt**. Kleine Aufgaben und Ziele geben Ihrem Leben einen Sinn. Deshalb überlegen Sie sich ganz konkret, welche Dinge Sie erreichen wollen. Wenn Sie am Abend einen Spaziergang machen wollen, dann hat das für Sie Priorität. Sie können sich den ganzen Tag schon darauf freuen und sind danach froh und zufrieden, weil Sie ein „Ziel" geschafft haben. Natürlich lassen sich diese Zielsetzungen auch auf die Arbeit, Ihre Beziehung oder Hobbys übertragen. Je mehr Herausforderungen Sie sich vornehmen, desto mehr spornt Sie das an. Das ist gut für Ihr Bedürfnis nach Verantwortung. Überfordern Sie sich jedoch nicht, das wäre kontraproduktiv. Es geht darum, dass Sie **spüren, wie wichtig Sie für Ihr eigenes Leben sind**. Denn **Sie selbst sorgen für Intensität und Lebendigkeit** in Ihrem Alltag. Fangen Sie gleich heute damit an!

jeden Tag kleine Ziele schaffen macht glücklich

10. Leben passiert in der Gegenwart, nicht in der Zukunft

„Leben in der Gegenwart“ ist kein Gegensatz zu „Ziele setzen“. Es ist gut, wenn Sie wissen, was Sie erledigen wollen und welche Aufgaben Sie schaffen möchten. So bleiben Sie aktiv. Denken Sie jedoch nicht all zu weit in die Zukunft voraus. Denn Sie leben jetzt. Und Sie entscheiden in jedem Moment, ob Sie gerade bewusst und intensiv den Augenblick wahrnehmen. Hier können wir uns wieder ein Beispiel an Kindern nehmen. Jede Kleinigkeit des Moments nehmen sie mit einer Hingabe wahr, die für uns Erwachsene oft in Vergessenheit gerät. Ein Marienkäfer kann für Kinder minutenlang das Spannendste auf der Welt sein. Warum? Weil sie dem kleinen Lebewesen ihre **ganze Aufmerksamkeit schenken**. Lernen Sie daraus! Nur wenn Sie sich auf die Dinge konzentrieren, die Sie gerade im Moment machen, nehmen Sie sie wirklich wahr. **Denken Sie jedoch an zu viele Dinge gleichzeitig oder zu weit voraus in die Zukunft, fühlen Sie sich vielleicht schnell überfordert. Sie machen sich Sorgen um Ihre Zukunft, weil Sie nicht wissen, wo Sie in ein paar Jahren stehen werden oder wie Sie alle Aufgaben schaffen sollen.** Dabei vergessen Sie, dass nur der gegenwärtige Augenblick die einzige Zeit ist, die Sie wirklich haben. Ein guter Grund, daraus etwas zu machen, finden Sie nicht auch? Leben Sie jetzt und hier. Machen Sie sich bewusst, dass jeder Tag, jeder Augenblick ein Geschenk ist. Sie haben die Macht zu entscheiden, wie Sie Ihr Leben empfinden. Halten Sie deshalb mehrmals am Tag inne, bewundern Sie die Naturschauspiele, essen Sie mit vollem Genuss Ihr Mittagessen oder bestaunen Sie ein Kunstwerk. Lieben Sie Ihr Leben! Selbst wenn Sie Ärger oder Stress haben, hilft Ihnen vielleicht der Gedanke, dass Sie neben all Ihren Verpflichtungen ein Dasein leben dürfen, über das Sie selbst bestimmen können? **Leben bedeutet Lebendigkeit**. Streit und Herausforderungen gehören dazu. Es sind wichtige Aspekte, die uns Momente intensiv erleben lassen. Für Sie heißt das: Egal, was Sie gerade tun, machen Sie es aufmerksam. **Nehmen Sie den Moment als Zeichen der Lebendigkeit** wahr. Sie lesen gerade dieses Buch. Lesen Sie bewusst und verinnerlichen Sie die Tipps. Dann spüren Sie die Liebe in Ihrem Leben.

volle Aufmerksamkeit schenken erfüllt uns mit Leben

Stolperfallen für Ihre Selbstliebe
Und so steigen Sie darüber …

Heute ist einfach nicht Ihr Tag. Das Wetter ist schlecht, Ihre Arbeit nervt und allgemein fühlen Sie sich einfach nicht wohl in Ihrer Haut. Jeder kennt diese schwarzen Tage. Eine Anmerkung vorne weg: Es ist ganz normal, dass man nicht jeden Tag mit einem Grinsen auf dem Gesicht herumläuft. Das wäre zwar schön, aber wir wollen realistisch bleiben. Und jeder hat das Recht darauf, auch einmal schlechte Laune zu haben. Oft hilft es uns, wenn wir denken „Morgen sieht der Tag schon wieder ganz anders aus." Damit **beschränken wir unser emotionales Tief** von vornherein und haben die Erwartungshaltung, dass der nächste Morgen ein besserer Start in den Tag sein wird. Wenn Sie aber nicht bis zum nächsten Morgen warten wollen, dann prüfen Sie in Gedanken folgende **Check-Liste**. Sie bezieht sich auf unsere ureigenen Grundbedürfnisse. Fühlen wir uns unwohl, ist in den meisten Fällen eines dieser Bedürfnisse vernachlässigt worden:

1) Haben Sie genügend getrunken?
2) Wann haben Sie das letzte Mal etwas gegessen?
3) Wann waren Sie das letzte mal frische Luft tanken?
4) Haben Sie genügend geschlafen?
5) Wann haben Sie das letzte Mal so richtig gelacht?
6) Wie lange ist es her, dass Sie Zuneigung bekommen haben?

achten Sie darauf, dass Ihre Grundbedürfnisse erfüllt werden

Es sind sechs Aspekte, die wesentlich für unser Wohlbefinden verantwortlich sind. Das Gute: In den meisten Fällen können Sie ganz schnell und aktiv dafür sorgen, dass **Ihre Grundbedürfnisse erfüllt werden** und Sie sich dadurch wieder besser fühlen. Etwas trinken, einen Happen essen, tief durchatmen an der frischen Luft, zehn Minuten Ruhe-Pause, lachen und liebevoll mit jemanden umgehen, das lässt sich schnell verwirklichen. Sollten Sie sich also nicht gut fühlen, dann denken Sie doch zuerst an Ihre Bedürfnis-Checkliste.

Wenn wir schlechte Laune haben, dann schleichen sich ganz leicht und schnell negative Gedanken ein. Umso wichtiger ist es, dass Sie dann trotzdem versuchen, mit positiven Gedanken dagegen zu steuern.

Fünf typische Stolperfallen

1. Mein **Kollege** ist heute nicht gut drauf. Er spricht wenig und ist kurz angebunden. Bestimmt **hat er etwas gegen mich**. Wahrscheinlich habe ich etwas falsch gemacht …

STOP Interpretieren Sie nicht so viel!
Ihr Kollege hat wahrscheinlich einfach nur schlechte Laune. Das hat nichts mit Ihnen zu tun. Aber Sie können ihn freundlich fragen, was los ist oder ob Sie helfen können.

lächeln Sie Ihre Kollegen an

2. Ich betrachte mich **kritisch** und voller Verachtung **im Spiegel**. Immer mehr Aspekte meines Körpers finde ich abstoßend.

STOP Weg mit dem inneren Kritiker!
Sie sind gut so, wie Sie sind. Hören Sie auf, sich selbst zu kritisieren. Schauen Sie kurz in den Spiegel und sagen Sie: „Ich liebe mich und meinen Körper!"

lieben Sie Ihr Spiegelbild

3. Heute habe ich in der **Arbeit einen Fehler gemacht**. Ich bin ein totaler Versager. Ständig baue ich Mist. Bestimmt denken alle jetzt schlecht über mich.

STOP Fehler sind menschlich!
Definieren Sie sich nicht über Ihre Fehler, sondern über Ihre Stärken. Fehler sind darüber hinaus sehr nützlich. Durch sie lernen wir, wodurch wir unsere Leistung verbessern können. Vielleicht sind Ihre Kollegen und Ihr Chef kurzfristig wütend oder enttäuscht, aber das bedeutet noch lange nicht, dass sie Ihre Arbeit generell nicht wert schätzen.

Fehler sind wichtig

nehmen Sie Herausfordoungen als Chance

4. Die Straßenbahn verpasse ich ganz knapp. Dann fängt es an zu regnen und meine Einkaufstüten platzen, sodass sich der gesamte Einkauf auf der Straße verteilt. „**Ich habe immer nur Pech**. Nie habe ich Glück!“

STOP Verurteilen Sie Herausforderungen nicht

Nehmen Sie jeden Moment wahr. Selbst wenn sich unglückliche Zufälle häufen, ist das nur ein temporärer Zustand. Es gibt kein „ewiges Unglück“ und Sie sind auch nicht „immer das schwarze Schaf“. Das Leben gibt uns oft Aufgaben, an denen wir wachsen. Seien Sie dankbar dafür und achten Sie darauf, was Sie aus jeder Situation lernen.

5. Aus Versehen stolpere ich in der Arbeit und falle fast zu Boden. Es ist nichts passiert, aber es muss bestimmt komisch ausgesehen haben. Ich denke: „Ich bin **so ein Dummkopf**, wie kann man nur so blöd sein?“

STOP Hören Sie auf, schlecht über sich zu sprechen!

lächeln Sie über Ihre Missgeschicke

Gehen Sie in jeder Situation liebevoll mit sich um, auch wenn Ihnen ein Missgeschick passiert. Lachen Sie doch einfach darüber. Das lockert die Situation auf. Nehmen Sie sich selbst nicht zu ernst.

„Sich selbst zu Lieben, ist der Beginn von einer lebenslangen Leidenschaft.“
(Oscar Wilde)

Liebe Leserin, lieber Leser,

im Film „The Kid – Image ist alles“ begegnet Bruce Willis seinem eigenen inneren Kind und darf seine **verdrängten Kindheitserlebnisse** aufarbeiten. Als Kind sind wir besonders ungeschützt, hilflos und auf Liebe unseres Umfelds angewiesen. In dieser Zeit prägen uns die Erlebnisse extrem und **viele Ängste werden hier geboren**, die uns ein Leben lang begleiten.

Auch die Psychologie spricht gerne von unserem kindlichen Ich. Jenes, das seit unserer Kindheit in uns steckt und das in unserem Erwachsenenleben oft nicht genug Beachtung bekommt. Doch das muss nicht so sein. Heute sind wir erwachsen und können **uns den Themen stellen, die wir als Kind nicht lösen konnten**.

Hier lesen Sie ein Kapitel, das sich dem inneren Kind in uns auf eine sehr besondere Weise widmet. Susanne Hühn hat das Kind in uns intensiv erforscht und einen Weg gefunden, **wie wir unserem inneren Kind begegnen** können. Es ist nicht der typische Pfad der klassischen Psychologie. Es ist ein spiritueller und warmherziger Weg, den sie uns hier vorstellt. Diejenigen von Ihnen, die sich dem Thema schon geöffnet haben, wird es viel Freude bereiten. Einigen von Ihnen wird es fremd erscheinen.

Ich selbst bin erst vor kurzem meinem inneren Kind auf diese Weise begegnet. Anfangs war ich verwundert, anschließend überrascht, wie gut es mir tat, als ich mich darauf eingelassen habe. Vielleicht probieren Sie es aus und lassen sich auch auf diese Begegnung mit Ihrem inneren Kind ein. Sie werden erstaunt sein. **wie heilsam es ist**.

Jetzt wünsche ich Ihnen viel Freude mit dem Abenteuer,
Ihrem inneren Kind zu begegnen.
Alles Liebe
Ihre

Claudia Bayerl

Platz für Ihre Notizen

Susanne Hühn

Sich selbst lieben und das innere Kind beschützen

Wie man sich selbst nährt, liebt und beschützt und erst danach für andere da ist – ohne egoistisch zu sein!
Unser inneres Kind ist in jedem von uns. Entdecken Sie es und gehen Sie mit ihm gemeinsam zurück in Ihre Kindheit. Schauen Sie sich Ihre Wünsche, Bedürfnisse und Ängste aus Ihrer Kindheit an. Sie leben davon noch vieles unbewusst. Begegnen Sie diesen Sehnsüchten und vielleicht auch einigem Kummer ganz bewusst.
Erfüllen Sie sich Ihre Bedürfnisse und lösen Sie sich von Ihren Ängsten.

Die Autorin

Susanne Hühn

1965 in Heidelberg geboren besuchte Susanne Hühn nach dem Abitur eine Physiotherapieschule. Besonders interessierte sie der Zusammenhang zwischen dem Denken und Fühlen und den körperlichen Symptomen der Patienten. Sie absolvierte Ausbildungen zum Thema ganzheitliche Medizin. 1991 begann ihr Weg als spirituelle Lebensberaterin und Meditationslehrerin. Besonders faszinierte sie die Verbindung zwischen Körper, Geist und Seele und sie begab sich auf ihre eigene Forschungsreise. Heute veröffentlicht sie zahlreiche Bücher über spirituelle Themen, produziert Meditations-CDs und Hörbücher. Im Frühjahr 2013 erscheint ihr erster Roman.

Mehr Information unter:
www.susannehuehn.de
www.universityofhappiness.de

Warum ist es so schwierig, sich selbst zu lieben? Wir sind oft erschreckend ahnungslos, wenn es um die eigenen Bedürfnisse geht, stehen aber sofort parat, wenn wir für andere sorgen wollen! Und **das innere Kind** – wie nehmen wir es wahr, wie beschützen wir es und was passiert, wenn wir es nicht beschützen? Meistens verhalten wir uns gemäß unserer Bedürfnisse, aber oft handeln wir auch aus der Empfindsamkeit und Verletzlichkeit des inneren Kindes heraus. Viele Menschen haben noch nie erlebt, dass der schützende Erwachsene zur Verfügung steht und das Leben meistert, denn wir haben nie gelernt, dass wir für uns selbst einstehen dürfen. „Du bist jetzt für dich selbst verantwortlich", sagten die Eltern, doch der Zusatz „also sieh zu, wie du klarkommst" hing unausgesprochen im Raum. Aber wenn wir für uns selbst verantwortlich sind, dann brauchen wir auch die Ermächtigung, für uns selbst einstehen zu dürfen. Der Erwachsene in uns könnte das. Unser inneres Kind dagegen hat Angst aufzufallen, sich unbeliebt zu machen, verlassen oder verletzt zu werden und so handeln wir zwar scheinbar erwachsen, doch das innere Kind zittert dabei vor Angst. Also legen wir uns Schutzwälle zu, weil wir nie gelernt haben, **uns auf gesunde Weise selbst zu schützen**. Und so werden wir müde, leer, wir geben und geben, statt auf uns zu achten und uns zuerst selbst zu nähren.

Meine Aufgabe: mich selbst zu schützen

Ist Egoismus nun die Lösung?

Natürlich nicht. Es gibt einen deutlichen Unterschied zwischen egoistischem Narzissmus und echter, lebendiger Selbstliebe. Im Egoismus gibst du auch das nicht her, was du frei und liebevoll für andere zur Verfügung hast, du lebst innerlich im Mangel. Dein verletztes, nicht geschütztes inneres Kind steht an der Front und schreit „Mehr, mehr, mehr!" und du weißt nicht, wie du es nähren und stillen kannst. Egal, wie viel du auch hast, du fühlst dich im Mangel und lebst in Angst. **In der Selbstliebe sorgst du zunächst gut für dich**. Dann erst gibst du alles, was du gerne geben möchtest, von Herzen weiter, ohne eine Gegenleistung zu verlangen. Du lebst in der inneren Fülle, weil du weißt, du versorgst dich selbst gut und kannst danach frei weitergeben, was du für andere zur Verfügung stellen willst. Dein inneres Kind ist genährt und in Sicherheit und teilt nun gern mit ande-

Falle Coabhängigkeit

Erkenne dein Inneres

ren. In der Coabhängigkeit dagegen gibst du alles weiter, du hältst dich energetisch gerade noch so am Leben. Dein inneres Kind hat so große Angst, nicht geliebt zu werden, dass es alles hergibt, was es hat, auch das, was es braucht und selbst gern für sich behalten würde. Der Preis dafür ist Groll. Du wirst wütend, weil du dich ausgenutzt fühlst, doch das erlaubst du dir nicht zu spüren. Es ist sehr gesund, wütend zu werden, das ist ein Zeichen dafür, dass dein Selbsterhaltungstrieb noch funktioniert! Doch auch den Groll und das „Nein“ unterdrücken Coabhängige oft. Die nächste Stufe ist Lustlosigkeit, Müdigkeit, wir werden depressiv und irgendwie hat alles sowieso keinen Sinn mehr. Natürlich nicht, wenn du das, worüber du dich freuen und woran du dich nähren könntest, auf der Stelle weitergibst. Dafür erwartest du, ohne dass es dir voll bewusst ist, Anerkennung, Liebe, emotionale Sicherheit. Sich selbst zu lieben meint nichts anderes, als das Leben zu lieben und sich selbst in den Dienst des Lebens zu stellen. Denn du selbst bist das Leben. **Liebst du dich selbst**, stellst du dich weder in den Dienst der Angst noch in den Dienst der Bequemlichkeit, nicht in den Dienst der romantischen Vorstellungen über das Leben und schon gar nicht in den Dienst der Vorstellungen anderer – sondern **in den Dienst am Leben selbst**, so, wie es eben ist. Es ist ein zutiefst lebendiger, radikaler, vitaler Vorgang, der weder mit Liebeserklärungen an sich selbst noch mit großartigen Lebensentwürfen daherkommt – es ist ein Dienst am Leben, jeden Tag. Ein Weg, kein Ziel. Sich selbst zu lieben setzt voraus, dass es einen inneren Liebenden und ein inneres geliebtes Wesen oder einen inneren geliebten Anteil gibt, dass wir also erkennen, wir bestehen aus vielen unterschiedlichen Aspekten und Energien. Wir sind kein gusseisernes Ganzes, das einfach so funktioniert. Sondern ein lebendiges, sehr vielschichtiges Wesen, das mit sich selbst in Kontakt ist und kommuniziert, sei uns das bewusst oder nicht, das sich selbst Energie geben oder nehmen kann, das durchaus in der Lage ist, **eigenverantwortlich zu erkennen, was es braucht** und was nicht. Stellen wir uns also vor, es gäbe eine innere Mutter, einen inneren Vater und ein inneres Kind, dann haben wir schon eine ganze Menge Möglichkeiten uns selbst zu lieben. Denn wenn wir das nicht tun, dann verlagern wir unsere Bedürftigkeit nach Außen: Wir suchen uns

Partner, die entweder **unsere Verletzungen widerspiegeln** oder an die wir **uns Liebe suchend klammern**.

Partnerfallen

Wir suchen uns Partner, denen **wir uns** in gewisser Hinsicht **überlegen fühlen**, die uns also mehr brauchen oder zu brauchen scheinen als wir sie, damit wir die **Kontrolle behalten**.
Wir bleiben sowieso lieber für uns, damit wir die Kontrolle behalten und igeln uns in unser Kleid aus Stacheln ein – suchen wir uns doch einen Partner, dann vorzugsweise einen, **der nicht für uns verfügbar ist**.
Wir leben unser Leben mit „angezogener Handbremse“.
Wir tragen schwer an der Verantwortung, können nicht unterscheiden, wofür wir wirklich verantwortlich sind und was wir uns ungerechtfertigt aufbürden lassen – oder wir vermeiden Verantwortung ganz und leben weit **unter unseren Möglichkeiten**.

raus aus der begrenzten Welt

Wir werden klein, wenn uns Vorgesetzte oder Autoritätspersonen, die wir als solche anerkennen, begegnen oder wir retten uns in die Arroganz und stellen uns über diese Personen, statt klar, respektvoll und offen unseren Standpunkt zu halten und zu vertreten.
Wir sind nicht in der Lage, zu spüren, was wir wirklich wollen, geschweige denn, es zu sagen und in die Tat umzusetzen – fühlen uns dadurch oft ausgenutzt und ganz heimlich wie ein Opfer.

Wie kommen wir aus dieser Falle heraus? Wie können wir erkennen, was wir brauchen und dafür sorgen, dass wir es bekommen, ohne selbst übergriffig zu werden? Schreiben lässt sich das leicht, lesen auch.
Aber nur, wenn du es tust, wirkt es.

1. Nimm dir jeden Tag Zeit für dich selbst und dein inneres Kind

pro Tag 15 Min. Zeit für sich selbst

Die Beziehung zu dir selbst funktioniert wie jede andere Beziehung auch. Du kannst dich nur kennenlernen und verstehen, wie es dir geht und was du brauchst, wenn du mit dir selbst in Kontakt bist. Zeit mit dir zu verbringen bedeutet nicht, allein vor dem Fernseher zu sitzen, sondern dich innig mit dir selbst zu befassen. Es genügt, wenn du dir selbst eine Viertelstunde schenkst, das aber jeden Tag. Hier ein paar Anregungen, damit du erkennst, wie spannend das sein kann:

Verabrede dich mit dir selbst und **schreibe dir einen Brief**, in dem du dir ganz ehrlich sagst, was dir alles gefällt, besonders aber, was du an deiner Art zu leben nicht magst. Gerade so, als würde das Kind in dir an den Erwachsenen schreiben.

Meditiere: Setze dich hin, schließe die Augen und lausche nach innen. Es kann sein, dass du da lieber nicht so genau hinhörst, aber Meditieren gehört mit zu den erfolgreichsten Techniken, wenn du **dich selbst coachen** willst. Atme, tu einfach mal gar nichts, egal, wie du dich dabei fühlst. Damit erlaubst du deinem Gehirn, vom funktionierenden, nach Außen gerichteten in den entspannten, sich selbst genügenden Modus zu schalten. Selbst wenn du zu Beginn nichts spürst, dich sogar langweilst, so gibst du dir selbst damit Raum und einfach eine Chance. Meditieren ist, wie alles andere, Trainingssache und wenn du erst gar nicht beginnst, weil du es nicht kannst, dann verpasst du womöglich eine gute Gelegenheit, mit dir selbst in Kontakt zu kommen. Denn wozu machen wir das? Damit wir wissen, was wir brauchen. Damit wir mit uns selbst verbunden sind und nicht eines Tages aufwachen und erkennen, dass wir das Leben eines anderen geführt haben.

Erinnere dich daran, **was du als Kind gern getan hast** und probiere, ob es dir immer noch Spaß macht, vielleicht in einer anderen Form – und dann tu es! Dein inneres Kind ist ein wichtiger, sehr lebendiger und kreativer Teil in dir, der sowieso da ist – entweder schmollend und unglücklich oder freudig und kooperativ. Du kannst aber sehr wohl entscheiden, wie es ihm geht und ob es mit dir an einem Strang zieht oder dich blockiert und ausbremst.

2. Schütze dein inneres Kind

Ein Experiment, probiere es einmal aus. Du wirst überrascht sein, wie gut es dir tut. Es bedarf etwas Übung. Jedes Mal, wenn du nach Außen hin erwachsen reagieren musst oder solltest, also immer im Beruf, im Umgang mit bestimmten Menschen, wenn schwierige Gespräche oder Verhandlungen anstehen, wenn du dir allzu große Verletzlichkeit und Empfindsamkeit nicht leisten kannst, stelle dir vor, in deinem Inneren gäbe es tatsächlich ein Kind, das Schutz, Sicherheit, Freiheit und Liebe braucht. Jetzt stelle dir bitte einen großen, wilden Garten, einen aufregenden Park, ein wunderhübsches Kinderzimmer oder einen spannenden Dschungel vor – das, was dein inneres Kind am allerliebsten mag. Rufe einen **Schutzengel für das Kind** oder eine Figur, der du vertraust – damit das Kind nicht allein ist! Selbstverständlich kannst du auch einfach deine eigenen Eltern, oder jeden anderen Menschen rufen, dem dein inneres Kind vertraut, auch ein geliebtes Tier darf anwesend sein. Es geht darum, dass das innere Kind nicht allein ist. Und dann stelle dir bitte vor, dass du, der Erwachsene, zu diesem Kind gehst und es sanft und liebevoll in das Zimmer oder in den Garten bringst. Sage ihm, dass du später gern wieder mit ihm zusammen bist, dass du jetzt aber die Hände frei brauchst, weil du Erwachsenen-Dinge zu regeln hast. Der innere Wächter, den wir gerufen haben, ist da und sorgt für das Kind. Immer, wenn wir erkennen, dass wir **unsicher** werden oder **nicht mehr angemessen reagieren** können, ist es sinnvoll, in sich hineinzuhorchen, **ob sich das innere Kind unbehütet fühlt**. Dann schicken wir es in den sicheren Raum und bitten eine Kraft unseres Vertrauens, sich um unser inneres Kind zu kümmern, solange wir selbst beschäftigt sind. Wenn das innere Kind nicht gut behütet ist, dann funkt es in deine Erwachsenenangelegenheiten hinein und du kannst nicht unterscheiden, ob du wirklich aus dem verantwortungsvollen Erwachsenen, der sachlich und kreativ reagieren kann handelst, oder aus dem inneren Kind heraus, das Spielball seiner Gefühle und Verletzungen ist. Das innere Kind hat Angst, verletzt und beschämt zu werden. Deshalb wird es sich viel mehr anpassen als gut ist oder aber trotzig reagieren. Umso wichtiger ist es, dass wir es schützen.

Schutzraum für das innere Kind

Ein Zeichen, dass wir uns ungeschützt fühlen: unangemessen reagieren

3. Erschaffe dir einen Platz der Selbstliebe

Es geht darum, dass du dir ganz bewusst Zeit und Raum für dich selbst nimmst. Hier sind ein paar Tipps, wie du es zelebrieren kannst.

Suche dir einen Platz in der Natur oder in deiner Wohnung, der geschützt ist und zu dem nur du Zugang hast oder der zumindest als dein Platz respektiert wird. Je ernster und bewusster du deinen Wunsch wahrnimmst, einen Ort für dich allein zu finden, desto leichter wird er dir begegnen. Hast du ihn gefunden, so lege dir eine Art Schutzkreis, damit dieser Platz eine symbolische Bedeutung bekommt. Die Schamanen haben früher in jede der vier Himmelsrichtungen einen Schutzstein gelegt und die Kräfte dieser entsprechenden Richtungen gerufen – und damit ein einfaches Medizinrad geschaffen! Überlege, ob du es ausprobieren willst. In der Natur kannst du das unaufwändig mit Steinen oder Kiefernzapfen tun, natürlich ist es genauso möglich, diesen Platz mit frisch gepflanzten Blumen zu begrenzen. Jedes Mal, wenn du dich hier aufhältst, willst du ihn vielleicht ein wenig verändern. Es ist dein Platz. In der Wohnung leistet ein runder Teppich oder ein bequemer Sessel, der nur dir gehört, sehr gute Dienste. Hast du all das nicht zur Verfügung, so besorge dir ein hübsches Tuch und erschaffe dir deinen Selbstliebe-Platz immer wieder neu. Setze dich in die Mitte des Kreises. Schließe deine Augen und denke an die Momente, in denen du mit dir selbst eins warst, die Momente, in denen du dich selbst liebtest und gut für dich gesorgt hast. Stelle dir vor, dass sich an diesem Ort Kraft aufbaut, wie eine farbige Lichtsäule, die Kraft deiner Liebe zu dir selbst, deiner Selbstfürsorge. **Nutze diesen Platz zum Meditieren, zum Nachdenken**, um dich zurückzuziehen. Besonders wichtig ist dieser Platz für das innere Kind. Mache es deiner Puppe an diesem Platz bequem, lege deine geliebten Kinderbücher oder dein altes Spielzeug an den Platz. Schreibe dir selbst kleine Briefchen, auch dein Tagebuch ist hier gut aufgehoben.

einen Platz nur für sich selbst

Wenn du gar keine Möglichkeit findest, dir diesen Raum zu gestalten, dann packe eine Tasche mit dem, was dir heilig ist und ziehe dich ab und zu in die Natur zurück. Es darf ruhig etwas Mühe machen, denn da du das für dich selbst tust, kommst du ganz automatisch wieder in deiner Mitte an.

4. Verschaffe dir Respekt, indem du dich selbst respektierst

Respekt erlangst du weder durch Worte noch durch Absichtserklärungen. Respekt, deinen eigenen und den der anderen, erlangst du nur durch Handlungen. Du verlierst sowohl deine **Selbstachtung** als auch die Achtung anderer, wenn du immer **nur redest, statt zu TUN**. Respekt kannst du nicht fordern, sondern du kannst ihn dir nur verdienen, indem du dich entsprechend verhältst. Jemand, der dich respektiert, geht freundlich und taktvoll mit dir um und traut dir zu, dass du dein Leben meistern kannst. Er zieht dich nicht in Zweifel, hintergeht dich nicht, sondern nimmt dich ernst, hält dich für vollwertig. Du erkennst an seinen Handlungen dir gegenüber, dass er dich achtet. Sich selbst zu respektieren bedeutet: Du nimmst deine **eigenen Wünsche, Gefühle und Ahnungen ernst und handelst** entsprechend. Du trittst für das ein, was du willst. Wenn jemand unhöflich oder verletzend ist, dann zeigst du ihm das deutlich. Schicke unbedingt dein inneres Kind an den sicheren Ort, wenn du mit einem solchen Menschen zusammentriffst! Und wenn es nicht anders geht, dann verlasse den Raum. Lasse Handlungen folgen. Wenn du Menschen in deiner Umgebung hast, die dich immer wieder **respektlos behandeln, dann gehe nicht mehr hin**. Das klingt zu einfach, aber es ist so einfach. Du darfst dir aussuchen, mit wem du Kontakt haben willst und mit wem nicht. Im Job ist es anders, klar, aber nicht auf die Dauer. Wenn ein Kollege oder gar dein Chef verletzend mit dir umgeht und du auch dann, wenn dein inneres Kind in Sicherheit ist, keinen Weg findest, mit ihnen umzugehen, dann höre auf, dich zum Opfer zu machen. Das klingt einfacher als es ist, aber es stimmt dennoch und das weißt du auch. Du **verlässt giftige Situationen** und findest den Mut neue Wege zu gehen. Du kannst dich nur achten, wenn du mutig bist. Bleibst du voller Angst auf der Stelle stehen, dann bekommst du zwar eine gewisse Zeit lang Mitgefühl, aber keinen Respekt. Hebe dir das Mitgefühl für wirkliches Unglück auf. Dich selbst zu respektieren, indem du aus deiner überprüften Wahrheit heraus handelst, ist erfüllender und verhindert so manchen Schmerz.

gehe, wenn es dir nicht gut geht

5. Lerne „nein“ zu sagen und dir selbst treu zu sein

Es wird Zeit, eine Entscheidung zu treffen, lieber Leser, die wichtigste Entscheidung deines Lebens. WEM DIENST DU? Dem Leben und der Liebe oder der Angst und der Vermeidung?

Sich selbst zu lieben und gut für sich zu sorgen **ist nichts für Halbherzige**. Es ist radikal und eindeutig, **holt uns aus der komfortablen Zone** der Unentschlossenheit. Du kannst nicht „nein“ sagen? Dann bist du noch nicht am Limit deiner Leidensfähigkeit angekommen. Wie viel Schmerz brauchst du, bis du endlich für dich selbst sorgst? An welchem Punkt deines Lebens erkennst du, dass es zeitlich begrenzt ist und wirklich nur durch dich gelebt werden kann? Wann wirst du beginnen, dir selbst treu zu sein? Klingt dir das zu hart, zu radikal? Aber das Leben ist so.

zu oft "ja" gesagt und "nein" gemeint

Ich bitte dich, eine Übung mit mir zu machen: Schließe die Augen, nachdem du diese Übung gelesen hast, atme ein paar Mal tief durch und dann stelle dir eine Situation vor, in der du „ja“ gesagt hast, aber „nein“ sagen wolltest. Manche Menschen gehen so weit, selbst am Traualter die falsche Antwort zu geben. Stelle dir also diese Situation vor und jetzt bleibe einfach ein bisschen da. Nimm bitte wahr, was mit dir passiert. Atmest du noch tief? Oder spürst du diesen Stein auf der Brust oder im Magen? Jedes Mal, wenn du „ja“ sagst, obwohl du „nein“ meinst, beutest du dich selbst aus. Und weil du das so oft tust, bemerkst du nicht einmal, was das für eine immense Belastung für deinen Körper ist. Das, was du eben gespürt hast, schleppst du seitdem mit dir herum, zusammen mit all dem anderen Ballast, der sich in dir auftürmt. Gehe jetzt bitte noch einmal in die Situation von eben. Und jetzt stelle dir vor, du, der Erwachsene, der das hier liest, kommt dem Menschen, der du damals warst, zu Hilfe. Nimm dich selbst in den Arm und sage jetzt „nein“. Verlasse mit dem Menschen, der du damals (das kann auch gerade erst gestern gewesen sein) warst, den Raum und versprich ihm, von nun an besser darauf zu achten, was du dir zumutest und was nicht. Es ist dein Leben, nur deins. **DU entscheidest**, wem und wohin **du deine Energie gibst**. Nur Du.

6. Lerne genauso, an den richtigen Stellen „ja" zu sagen!

Nämlich immer dann, wenn dein Herz „ja" sagt. Seinem inneren Ja zu folgen erfordert genauso viel Mut und Kühnheit wie beim inneren Nein.

Du hörst ein cooles Lied im Radio und willst tanzen.
Du willst heute nicht kochen, sondern einfach mal ausruhen.
Du bekommst die Idee, dir eine Massage zu gönnen.
Schon lange möchtest du einen Malkurs belegen.
Das Meer ruft laut und deutlich, es vermisst dich.
Du spürst, dass es dir gut tun würde, endlich mit Sport zu beginnen.
Dein Herz und dein inneres Kind sehnen sich nach einem Haustier.
Du spürst, du brauchst mehr Zeit für dich.
Du willst einen ganz anderen Beruf erlernen.

Das **Leben ist weder bequem noch will es, dass wir funktionieren**. Das Leben ist Bewegung, Atmung, Tanz, Freiheit, Dynamik und Stille, im idealen, stimmigen Wechsel. Wir selbst verdrehen die Impulse immer wieder, richten uns in der Langeweile, Erstarrung ein und wähnen uns in Sicherheit, statt uns den Wind um die Nase wehen zu lassen. Gehe raus. Folge heute einem der Ja-Impulse. Traue dich. Es ist dein Leben. Du verpasst was, wenn du deinem Ja nicht folgst. Unwiederbringlich ist dieser Moment vorbei, das ist einfach so und das weißt du auch. Übernimm die **Verantwortung für das, was dich lebendig sein lässt** und erlaube niemanden, nicht einmal dir selbst, dich vom Lebendigsein abzuhalten.

übernimm Verantwortung und sei lebendig

Wenn du nicht lernst, im Jetzt zu sein und den Impulsen, die genau JETZT kommen, zu folgen, dann wirst du es nie tun, denn mehr als das Jetzt haben wir nicht. Und genau hier findest du deine Kraft, diese unbändige Lebensfreude und Schöpferenergie. Probiere den Satz für dich aus:
Wenn ich „ja" sage zu mir selbst, dann … und vervollständige ihn immer wieder. Was ist dann? Wenn ich „ja" sage zu mir selbst, dann ...
gehe ich heute tanzen. Dann weiß ich, dass ich frei bin, zu tun, was ich will. Dann kaufe ich mir endlich ein pinkfarbenes Kleid.

7. Lerne, dir Hilfe zu holen

Was passiert, wenn wir um Hilfe bitten? Wir öffnen uns für neue Ideen und neue Möglichkeiten. Um Hilfe zu bitten, funktioniert in mehreren Schritten, die aufeinander aufbauen.

Schritt eins: Kapitulation

Du erkennst an, dass du es nicht allein schaffst. Das ist für dein Ego schwierig, aber genau hier liegt deine Möglichkeit, zu wachsen und etwas Neues zu erfahren. Du erlaubst dir, für einen Moment die Ohnmacht auszuhalten, denn du bist in diesem Augenblick noch ohne Ermächtigung.

Schritt zwei: Öffne dich für die Hilfe

Hier triffst du die Entscheidung, Hilfe zu brauchen und zu wollen. Wenn du dich für Hilfe öffnest, wirst du sehen, es dauert nicht lange und wirst erkennen, wo du sie bekommst.

Wer um Hilfe bittet kann wachsen

Schritt drei: Du bittest um Hilfe

Entweder weißt du, wer dir helfen kann, dann bittest du direkt. Oder du weißt es noch nicht, dann betest du und bittest zunächst mal ins Blaue hinein. Dein Hilferuf kommt an, einfach deshalb, weil du dich durch diese Bitte um Hilfe geöffnet hast. Sagt derjenige, den du gebeten hast, „nein“, dann war er noch nicht der Richtige. Bleib innerlich offen und falle bitte nicht zurück in das „Ich muss sowieso immer alles allein machen“ – Schema. Bleibe offen, dann werden dir neue Gedanken kommen. Hilfe kann auch bedeuten, dass du erkennst, du musst es gar nicht heute machen, sondern du darfst abwarten, bis jemand da ist, der dir hilft. Oder du erkennst auf einmal, wie du es dir selbst viel leichter machen kannst. Hilfe kann sogar bedeuten, das ganze Projekt zu kippen oder zu verändern.

Schritt vier: Nimm die Hilfe an

Und zwar so, wie sie dir angeboten wird, denn es gibt viele Arten der Hilfe.

Schritt fünf: Du sagst von Herzen „Danke“

8. Komm in Frieden mit dir und deinem Leben

Wenn du verletzt wirst, dann darfst du auch verletzt sein, wütend, bitter, voller Groll. Dein inneres Kind braucht besonders viel Trost und Schutz, bringe es bitte in den sicheren Raum und verbringe viel Zeit mit ihm. Halte es, frage es, was es braucht, damit alles wieder gut wird. Doch irgendwann **wird es Zeit, loszulassen** und in Frieden zu kommen. Denn wenn du im Groll hängen bleibst, so verständlich das auch sein mag, bindest du einen beträchtlichen Teil deiner Lebenskraft an dieses Ereignis. Für eine gewisse Zeit lässt sich das nicht vermeiden, besonders, wenn du sehr verletzt oder enttäuscht worden bist. Doch irgendwann wird es Zeit, deine Energie auch aus schwierigen Situationen zu ziehen, so sehr du dich auch hinter dem Schmerz und dem Groll verschanzt hast. Bereut der andere, bittet er dich um Vergebung, so ist das **Verzeihen ein sehr wichtiger Schritt**. Bereut er aber nicht, so komme in Frieden mit dem, was ist. Zu vergeben funktioniert nur, wenn der andere bereut, sonst nimmt er die Energie nicht an und sie prallt zu dir zurück. **In Frieden kommen kannst du aber für dich allein**. Es gibt verschiedene Möglichkeiten, Frieden zu schließen. Prüfe, welche zu dir passt. Hier ein Tipp: Du findest mental Frieden und lässt das Thema los. Oder stelle dir dazu vor, es gibt einen Kraftplatz des inneren Friedens, der jetzt gerade vor dir entsteht. Und dann mache einen echten, physischen Schritt auf dieses Kraftfeld des inneren Friedens zu. Du kannst dir auch in deiner Wohnung einen Platz des Friedens erschaffen, indem du einen Ort besonders schön herrichtest und schmückst. Rufe die Kräfte des Friedens auf diesen Platz, und immer, wenn du im Schmerz oder im Groll bist, suche ihn auf. Damit zeigst du, du bist bereit, diesen Groll hinter dir zu lassen, auch wenn er noch so berechtigt ist. Du erlaubst dem Leben, wieder zu fließen – aber natürlich erlaubst du nie wieder, auf diese Weise verletzt zu werden! In Frieden kommen heißt nicht, alles gutzuheißen. Es heißt nur, du bist nicht mehr bereit, dich durch dieses Ereignis bestimmen zu lassen, du lässt es hinter dir. Wenn dir eine ähnliche Situation begegnet, wirst du sie viel früher erkennen und kannst ihr ausweichen oder gegensteuern. Bleibst du dagegen im Groll, wirst du sie wahrscheinlich immer wieder anziehen.

finde Frieden mit Ereignissen, die dich belasten

9. Mache dir bewusst, dass es DEIN Leben ist

Es ist deine Zeit. Es ist deine Energie. Es ist dein Geld, es sind deine Talente und du entscheidest, was du aus deinem Leben machst. Anzuerkennen, dass es DEIN Leben ist, macht dich frei, doch es bedeutet auch, dass du dich nicht mehr verstecken kannst. Du bist tatsächlich für **jeden Aspekt deines Lebens verantwortlich**. Das bedeutet, du musst auf jeden Aspekt eine Antwort geben, wirst sichtbar, trittst in das Rampenlicht deiner Lebensbühne.

du triffst die Entscheidung, wie du dein Leben lebst

Hier ist eine Übung, mit der du deine Energie zu dir zurückholen kannst: Stelle dich in Gedanken bitte in eine Lichtsäule, wie in einen Sonnen- oder Mondstrahl. Atme ein paar Mal tief durch. Und dann stelle dir vor, in deinem Inneren, im Herzen oder im Bauch, befindet sich ein Magnet, der deine Energie zurückzieht. Er **zieht deine Kraft zu dir zurück**, aus allem, wozu du nicht ausdrücklich ja gesagt hast. Du kannst soweit gehen, deine Energie für einen Moment aus allen, wirklich allen Angelegenheiten und Beziehungen heraus zu ziehen, damit du neu entscheiden kannst, wohin du sie fließen lassen willst. Immer voller wirst du, immer mehr deiner eigenen Energie strömt zu dir zurück. Die Lichtsäule schützt dich, sorgt dafür, dass nur die Energie zu dir zurückkommt, die auch wirklich zu dir gehört. Sie bildet einen Schutzmantel, indem du dich ausruhen kannst. Lasse die Energie in dir wirken, lasse dich von dir selbst erfüllen. Nun atme diese Kraft ins Herz. Und dann, mit einer tiefen Ausatmung, puste deine Energie in alle Situationen, Beziehungen und Angelegenheiten, mit denen du in Wechselwirkung treten willst. Sieh, wie sich Lichtbahnen bilden, durch die du deine Liebe und deine Aufmerksamkeit, deine Wertschätzung und Arbeitskraft fließen lassen kannst. Wenn andere immer wieder ihre Fangarme nach dir ausstrecken, dann stelle dir vor, diese Lichtsäule, in der du stehst, sei nach Außen hin verspiegelt – dann sehen sie dich erst gar nicht! Tu das immer wieder, denn es kann sehr leicht passieren, dass deine Kraft, deine Aufmerksamkeit, deine Zeit, deine Liebe oder auch dein Geld unbemerkt in Situationen fließen, in denen du sie gar nicht haben willst.

10. Lerne zu beten – zu wem oder was auch immer

Beten meint, sich zu öffnen und eine Kraft, die größer ist als dein derzeitiges Bewusstsein, um Hilfe zu bitten. Es bedeutet, dass du anerkennst, dass du nicht weiterkommst. Du öffnest dich für neue Ideen, die ja durchaus auch aus deinem eigenen Inneren kommen können. Beten ist ganz einfach: Du suchst dir einen für dich passenden Ort, wirst still, atmest in dein Herz und sprichst aus dem Herzen heraus mit der Kraft, an die du dich wenden willst. Sei dabei bitte **ganz ehrlich** und **zeige dich mit allem**, was ist, auch mit dem, wofür du dich schämst, wovor du Angst hast und mit dem, was du wirklich willst. Es ist gleichgültig, ob du mit einem Baum, mit Gott, mit deinem Unterbewusstsein oder einem Krafttier sprichst. Das Wichtigste beim Beten ist, dass du bereit bist zu lauschen, **nach innen zu hören** und **deine ureigene Wahrheit herauszufinden**. Was hast du davon? Du kommst in Kontakt mit dir. Du nimmst dir Zeit, dir selbst zu begegnen. Wie und wo aber findest du die Kraft, zu der du beten kannst? Schließe deine Augen, entspanne dich, atme ein paar Mal tief durch. Falte die Hände, wenn du magst oder nimm eine andere bewusste Haltung ein, wenn dir das hilfreich erscheint. Nun bitte darum, dass sich dir die Kraft zeigt, zu der du beten kannst. Lasse alle Vorstellungen über diese Kraft los, alle Ideen darüber und öffne dich dafür, dass sie sich dir so zeigt, wie es für dich richtig ist. Es gibt kein allgemeingültiges richtig oder falsch, es gibt nur deine Wahrheit und deine Energie. Scheue dich nicht davor, Symbole zu nutzen, die anders besetzt sind. Du kannst sehr wohl zu Mutter Maria beten, auch wenn du nicht in die Kirche gehst. Jesus Christus kann dir große Kraft geben, auch wenn du nicht an ihn glaubst und die Kraft der Erde ist auch dann für dich da, wenn du kein Schamane bist. Nimm dir das, was sich dir zeigt, nimm es an, es ist für dich da, sonst hätte es sich dir nicht gezeigt, ganz einfach. Nun darfst du einen großen Schritt wagen. **Schenke dieser Kraft dein Vertrauen**, zunächst probehalber. Teile dich ihr mit, bitte sie, vertraue dich ihr an. Gib ihr und damit dir selbst eine Chance. Nutze sie. Sie gehört sowieso zu dir.

Wenn du betest, begegnest du nicht nur dir selbst

Fünf Don'ts

1. Hör auf, dich selbst zu beschwichtigen

Redest du dich gern heraus? „Ist doch gar nicht so schlimm“, „Das machen andere doch auch“, „Wenn ich es nicht tue, dann tut es eben ein anderer“… Du schneidest dich dadurch von deiner inneren Stimme ab und damit von deiner Wahrheit, von deinem Glücksanzeiger und innerem Wegweiser. Wozu machen wir das? Damit wir nicht handeln müssen, ganz klar. Doch alles, **was du wahrnimmst, verdient es**, zumindest **überprüft zu werden**. Wenn du als Kind oft genug hörtest „Das glaube ich dir nicht“ oder „Stell dich nicht so an“, dann wird es tief entmutigt und irgendwann verliert es die Kraft und die Freude, sich selbst zuzuhören. Es wird träge und müde, verliert Lebendigkeit. Irgendwann tun wir das, was mit uns früher geschehen ist, selbst. Wir hören uns nicht mehr zu, teils aus Bequemlichkeit, teils aus Ohnmacht, teils aus Entmutigung. Wie kommen wir aus diesem Kreislauf heraus? Nimm dir jeden Tag ein paar Minuten Zeit und lerne, wieder dir zuzuhören – siehe Tipp eins der „Do's“. Und dann handle entsprechend!

Rede dich nicht raus

2. Hör auf, dich selbst zu kritisieren

Was ist der Unterschied zwischen achtsamen Hinterfragen und gnadenloser Selbstkritik? Im **achtsamen Hinterfragen bist du liebevoll**, du überprüfst deine Absichten aus Liebe zu dir selbst, du atmest tief und fühlst dich von dir anerkannt. Und das Wichtigste: du kommst zu einem Ergebnis, das du dir selbst glaubst. Dieses Ergebnis ist deine Handlungsgrundlage.

hinterfrage dich liebevoll

In der Selbstkritik dagegen kannst du nicht gewinnen. Die Selbstkritik beschämt dich, sie dient nicht dem Leben, sondern zeigt eine Angstschleife. Kritik im ursprünglichen Sinne bedeutet die Beurteilung eines Gegenstandes oder einer Handlung anhand von bestimmten Maßstäben. Ich muss zum Beispiel diesen Text hier beurteilen – drückt er aus, was ich sagen will? Hat er die richtige Länge? Das ist gesunde Kritik. Es gibt eine Antwort darauf. Ich habe eine Chance es richtig zu machen. In der ungesunden Selbstkritik dagegen hast du keine Chance, weil es keine Maßstäbe gibt, nur nebulöse Vorstellungen, die je nach Stimmung wechseln. Nimm dein inneres Kind in den Arm, wenn du dich mal wieder gnadenlos niedermachst, entschuldige dich bei ihm und gib dir selbst eine Chance.

3. Hör auf, deine Wünsche und Träume über das Leben abzuwerten

Jeder, der seinen eigenen Weg geht, bekommt den Gegenwind derer ins Gesicht geblasen, die es gern auf Kosten anderer bequem haben. All die, die sich gern an dich anlehnen und von deiner Energie profitieren, werden dich bremsen und versuchen, dir deine Wünsche und Träume auszureden. Erlaubst du das? Bist du so entmutigt oder zynisch geworden, hat dich das Leben so sehr enttäuscht oder verletzt, dass du nicht mehr an deine Träume glaubst? Der einzige Unterschied zwischen einem, der **seine Träume lebt** und einem, der es nicht tut, ist, dass der erfolgreiche Träumer immer weiter gemacht hat. Er hatte es sicherlich auch nicht leichter als du. Aber er nahm sich ernst und gab nicht auf. Wünsche und Träume auf der Erde zu verwirklichen ist weder romantisch noch leicht. Es ist, wie alles, Arbeit und es braucht Zeit. Manchmal ist es leichter, die Dinge in den Luftschlössern ruhen zu lassen und das ist völlig in Ordnung, aber bitte WÄHLE. Übernimm Verantwortung für das, was du wirklich tun willst.

lebe deine Träume

4. Hör auf, es anderen recht zu machen

Wir sind soziale Wesen. Anderen gefallen zu wollen und in Gemeinschaften zu leben ist ein wichtiger Teil unseres Antriebs. Wenn das allerdings bedeutet, dass du dich selbst aufgeben musst, dann passt die Gemeinschaft nicht zu dir, in der du deinen Platz suchst. Denk an eine der typischen Situationen, in denen du es anderen recht machst. Und nun stell dir dein inneres Kind in dieser Situation vor. Wie geht es ihm? Spürst du seine **Angst davor, verlassen oder bestraft** zu werden? Sieh es da stehen, und dann gehe als der Erwachsene, der du bist, zu diesem inneren Kind. Du bist jetzt also zweimal anwesend, als Kind und als Erwachsener. Nimm das Kind in den

gib dich nicht selbst auf

Arm und sage ihm, dass du es niemals verlassen wirst, dass du es behütest und beschützt. Und dann handle als Erwachsener, zunächst in Gedanken. Stelle dir vor, du könntest für dich eintreten. Tu so, als ob und probiere aus, wie sich das in dir anfühlt. Spürst du die Erleichterung des inneren Kindes, wenn du da bist und es beschützt?

5. Hör auf, die unangemessenen Ideen und Vorstellungen anderer zu bedienen

Was sind unangemessene Ideen und Vorstellungen anderer? All das, wozu du nicht „ja“ gesagt hast. Du kannst so lange für andere da sein, wie du willst, aber, und das ist wichtig, wie DU willst. Wir alle sind eingesponnen in einen Kokon aus Vorstellungen, Projektionen und Wünschen anderer an uns. Und wir alle spinnen andere ein in die klebrigen Fäden unserer Erwartungen an sie. Es gibt einen immensen Unterschied zwischen einer **bewusst getroffenen Absprache und einer Erwartung**. Und so überprüfe bitte deine Beziehungen und dein Umfeld. Auf welche Weise bedienst du die Erwartungen anderer? Achte bitte auch sehr sorgfältig darauf, ob du **die Grenzen anderer achtest** und frage, wenn du etwas brauchst oder dir wünschst. Wenn du etwas willst, dann sprich es aus. Und wenn du das Gefühl hast, ein anderer will etwas von dir, dann frage ihn, was du für ihn tun kannst, was er von dir erwartet, damit du entscheiden kannst, ob du es ihm geben kannst und möchtest. Gib anderen die Chance, „Ja“ und „Nein“ zu dir zu sagen. Dadurch erlaubst du auch dir selbst, dich besser abzugrenzen.

sehe Grenzen für andere

beachte die Grenzen anderer

Teil 3:

Partnerschaftsliebe

Platz für Ihre Notizen

„Die Engel, die nennen es Himmelfreud',
die Teufel, die nennen es Höllenleid',
die Menschen, die nennen es Liebe."
(Heinrich Heine)

Liebe Leserin, lieber Leser,

mit Schmetterlingen im Bauch scheint alles ganz leicht. Doch irgendwann kommt der Alltag in die Liebe. Wie die schwierigen Herausforderungen annehmen? Nach anfänglicher Begeisterung stellt sich oft auch die Herausforderung des Miteinander ein. Wer hier mit **Wissen an die Partnerschaftskonflikte geht, ist klar im Vorteil**.

Jede Beziehung bietet so viele Möglichkeiten, dass wir für uns und gemeinsam wachsen. Aber wer dies nicht bewusst nutzt, ist gefährdet im Beziehungsglück.

Schöpfen wir unser Partnerpotential aus, steht uns eine lebendige Partnerschaft und abenteuerliche Beziehung offen. **Wir sind als Herdentiere geboren und sehnen uns nach Bindung.** Damit daraus keine Abhängigkeit wird, sondern ein **Gleichgewicht im Geben und Nehmen,** lesen Sie diese Tipps vom Experten-Duo Frei.

Wer die **Spielregeln der Kommunikation beherrscht** und gekonnt anwendet, meistert Alltagsaufgaben und Lebenskrisen. Ohne sie ist eine Partnerschaft auf Dauer gefährdet.

Damit Sie täglich Freude und Liebe in der Partnerschaft erfahren, finden Sie hier Tipps, die Sie darin unterstützen.

Mit sicherem Gespür decken die Autoren die Schwachstellen in der Partnerschaft auf und geben ganz konkrete Hilfeleistung. Nehmen Sie die Fährte auf und **verbessern Sie Schritt für Schritt Ihre Liebesbeziehung**.

Viel Erfolg und Spaß beim Lesen und Anwenden
wünscht Ihnen
Ihre

Claudia Bayerl

Platz für Ihre Notizen

Irene und Thomas Frei

Wie Sie mehr Liebe und Glück in Ihre Beziehung bringen können

Eine glückliche Beziehung zu führen, gelingt nicht automatisch. In vielen Partnerschaften gibt es Krisen, die es zu bewältigen gibt. Erfahren Sie nun, wie Sie wertvolle Schlüssel erhalten, welche die Türen zu einer glücklichen, harmonischen und liebevollen Partnerschaft öffnen können. Eine Partnerschaft, die lange hält und jede Krise überwindet.

Die Autoren

Irene und Thomas Frei

Irene und Thomas Frei-Stadler leiten zusammen das TRIASPower® Institut für Bewusstseinsforschung, Erfolgsteuerung und Lebensqualität. Sie sind Coaches, Filmproduzenten, Buchautoren und Verfasser zahlreicher Fachartikel. In ihren Seminaren und Coachings unterstützen sie die Teilnehmer darin, ihre mentalen und intuitiven Erfolgsstärken zu vereinen und die eigene Persönlichkeit zu entwickeln. Unzählige Teilnehmer haben sie so schon zum Erfolg geführt.

Weitere Infos zu TRIASPower® finden Sie unter:
www.triaspower.com

Das Thema Partnerschaft wird in unserer heutigen Zeit immer wichtiger und spannender. Denn eine erfolgreiche und glückliche Beziehung über einen längeren Zeitraum hinweg zu führen, ist nicht immer einfach. Daher möchten wir in diesem Kapitel zunächst auf den **Grundstein für eine Partnerschaft eingehen: die Liebe**. Um unseren Partner wirklich lieben zu können und uns ganz auf ihn einzulassen, müssen wir zunächst verstehen, worum es in der Liebe eigentlich geht. Was ist Liebe und kann man die Liebe in ihrer Vollkommenheit überhaupt fassen? Zudem müssen wir auch uns selbst lieben und ganz annehmen, erst dann ist es möglich, dass sich auch ein anderer Mensch ganz auf uns einlassen kann. Wenn wir uns selbst nicht lieben und achten, wie soll es dann für unseren Partner möglich sein?

Grundlage einer Beziehung ist die Liebe

Erst wenn wir dies geschafft haben, können wir uns der Paarbeziehung zuwenden. Hier gibt es einige Tücken und Stolpersteine, die uns gerne mal zu Fall bringen. Alarmierend ist, dass die Scheidungsrate in Großstädten bei knapp 50 Prozent liegt. Heißt das, dass die langfristig angelegte Beziehung, vornehmlich die Ehe, ein Auslaufmodell ist?

Nein. Es ist nur einfacher geworden, sich scheiden zu lassen. Die Hemmschwelle ist gesunken, denn in unserer modernen, westlichen Gesellschaft wird nicht mehr mit Sanktionen und Strafen gedroht, wenn wir mit unserem Partner nicht mehr glücklich sind und uns trennen möchten. Deshalb ist es heutzutage besonders wichtig, den Partner und die damit einhergehende Beziehung besser zu verstehen. Nur wenn wir bereit sind, mehr Verständnis für den Partner aufzubringen, können wir eine glückliche und langfristige Beziehung führen. Doch wie kann man das schaffen? Zunächst muss man die Unterschiede zwischen Mann und Frau kennen und akzeptieren. Das ist das A und O einer guten Partnerschaft. Die **Kommunikation ist hierbei das wichtigste Mittel. Zu lernen, wie man richtig kommuniziert, gehört zu jeder guten Beziehung.** Doch die Realität sieht oft anders aus. Viele Menschen haben nicht gelernt, wie Sie richtig und effizient kommunizieren, ohne ihr Gegenüber zu beschuldigen oder zu verletzen. Aus diesem Grund finden Sie hier einige Tipps und Tricks, wie es richtig geht.

Ohne funktionierende Kommunikation ist eine gute Partnerschaft schwer

Überall in unserem Leben begegnen uns Beziehungen. Die Beziehung zu unseren Eltern, Geschwistern, Freunden, Geschäftspartnern, ja sogar die Beziehung zu unserem geliebten Haustier. In all diesen Beziehungen, vor allem in der Kindheit, haben wir gelernt, wie man gut miteinander umgeht, sich achtet, akzeptiert und gelegentlich gegenseitig den „Kopf wäscht". Doch in einer Liebesbeziehung scheint dies oft anders zu laufen. In der ersten Phase des Verliebtseins wird die Ratio, also die logisch und kritisch denkende Gehirnhälfte der Verliebten, ausgeschaltet und **Hormone wie Dopamin, Adrenalin und Testosteron werden in großen Mengen ausgeschüttet**. Dopamin und Adrenalin bewirken, dass **wir euphorisch und aufgeregt sind**, wenn wir von unserem Schatz reden oder ihn sehen. **Testosteron steigert die Lust und das Begehren**. Dies sorgt dafür, dass Menschen sich zueinander hingezogen fühlen und der Fortbestand der Art gesichert bleibt. Im verliebten Zustand nehmen wir deshalb alles durch einen Filter wahr und sehen nur die Vorzüge des anderen. Die Fehler und Schatten des neuen Partners werden einfach ausgeblendet. **Liebe macht also tatsächlich blind** oder zumindest der Zustand, in den man verliebt ist. Doch so schön diese Phase der Verliebtheit auch ist, **nach einer gewissen Zeit stellt der Körper den Normalzustand wieder her**. Denn dieser unausgeglichene Zustand ist für den Körper auf Dauer sehr anstrengend. **Die Hormonausschüttung wird geringer und wir beginnen zu sehen, wie der andere wirklich ist**. Oft ärgern uns dann viele Dinge, die wir am Anfang gar nicht schlimm fanden, wie seine Fußballsucht oder ihr Shoppingwahn. Dies hat jedoch meist etwas mit uns selbst zu tun, denn **der Partner ist unser bester Spiegel**.

Das Leben spiegelt ständig. Alles, was uns „im Außen“ nervt, ärgert, berührt oder fasziniert, hat immer eine **Resonanz zu uns selbst**. Die Kunst liegt darin, herauszufinden, **was es mit uns zu tun hat**. Ist es eine verdrängte Seite von uns, die uns somit gezeigt werden soll, die raus ans Tageslicht möchte? Leben wir zu sehr in einem Pol? Sollten wir wieder das Gleichgewicht herstellen? Es gibt viele Dinge, die uns das Leben spiegelt, doch vor allem, **weil uns der Partner so nahe steht, ist er unser wichtigster Bezugspunkt**.

Am Anfang einer Beziehung wirken Hormone als Bindungsstoffe

Später erkennen wir erst, wie der Partner wirklich ist

Es sind die kleinen Feinheiten, die eine Beziehung am Leben halten und spannend machen. Deshalb möchten wir in unserem Kapitel besonders auf die Unterschiede und Eigenheiten von Mann und Frau eingehen und Ihnen Tipps geben, wie Sie trotz gelegentlicher Probleme, die in jeder Beziehung auftreten, eine glückliche Partnerschaft führen können. Das Wichtigste hierbei ist, **zu lernen, den Partner zu verstehen, uns ganz auf ihn einzulassen und ihn so zu nehmen, wie er ist**. Dazu gehört auch, die negativen Eigenschaften des Partners anzunehmen und sie **in das eigene Leben zu integrieren**. Erst dann kann man eine glückliche und ernsthafte Beziehung führen.

sich auf den Partner einlassen und ihn akzeptieren wie er ist

Unser Ziel ist es, Menschen zu helfen, sich wieder vermehrt der Lebensprinzipien bewusst zu werden. Diese lassen sich auf alle Bereiche des Lebens anwenden. Besonders in Beziehungen ist es wichtig, zu wissen, wie **der andere tickt, was seine Sorgen und Ängste und was seine Wünsche sind**. Hierbei kann die Intuition helfen, herauszufinden, was richtig ist. Fühlen Sie in sich hinein und vertrauen Sie darauf, dass **Ihre Intuition Ihnen das Richtige sagt**. Sie können den Zugang zum Unbewussten und zur Intuition durch Denk- und Arbeitsmethoden ganz einfach erlernen. Über den Zugang zum Unterbewusstsein kann gezielt ergebnisorientiertes Wissen abgerufen werden. Ein Schlüssel, um viele neue, bisher verschlossene Türen zu öffnen!

erkennen, welche Ängste und Wünsche unser Partner hat

1. Das Prinzip der Liebe

Die ganze Welt spricht von der Liebe. Doch was ist Liebe eigentlich genau? Die meisten Menschen verstehen unter Liebe zunächst ein positives Gefühl gegenüber einer Person, einem Tier oder einer Sache. Liebe wird als Emotion empfunden, mit der etwas Angenehmes, Gutes und Wertvolles verbunden wird. Je mehr man sich zu etwas hingezogen fühlt, desto mehr meint man, es zu lieben.

Liebe verurteilt und wertet nicht

Die Liebe ist bedingungslos und wertfrei. Für die Liebe muss man nichts tun, sie ist allgegenwärtig. Sie ist weder positiv noch negativ und doch in beidem enthalten. Liebe kann man nicht fühlen und auch nicht vermissen, sie ist immer da. Man kann sie nicht beschreiben, weil der begrenzte Wortschatz nicht ausreicht, um all das wiederzugeben, was Liebe ist. Erst wenn man aufhört, sich eine begrenzte Vorstellung von der Liebe zu machen, besteht die Möglichkeit, eine Idee davon zu erhalten. Liebe umgesetzt könnte sich im Alltag unter anderem folgendermaßen zeigen: **Jeden und alles, inklusive sich selbst, genau so anzunehmen, wie es ist.** Sowohl im Innen, als auch im Außen. Mit allen scheinbaren **Stärken und Schwächen**. **Lieben heißt, das Gute und das Schlechte annehmen**, das Helle und Dunkle, das Ehrliche und Unehrliche, das Nette und das Böse, das Schöne und das Hässliche, den Erfolg und den Misserfolg. Alles so anzunehmen, wie es ist, sich damit zu verbinden und sich ihm zuzuwenden. Liebe ist weder gut noch schlecht, Liebe ist einfach. Liebe wertet nicht und ist gleichermaßen in jeder Bewertung enthalten. Liebe hat kein Ziel, dennoch ist Liebe das Ziel, welches schon längst erreicht und vorhanden ist.

Lieben heißt wirklich alles so anzunehmen wie es ist

Und obwohl Liebe all dies ist, fällt es dem Menschen schwer, die Liebe nicht in Schubladen zu packen. Aufgrund seiner begrenzten Wahrnehmung teilt der Mensch alles in schwarz und weiß. Liebe wird deshalb immer als etwas Gutes empfunden. Doch das würde bedeuten, dass die Liebe einen Gegenpol hat. Oftmals wird Hass als das Pendant zur Liebe bezeichnet. Doch Liebe ist allgegenwärtig und kann deshalb keinen Gegenpol haben. Auch wenn es dem Menschen schwer fällt, die Liebe im Ganzen zu erkennen, ab und zu hat jeder Momente im Leben, in denen er die Wahrhaftigkeit der Liebe spürt. Beispielsweise dann, wenn er mit einem Baby in Kontakt kommt. **Neugeborene strahlen die wertfreie Liebe in ihrer Vollkommenheit aus.** Wenn ein Vater sein Kind das erste Mal in den Armen hält, dann kann er gleichzeitig glücklich und traurig sein. In solchen Momenten hat man die Möglichkeit, für einen Bruchteil von Sekunden eine Idee der **bedingungslosen Liebe** zu erhalten. Es ist nur allzu menschlich, wenn man dieses Gefühl dann hinterher trotzdem wieder als positiv bewertet und sich dadurch wieder vom großen Ganzen trennt. Dies liegt jedoch an der Beschaffenheit des Menschen. Mit unserer begrenzten Wahrnehmung ist es uns bisher nur sehr selten möglich, die Vollkommenheit der Liebe wahrzunehmen. Wäre es deshalb nicht schön, wenn wir uns alle die **Vollkommenheit der Liebe bewusst machen** und mehr darauf achten würden?

bedingungslose Liebe ist vollkommen

2. Selbstliebe

Auch über die Selbstliebe wird viel philosophiert und spekuliert. In der westlichen Gesellschaft ist mangelnde Selbstliebe die größte Ursache für Krankheiten. Bei psychischen Krankheiten, wo dies offensichtlich ist, wird oft geraten, liebevoller zu sich selbst zu sein, sich selbst zu verwöhnen und sich selbst zu lieben. Das sind zwar alles gute Tipps, doch an der Umsetzung hapert es meist noch. Mangelnde Selbstliebe bedeutet: sich selbst nicht ganz anzunehmen. Übersetzt heißt das, dass man sich selbst nicht als ein GANZES annimmt. Ein Ganzes besteht immer aus zwei Hälften. Doch viele Menschen versuchen ständig, ihre Schattenseite abzuschneiden oder auszublenden, also eine Hälfte von sich loszuwerden. Doch ohne die Schattenseiten ist man nicht ganz und kann sich auch nicht als Ganzes wahrnehmen, geschweige denn annehmen. **Selbstliebe hat sehr viel mit Selbstbewusstsein**, also damit, **sich seiner selbst bewusst zu sein**, zu tun. Erst wenn ein Mensch beginnt, sich seiner **Schattenseiten bewusst zu werden und sie bedingungslos annehmen kann, geht es um Selbstliebe**. Und erst dann, wenn wir uns **selbst als vollkommenes Wesen annehmen, werden wir auch anderen Menschen wertfrei und vorurteilslos begegnen** kön-

Wenn wir uns selbst urteilsfrei annehmen, können wir das auch bei anderen nen. Hand aufs Herz: Wie oft urteilen wir über Menschen, deren Beweggründe wir gar nicht kennen? Wie oft streiten wir, ohne uns über den eigentlichen Grund bewusst zu sein? Wie oft sind wir der Meinung, andere Menschen müssten sich ändern, denn wir und unser eigenes Verhalten sind ja mehr als in Ordnung? Oft vergessen wir die Lebensprinzipien und die Tatsache, dass **jedes Gegenüber ein Spiegel ist** und wir **bei uns selbst beginnen müssen, wenn wir das Spiegelbild verändern wollen**. Wenn **wir in einer liebevollen Partnerschaft leben wollen, müssen wir zuerst uns selbst lieben**.

unser Partner ist unser Spiegel

Der erste Schritt dazu ist, **sich selbst zu vergeben**. Zu vergeben, dass wir uns immer wieder vom großen Ganzen abschneiden und uns damit unbewusst nicht als Ganzes fühlen. Mit dieser Eigenvergebung schaffen wir die Möglichkeit, immer öfter die Vollkommenheit in der Situation, so wie sie gerade ist, zu erkennen. Es geht um Annahme im Hier und Heute. Nicht erst, wenn wir unseren optimalen Partner gefunden haben. Nicht erst, wenn der Busen gestrafft, die Cellulitis verschwunden und die Kilos mühsam abgestrampelt sind. Nein, so wie wir sind, jetzt und in diesem Moment, mit all unseren guten und nicht so guten Gedanken. Es geht darum, **unser Glück in uns selbst zu finden, unabhängig von äußeren Faktoren**.

in einer liebevollen Partnerschaft wollen auch wir von uns selbst geliebt werden

Die Voraussetzung für Selbstliebe ist, sich seiner selbst bewusst zu werden. Wie wollen wir etwas annehmen, das wir gar nicht kennen? Erst durch **das Bewusstsein, dass alles Ganz und Eins ist, kann man es annehmen**. In dem Moment, in welchem man **für beide Seiten eine tiefe Wertschätzung** empfindet, neutralisiert sich die Spannung zwischen den Polen und **Heilung findet ihren Platz**. Meistens bedeutet dies, dass man bei der uncoolen Seite, der Verletzung oder Schattenseite eine positive Seite erkennen und annehmen muss. Wenn Sie soweit sind, dann können Sie zum nächsten Schritt übergehen: der Partnerschaft.

3. Kommen Männer vom Mars und Frauen von der Venus?

Es gibt Unterschiede zwischen Mann und Frau, das ist allgemein bekannt. Die gängigsten Klischees werden in unzähligen Comedy-Shows, Spielfilmen und Büchern breit getreten. Oftmals sind sie überzogen, dennoch können wir uns damit identifizieren, da sie das darstellen, was uns im täglichen Leben begegnet. Männer beispielsweise lieben Fußball, fahren gerne etwas schneller und können nicht zuhören. Frauen hingegen reden viel, gehen gerne einkaufen und können nicht Autofahren. Dass dies nicht auf alle Männer und Frauen zutrifft, versteht sich von selbst. Dennoch kommen diese Vorurteile nicht von ungefähr. Unterschiede zwischen Mann und Frau entstehen, weil sie **unterschiedlich veranlagt sind**. Eine große Rolle hierbei spielt aber auch die Erziehung. Auch in unserer modernen Gesellschaft werden Mädchen und Jungen oft unterschiedlich erzogen. Es wird erwartet, dass Mädchen mit Puppen spielen und Jungen mit Bauklötzen und Autos. Die Väter spielen mit den Jungen Fußball, die Tochter hilft beim Kuchenbacken. So werden uns die Unterschiede immer noch anerzogen und bleiben ein Leben lang haften.

In einer Beziehung schlägt sich das dann folgendermaßen nieder: ER schaut Fußball, während SIE mit ihm reden oder einen schönen Film anschauen möchte. SIE blockiert stundenlang das Badezimmer, während ER, bereit zum Ausgehen, auf SIE wartet und denkt: „Da hätte ich auch noch länger am PC bleiben können." Solche **Unterschiede können zu Problemen und Reibereien führen, die manchmal größer erscheinen, als sie sind. Mit viel Verständnis und Akzeptanz für die Macken des Partners, können solche Probleme leicht aus der Welt geschafft werden.** Wir sollten uns immer vor Augen halten, dass nicht nur unser Partner, sondern auch wir selbst Marotten haben, die den anderen stören.

Wir müssen unsere Macken und die des anderen annehmen

Um so wichtiger ist es, in **einer Beziehung auch Gemeinsamkeiten zu finden**. Denn erst wenn ein Paar keine gemeinsamen Interessen, Wünsche und Ziele hat, ist die Beziehung ernsthaft in Gefahr. Spätestens dann, wenn es ums Heiraten oder den Kinderwunsch geht, sollte ein Paar „gleich ticken". Auch **gemeinsame Aktivitäten und Hobbys sind wichtig**. Doch die Mischung macht's. Denn zu viel gemeinsam verbrachte Zeit kann auf Dauer nerven oder einengen. **Jeder von uns braucht auch mal seinen Freiraum**. Für eine glückliche Beziehung ist es deshalb wichtig zu erkennen, dass Männer und Frauen unterschiedlich sind. Hier gilt es, **das Gegenüber so gut wie möglich zu verstehen und die Unterschiede zu akzeptieren**. Gleichzeitig geht es darum, **Gemeinsamkeiten herauszufinden, da diese für eine harmonische Partnerschaft und die gemeinsame Zukunft sehr wichtig sind**. Danach steht einem weiteren Zusammenleben nichts mehr im Wege.

Gemeinsamkeiten finden, Unterschiede annehmen

4. Die Kommunikation

Männer und Frauen reden, denken und fühlen anders. Oftmals kommt es deshalb auch in der Kommunikation zu Auseinandersetzungen. Wir reden aneinander vorbei oder fühlen uns angegriffen und verletzt. Gut gemeinte Ratschläge, Kritik oder harmlose Fragen können so schnell falsch aufgefasst werden und Widerstand, Trotz oder Misstrauen auslösen.

Auch hier müssen wir uns wieder unserer Unterschiede bewusst werden und lernen, Gefühle und Bedürfnisse besser auszudrücken, ohne den anderen zu bewerten oder gar zu beschuldigen. Wir müssen lernen, die Aussagen des anderen nicht persönlich zu nehmen und stattdessen die unausgesprochenen Gefühle und Bedürfnisse hinter den Worten zu erkennen. Den meisten Menschen fällt jedoch gerade das „nicht persönlich nehmen" schwer. Männer ziehen sich dann häufig zurück (in die sprichwörtliche „Höhle"), während Frauen das Problem weiter erörtern möchten.

Wir müssen unsere Gefühle mitteilen

Eine Lösung besteht darin, **die Bedürfnisse des anderen hinter den Worten herauszufinden**. Doch dies geht oft nur, wenn uns der andere auch mitteilt, was er fühlt. **Die Gefühle des anderen kann man am besten durch einfühlsames Nachfragen erfahren**. Fragen wie: „Wie fühlst du dich gerade?" oder „Was hat das bei dir ausgelöst?" sind für den Anfang eines ruhigen Gespräches besonders geeignet. **Wichtig ist, dass auch wir dem Partner unsere Gefühle mitteilen, wenn wir uns durch eine Aussage verletzt fühlen**. Oftmals sind in dem, was der Partner uns vorwirft, Be-

Gefühle des Partners einfühlsam erfragen

dürfnisse und Aussagen versteckt, die eigentlich mit ihm selbst zu tun haben. Mit folgenden Fragen kann man **herausfinden, was hinter den Anschuldigungen steckt**: „Kann es sein, dass es dir sehr wichtig ist..?" oder „Ist dein Wunsch, dass….?"
Auf diese Weise können wir leicht erfahren, was der andere eigentlich gemeint hat. Es ist eine Übungssache, nicht gleich in Panik zu verfallen, sich zu verteidigen oder sogar einen Gegenangriff durch Kritik zu starten. Auch die **eigenen Worte sollten mit Bedacht gewählt sein, um den Partner nicht anzugreifen**, zu verletzen oder die Schuld in die Schuhe zu schieben. Sonst können solche Gespräche leicht in einem handfesten Streit enden. Richtige **Kommunikation kann man lernen**. Als Hilfestellung haben wir Ihnen im nächsten Abschnitt ein Beispiel zusammengestellt, wie Zwiegespräche geführt werden können, ohne dass sie im Streit enden.

5. Konflikte lösen durch richtige Kommunikation

Gemeinsame Gespräche in einer Beziehung sind von besonderer Bedeutung. Damit zeigen wir dem Partner, dass **wir uns für ihn interessieren, seine Gefühle verstehen möchten und er uns nicht egal ist**. **Reden ist wichtig**, doch Probleme anzusprechen kann manchmal schwierig sein, da wir den Partner nicht verletzen möchten. Doch oft ist es nicht das Gesagte, das verletzend wirkt, sondern die Art und Weise, wie es gesagt wurde. Gespräche oder auch Streitereien müssen aber nicht verletzend sein. Sie können in Form einer Unterhaltung geführt werden.
Wichtig dabei ist, solche **Gespräche regelmäßig zu führen**. Am besten ist, man vereinbart einen **festen Termin, an dem nur über die Beziehung gesprochen wird**. Alltagsgespräche, wie über die Einkaufsliste oder wer die Kinder vom Sport abholt, haben hier keinen Platz. Es geht nur um die Beziehung.

regelmäßige Beziehungs-Gespräche führen

Im Folgenden haben wir zusammengestellt, wie Paare ein Zwiegespräch führen können. Dies folgt dem Muster von M.L. Moeller und C.M. Fatia.

Kommunikations-Regeln:

1. Rede-Wechsel alle zehn Minuten!
2. Man unterbricht den anderen nicht!
3. Nur ICH-Botschaften, keine DU-Botschaften! Das heißt, man darf nur von sich reden: Gehen Sie von sich selbst aus und sprechen Sie in der „Ich-Form“.
4. Keine Vorwürfe, Kritik, Anschuldigungen oder Ratschläge!
5. Zuhörer fasst zusammen, was der Redner gesagt hat.
6. Am Ende hat jeder etwa gleich viel gesprochen!
7. Dauer des Gespräches: ca. eine Std. bis 90 Min.!
8. Regelmäßig miteinander sprechen!

Sagen Sie Ihrem Partner, was Sie bewegt

Während des Gesprächs antwortet jeder auf die innere Frage: „**Was bewegt mich im Moment am stärksten?**" Schildern Sie, wie Sie sich, den anderen und die Beziehung erleben. Wichtig ist, dass Sie von sich sprechen und sich Ihrem Partner oder Ihrer Partnerin mitteilen. „Mitteilen“ kommt von „teilen“. **Teilen Sie mit ihm oder ihr, was Sie in Ihrem Leben bewegt.** In einem Zwiegespräch muss man jedoch auch nicht alles von sich preisgeben oder offenbaren. Jeder entscheidet für sich, was er sagen möchte, auch wenn größtmögliche Offenheit in der Regel am weitesten führt. Sich wechselseitig erfühlbar zu machen, ist das erste Ziel der Gespräche. Nur so können wir einander wirklich erleben und den anderen verstehen.

6. Spiegel erkennen in einer Beziehung

Da uns der Partner in der Regel sehr nahe steht, ist er unser deutlichster Spiegel. Doch was machen die meisten Menschen, wenn sie an ihrem Partner etwas stört und wenn sie sozusagen im Spiegel ein Problem erkennen?

unser Partner ist unser Spiegel

Als Erstes geben wir natürlich dem Partner (also dem „Spiegel“) die Schuld. Danach versuchen wir es zu korrigieren, indem wir den Spiegel (den Partner) verändern wollen. Doch dies geht logischerweise nicht, denn **einen Spiegel kann man nicht ändern**. Schließlich **reflektiert er nur**.

Trotzdem versuchen wir es immer wieder. Wenn wir dann merken, dass sich der **Spiegel nicht so einfach „reinigen“ lässt, nehmen wir schärfere Mittel** zur Hand. Doch der Spiegel wird immer so bleiben wie das, was er reflektiert. **Jeder Konflikt, den wir haben, hat also immer etwas mit uns selbst zu tun! Das Leben spiegelt ständig.** Die meisten Menschen suchen jedoch nach den Ursachen der Probleme im Außen und machen den Partner dafür verantwortlich. Das gibt die heftigsten Konflikte und Streitigkeiten!

Die Lösung des Problems besteht darin, sich zu fragen: „Was hat das mit mir zu tun?" Denn die **Probleme sind immer auch ein Spiegel von uns selbst und zeigen uns unseren Schatten auf. Entweder sind wir genauso veranlagt wie unser Partner, oder wir entsprechen dem Gegenteil.** Wenn ein Mann sich beispielsweise darüber aufregt, dass seine Frau so viel Geld ausgibt, was hat das dann mit ihm selbst zu tun? Warum regt es ihn so auf? Gibt er selbst vielleicht auch so viel Geld aus? Oder ist er der Gegenpol zu ihr, also besonders sparsam oder gar geizig? Weitere Beispiele für den Gegenpol können sein: spirituell und bodenständig, unordentlich und pingelig, zielorientiert und ziellos, sparsam und verschwenderisch, sehr männlich und sehr weiblich, extrovertiert und introvertiert oder den Fokus auf sich richten und den Fokus auf andere richten. Jeder von uns kennt sicher ein paar Beispiele, um diese Liste beliebig zu erweitern.

Wenn also diese **zwei Welten aufeinander treffen, dann gibt es häufig Probleme**. Dennoch haben diese beiden gegenseitigen Pole sich angezogen. Denn **obwohl sie so unterschiedlich sind, strahlen beide Pole dieselbe Energie aus**. Nicht umsonst gibt es das Sprichwort: „Gegensätze ziehen sich an." Doch auch Paare, die sehr ähnlich sind, können sich anziehen und gut miteinander auskommen. **Auch bei großer Ähnlichkeit wird dieselbe Energie ausgestrahlt**. Die Frage ist nur, wie man mit der Polarisierung umgeht. Bei Problemen ziehen sich die meisten Menschen zurück oder treten gar die Flucht an, in der Hoffnung, dass es mit einem neuen Partner besser wird. Doch **wenn bei einem selbst bereits eine starke Polarisierung vorhanden ist**, dann ist die Wahrscheinlichkeit groß, **dass auch der neue Partner polarisiert**. Das kann sich darin äußern, dass er ebenfalls so ist, **wie man selbst oder dass er das komplette Gegenteil** darstellt, nämlich **den Teil, den man selbst nicht lebt**. Um dieses Problem zu lösen und nicht ständig im Streit zu enden, sollten **wir versuchen, den anderen zu verstehen und uns in ihn hineinzuversetzen**. Wenn wir den anderen annehmen können, wie er ist, **wenn wir die Balance finden** und nicht mehr nur einen Pol leben, dann fällt es uns auch leichter, **über solche Kleinigkeiten hinwegzusehen**.

7. Geben und Nehmen

Auch **im Geben und Nehmen sollte** innerhalb der **Beziehung ein Gleichgewicht herrschen**. Wenn einer immer gibt und der andere nur nimmt, dann tut das auf Dauer keiner Partnerschaft gut. Beide Partner sollten auf gleicher Ebene stehen und mal geben, aber auch mal nehmen können.

Sobald ein Partner über **längere Zeit das Gefühl hat, er gebe nur** noch und bekomme nichts dafür zurück, **wird er sich ausgebeutet fühlen** und sauer werden. Wenn dem Gebenden dann auch noch ein potenzieller neuer Partner über den Weg läuft, bei dem er sich wieder als Nehmender erlebt, kann es mit der Partnerschaft sehr schnell vorbei sein!

Gleichgewicht zwischen Geben und Nehmen

Andersherum wird der Partner, der **ständig nur nimmt**, irgendwann verwöhnt und weiß die kleinen Aufmerksamkeiten des Partners nicht mehr zu schätzen. Er wird **es als selbstverständlich ansehen** und keinen Anlass mehr sehen, etwas zurück zu geben. Um dies zu verhindern, sollte man **als gebender Part den Partner animieren, auch einmal etwas zu tun**. Geben Sie ihm einen Anreiz, eine Motivation, etwas für Sie zu tun. Nur so können Sie die **Balance zwischen Geben und Nehmen aufrecht erhalten**.

Wenn Sie jetzt bei sich feststellen, dass Sie bisher immer der nehmende Part waren, dann sollten Sie nun etwas zurück geben. Zeigen Sie Ihrem Partner, dass Sie ihn wertschätzen, indem Sie ihm ungefragt im Haushalt helfen, kochen oder einfach mal den Müll raus bringen. **Auch kleine Geschenke**, wie Blumen oder die Lieblingsschokolade **können hier hilfreich sein**. Wenn Sie nicht wissen, wie Sie Ihrem Schatz eine Freude machen können, dann **fragen Sie ihn**. Auch das zeigt Ihrem Partner, dass Sie sich für ihn interessieren und er wird sich über die Aufmerksamkeit freuen.

Wichtig ist, die **Balance immer aufrecht zu erhalten**. Aber Achtung: Es müssen nicht immer extravagante oder teure Geschenke sein, auch kleine Gesten erhalten die Freundschaft.
Genauso wichtig ist es, die **kleinen Wertschätzungen des Partners auch anzunehmen, denn das Nehmen ist genauso wichtig wie das Geben**.

8. Gleichgewicht zwischen Nähe und Distanz

Das **Gleichgewicht zwischen Nähe und Distanz** ist genauso wichtig wie das zwischen Geben und Nehmen. **Nähe zulassen, ohne sich dabei ganz aufzugeben.** Verbunden sein und doch frei. Am Anfang einer Beziehung ist es oft schwer, dieses Gleichgewicht zu halten. Man will sich verschmelzen, ganz Eins sein, einander ganz gehören, alles miteinander teilen und sich auf eine totale Harmonie einstimmen. Hierbei werden die Grenzen zum ICH-Sein aufgehoben. Man gibt sich auf, um mit dem anderen Eins zu sein. Für die erste Phase des Verliebtseins ist das auch ganz normal und wichtig, um Vertrauen aufzubauen. Nach einer Weile merken wir jedoch, dass wir auch wieder etwas Zeit für uns brauchen. Wenn sich dann einer der Partner ohne ersichtlichen Grund distanziert, führt dies oft zu Spannungen. Deshalb ist es wichtig zu lernen, mit dem Partner über **die Bedürfnisse nach Nähe und Distanz zu sprechen**. Somit **lernen wir unseren Partner besser kennen** und spüren eher, wann der **Partner Nähe zulassen kann** und braucht und wann er **lieber Zeit für sich möchte**.

Ausgleich zwischen Nähe und Distanz

Seien Sie sich dessen bewusst, dass **zu viel Distanz den Partner ausgrenzt**. Andersherum **wirkt zu viel Nähe auch einengend**. **Wer sich nicht abgrenzt** oder in der Partnerschaft auch mal für sich alleine sein kann, **der wird laufend Übertretungen erfahren**. Das kann darin münden, dass man entweder wütend wird oder alles in sich hinein frisst, weil man sich eingeengt fühlt. Es ist wichtig, sich auch einmal abzugrenzen und **alleine sein zu können**. Teilen Sie Ihrem Partner mit, wenn Sie Zeit für sich brauchen, er wird es verstehen und kann gleichzeitig auch einmal etwas für sich tun.

ohne Nähe verbindet man sich nicht ausreichend

Wer aber zu wenig Nähe zulässt, der wird sich in der Partnerschaft nie richtig verbinden oder hingeben können. Der Partner jedoch braucht diese

Nähe und wenn er sie nicht bekommt, dann holt er sie sich auswärts oder es kommt zu einer Trennung. **Wer keine Nähe zulassen kann, der hat auch Angst, sich mit sich selbst auseinander zu setzen**. Beziehungsweise hat er **Angst, dass das Gegenüber die eigenen Schattenseiten aufzeigen könnte**. Der Mittelbereich sowie ein gesundes Maß an Abwechslung von Nähe, Zusammen- und Alleinsein erlauben ein normales Funktionieren der Paarbeziehung. Man kann dieses Prinzip mit der Raumverteilung in einem Haus vergleichen. Es gibt einen Raum für die Frau und einen für den Mann, wohin sich jeder zurück ziehen kann. Und dann gibt es da noch den gemeinsamen Raum, das Wohnzimmer, in dem man gemeinsamen Aktivitäten nachgeht. Es ist wichtig darauf zu achten, dass die **Bedürfnisse beider Partner erfüllt werden und keiner sich eingeengt oder einsam fühlt**.

9. Konflikte und Krisen

Beziehungen und ganz besonders die Ehe sind kein Zustand, sondern ein Prozess. **Eine Partnerschaft verändert und entwickelt sich ständig**. Deshalb ist es wichtig zu erkennen, dass **Krisen ein normaler Bestandteil von Beziehungen sind** und diese **dadurch lebendig bleiben**. Krisen können durch verschiedene Dinge ausgelöst werden. Unvorhersehbare Ereignisse treffen uns am schlimmsten, denn dann werden eingespielte Abläufe jäh durchbrochen. Solche Lebensereignisse können sein: Das Kind versagt in der Schule, der Großvater stirbt plötzlich, jemand in der Familie wird krank, Papa verliert den Arbeitsplatz, das Kind wird im Sportverein gemobbt, Ärger mit der Schwiegermutter, etc. Meist zerbrechen Beziehungen jedoch nicht mit einem großen Knall aus dem Nichts, sondern langsam und fast unmerklich. Dabei gibt es genügend **Anzeichen für diesen Prozess, sie werden jedoch nicht bewusst wahrgenommen**. Nur wenn man die **Signale frühzeitig erkennt, kann man rechtzeitig einschreiten** und etwas ändern. Die meisten **Partnerschaftskonflikte beruhen auf einem Beziehungsdefizit oder einem Ungleichgewicht**. Im Folgenden haben wir die 13 häufigsten Gründe für das Scheitern einer Beziehung zusammen gefasst:

Krisen halten Beziehung lebendig

Signale einer Beziehungs-Krise frühzeitig erkennen

1. Beide Partner haben sich auseinander gelebt.
2. Das Paar hatte zu unterschiedliche Lebenseinstellungen.
3. Es fehlte an Vertrauen und Einfühlungsvermögen.
4. Das Paar konnte nicht miteinander reden.
5. Gewohnheiten, die den Partner aufgeregt haben.
6. Die Beziehung ist zu langweilig geworden.
7. Kennenlernen von jemand anderen.
8. Eifersucht und Untreue.
9. Probleme bei der Verbindung von Beruf und Familie.
10. Alkohol oder Drogen.
11. Sexuelle Probleme.
12. Finanzielle Probleme.
13. Körperliche Gewalt.

mögliche Gründe für das scheitern einer Beziehung

Dies waren hauptsächlich Gründe, die „im Außen“ zu finden sind. Häufig gibt es jedoch auch Gründe im Inneren, die zu einer Beziehungskrise führen: Beispielsweise Klammern und Einengen, Streitigkeiten und Machtspiele, fehlende Gleichberechtigung, der Wunsch, den anderen verändern zu wollen und die fehlende Bereitschaft, den anderen so zu akzeptieren, wie er ist, mangelnder Respekt, Midlife-Crisis, Minderwertigkeitsgefühle… **Die Lösung** besteht darin, herauszufinden, **was man eigentlich möchte** und dies dann auch **mit dem Partner zu besprechen**. **Kommunikation ist** oft der **Schlüssel zu einer harmonischen Partnerschaft**. Denn wie soll unser Partner sonst erfahren, was in uns vorgeht, wenn wir es ihm nicht sagen? Sicherlich können hier nicht alle Wünsche erfüllt werden. Doch durch Kompromisse und die Bereitschaft etwas aktiv zu ändern, können bereits viele Konflikte im Keim erstickt werden.

Kommunikation ist die Lösung der Beziehungs-Konflikte

10. Die drei Verhaltensweisen in einer Beziehung

Möglichkeit 1: Die Trennung

Wenn es in einer Beziehung zu viele Probleme oder Konflikte gibt, dann scheint oft der einfachste Ausweg die Trennung zu sein. Ganz nach dem Motto: „Aus den Augen, aus dem Sinn." Das bedeutet, dass einer von beiden die Beziehung, aus welchen Gründen auch immer, beendet. Dies scheint sehr praktisch zu sein, denn damit geht man dem Problem aus dem Weg. Doch **das wahre Problem darunter ist keinesfalls dadurch gelöst**. Oft zieht man dann nämlich wieder einen Partner in sein Leben, mit dem man früher oder später das gleiche Problem hat. Die „Schlaumeier" unter Ihnen erkennen das Muster und sagen sich dann innerlich, dass sie so einen Partner nie mehr haben möchten und ziehen damit genau das Gegenteil an. In beiden Fällen ist das Problem jedoch nicht wirklich gelöst, sondern nur vertagt. Denn **auch mit einem konträren Partner, wird man wieder auf das Problem aus der ersten Beziehung treffen**.

die Probleme müssen gelöst werden, sonst wiederholen sie sich in einer neuen Beziehung

Möglichkeit 2: Resignation

Wenn man Partnerschaften, die bereits über mehrere Jahre bestehen, genauer unter die Lupe nimmt, findet man leider **selten eine Beziehung, die wirklich glücklich ist**. Im Gegenteil: Unsere Untersuchungen haben ergeben, **je „perfekter" eine Beziehung nach Außen scheint, desto unsicherer sind sich die Partner über ihre Partnerschaft im Inneren**. Sehr oft haben Partner einer **langjährigen Beziehung innerlich resigniert**. Auch wenn einen das Verhalten des Partners nervt, ist man der Überzeugung, daran nichts mehr ändern zu können. Viele würden den Partner gerne verlassen, **haben aber Angst vor Veränderung, vor dem Alleinsein**, um die Existenz, das Wohl der Kinder oder davor, den gemeinsam aufgebauten Komfort zu verlieren. Man lebt einfach so weiter und schaut, dass man über die Runden kommt.

Gefahr Resignation: es gibt einen Weg aufeinander zu

3 Möglichkeiten:
- *Trennung*
- *Resignation*
- *man tut was*

Möglichkeit 3: Die Heilung der Partnerschaft

Die wenigsten leben eine harmonische und glückliche Partnerschaft, da sie den Weg dorthin nicht kennen. **Langfristige, berührende, glückliche und lebendige Beziehungen sind diejenigen, in denen die Partner sich ihrer selbst bewusst werden.** Oft wird dies als Arbeit an der eigenen Persönlichkeit bezeichnet. Man kann es jedoch auch als eine Art Spiel betrachten: das Beziehungsspiel des Lebens auf dem Weg zu sich selbst. In diesem Spiel geht es mal lustig, aber auch mal traurig zu. Je rascher man sich dies eingesteht, desto einfacher kann man sich diesem Rhythmus hingeben. **Konflikte, Herausforderungen oder Probleme werden als Chancen erkannt, um bei sich selbst etwas zu verändern.**

an Problemen arbeiten und sie als Chance sehen

Eine harmonische Beziehung fällt nicht einfach so vom Himmel. **Miteinander einen Weg zu gehen, ist ein riesiges Geschenk, wodurch man sich seiner selbst bewusst wird.** Eine langjährige, lebendige Beziehung bedeutet nicht, dass nicht auch Herausforderungen an der Tagesordnung stehen. Im Gegenteil: **In zufriedenen Beziehungen gibt es keinen Stillstand.** Diese Beziehungen leben, bewegen und erlauben es sich, auch mal zu polarisieren. Damit kann man das, was **spürbar nicht mehr im Gleichgewicht ist, bewusst wieder herstellen**. Das ist sowohl **Heilung für die Beziehung als auch für die eigene Persönlichkeit**. Dieser **Prozess beginnt jedoch immer bei einem selbst**.

lebendige Beziehungen widmen sich den Problemen

Fünf Fehler, die Sie unbedingt vermeiden sollten:

1. Falsche Erwartungen

Lieben Sie sich selbst, so wie Sie sind? Ein Problem bei vielen Menschen ist, dass sie nicht gerne allein oder in der Ruhe sind. Warum ist das so? **Allein und ohne Ablenkung begegnen wir vor allem uns selbst**, unseren **unbekannten und verdrängten Seiten**. **Unbewusste Ängste kommen hoch, genauso wie ungelöste Konflikte**. Erwarten Sie also nicht von Ihrem Partner, dass er Sie so liebt, wie Sie sind, wenn Sie es selbst nicht können. **Setzen Sie sich zuerst mit sich selbst auseinander**. Akzeptieren Sie sich als Ganzes und lassen Sie auch Ihre Schattenseiten zu. Wenn Sie das können, dann können Sie auch einen Partner finden, der Sie liebt wie Sie sind, der Ihnen Ihren Raum gibt und Sie in den Arm nimmt, wenn Sie es brauchen.

Wir erwarten von unserem Partner, dass er unseren Job macht. Er soll uns lieben, weil wir es nicht tun

2. Die richtigen Gemeinsamkeiten finden

Ein Fehler, den viele in ihren Beziehungen machen, **ist die Jagd nach Gemeinsamkeiten**. Oft suchen wir uns Menschen, die genau dieselben Interessen haben wie wir und alles mit uns teilen. Doch das ist gar nicht immer so gut. Ein Partner, mit dem wir ständig zusammen sind, der die selben Hobbys und Freunde hat wie wir, kann uns schnell lästig werden. Wir sollten in der Partnerschaft also auch darauf achten, dass die Anteile an Gemeinsamkeiten und Unterschieden ausgewogen sind. **Jeder braucht auch mal seinen Freiraum** oder möchte etwas alleine unternehmen. Das bedeutet nicht, dass wir den Partner weniger lieben, doch ab und zu tut es der Partnerschaft ganz gut, ein wenig Abstand zum Partner zu gewinnen. Sehen Sie es einmal so: Danach haben Sie sich auf jeden Fall viele Neuigkeiten vom Tag zu erzählen, die der andere noch nicht kennt. Bei Dingen, die die gemeinsame Zukunft betreffen, ist es jedoch wichtig, an einem Strang zu ziehen. In Fragen, die die Ehe, den Kinderwunsch oder die Erziehung der Kinder betreffen, sollten die Gemeinsamkeiten überwiegen, um eine gemeinsame Zukunft planen und auch leben zu können.

Gemeinsam etwas zu erleben ist genauso wichtig, wie der Freiraum für jeden

3. Wie Außen, so Innen

Ihr Partner hat Sie mit einer Äußerung verletzt? Oder Sie sind genervt von einer Marotte, die er einfach nicht ablegen will? **Ihr Partner ist Ihr bester Spiegel!** Schieben Sie **Dinge, die Sie stören** nicht den äußeren Umständen oder Ihrem Partner zu. Fragen Sie sich: „**Was hat das mit mir zu tun?**" Denn **alles, was Sie „im Außen" stört, hat immer eine Resonanz zu Ihnen selbst**. Fühlen Sie zunächst in sich selbst hinein, wo Sie **zu sehr in einem Pol leben** oder **eine unerwünschte Seite** bei sich **verdrängen**. Wenn Sie es schaffen, mit sich im Reinen zu sein, **im Gleichgewicht zu leben** und auch **Ihre Schatten zu akzeptieren**, dann werden Ihnen auch die **Marotten Ihres Partners nicht mehr auffallen** und Äußerungen werden nicht mehr verletzend wirken. Sie sollten sich jedoch bewusst sein, dass **Sie der Spiegel für Ihren Partner sind**. Wenn Ihr Partner Sie einer Sache beschuldigt, dann hat es vielleicht gar nichts mit Ihnen zu tun, sondern **Ihr Partner hat ein Problem, das eigentlich bei ihm selbst liegt**. Versuchen Sie hier durch einfühlsames Nachfragen herauszufinden, was er eigentlich gemeint hat. Oft können so Streitigkeiten vermieden werden.

Oft stört uns am Partner, was wir uns selbst anschauen müssen

4. Richtig kommunizieren

Ein weiteres Problem ist die **mangelnde Kommunikationsfähigkeit** vieler Menschen. Oft haben wir **Angst, ein Problem anzusprechen** und **fressen unsere Sorgen so in uns rein**. Oder wir kommunizieren einfach falsch, indem wir den Partner beschuldigen, anstatt bei uns selbst anzufangen. Wenn Sie ein Problem besprechen möchten, dann schildern Sie immer zuerst, was **Sie fühlen, was Sie bewegt und was Sie gerne ändern möchten**. **Vermeiden Sie Schuldzuweisungen**, denn sonst fühlt sich Ihr Partner angegriffen und es kann kein vernünftiges Gespräch daraus entstehen. **Sprechen Sie regelmäßig, zu einem festen Termin, miteinander**. Reden Sie dann jedoch nicht über den Haushalt oder den Einkauf, sondern darüber, was Sie bewegt und was Sie sich in der Beziehung wünschen. **Wichtig ist, dass Sie Ihre Sorgen und Wünsche mit Ihrem Partner teilen**, denn wie soll er sonst wissen, was in Ihnen vorgeht?

richtige Kommunikation ist die Lösung für viele Probleme

5. Das Gleichgewicht herstellen

In vielen Beziehungen herrscht ein Ungleichgewicht zwischen den Partnern. Es ist jedoch wichtig, das **Gleichgewicht in allen Belangen** aufrechtzuerhalten. Sei es beim Thema **Nähe und Distanz**, beim **Geben und Nehmen**, in der **Arbeitsteilung**, der **Kindererziehung**, etc. Sobald das Gleichgewicht in einer Partnerschaft aus den Fugen gerät, kann es zu Unstimmigkeiten und Streit führen. Achten Sie also immer darauf, dass Sie Ihrem **Partner etwas zurückgeben**, sich **gleichfalls aber auch mal verwöhnen lassen**. Spüren Sie, wann Ihr Partner Ihre Nähe braucht und wann er lieber einmal seine Ruhe möchte und akzeptieren Sie dies dann auch. Selbst in den normalen **Alltagsdingen ist es wichtig, das Gleichgewicht** aufrechtzuerhalten. Heutzutage sind die Arbeiten im Haushalt und die Kindererziehung längst nicht mehr allein Sache der Frau. Teilen Sie sich die Arbeit auf. Natürlich kann hier jeder das machen, was er am besten kann. Doch auch unangenehme Dinge müssen einmal erledigt werden. Das sollte dann jedoch nicht immer die Aufgabe eines Partners sein, sondern von beiden.

Wichtig: stellen Sie ein Gleichgewicht her

„Glücklich allein ist die Seele, die liebt."
(Johann Wolfgang von Goethe)

Liebe Leserin, lieber Leser,

in diesem Kapitel geht es um die Partnerschaft. **Es liegt in unseren Urgenen, nicht allein sein zu wollen**. Wir wollen nicht nur unsere Erbanlagen weitergeben, sondern brauchen einen Platz der Geborgenheit und ein Zuhause bei einem Menschen.

Haben wir uns entschieden, stellen sich nach einer anfänglichen Anziehungskraft auch häufig Hausaufgaben. **Wir selbst und auch unser Partner konfrontieren uns mit Herausforderungen.** Oft sind wir so im Alltagsstress eingebunden, dass wir uns weder diesen Aufgaben noch unserer Partnerschaft ausreichend zuwenden. Doch das bleibt nicht ungestraft und rächt sich in Missstimmung oder Entfremdung.

Unser **Urbedürfnis nach Liebe, Annahme und Zuwendung wird damit gestört** und nicht ausreichend befriedigt. Unterschiedlich mögen wir es wahrnehmen, aber wir merken es und werden unzufrieden und unglücklich.
Ein Segen. Denn nur so spüren wir, dass ein ganz wichtiger Bereich in unserem Leben zu kurz gekommen ist: Unsere Entwicklung in der Partnerschaft und damit unsere eigene Entwicklung.

Es ist die größte Herausforderung, uns mit unserem Partner zu verstehen und auseinander zu setzen, denn er ist uns in der Regel am nächsten. Er sieht uns ungeschminkt, nackt, weinend, albern, von unseren schlimmsten und ängstlichsten Seiten. Kein Wunder, wenn wir hier **das größte Entwicklungspotential für uns selbst** finden. Nutzen wir diese Chance, dann beginnt eine spannende Reise und ein großartiges Abenteuer für unser Selbst.

Wir lernen, was zu unseren ureigensten Bedürfnissen gehört und wachsen daran.

Die Partnerschaft ist ein neues Terrain eines Übungsplatzes. Denn auch hier dürfen wir lernen. Nehmen Sie das **„Trainingscamp Partnerschaft" mit Freude** an. Damit Sie eine Hilfestellung bekommen, finden Sie hier eine kleine Bedienungsanleitung zur Unterstützung.

Lesen Sie es doch vielleicht gemeinsam. Viel Freude dabei!

Von Herzen wünsche ich Ihnen gutes Gelingen,
Ihre

Claudia Bayerl

Platz für Ihre Notizen

Ulrike und Alexander
Tourneur

Unterwegs im Haus der Liebe … Zehn Räume, in denen Sie die Liebe erfahren

Die Liebe zu erleben ist anders, als sich Gedanken über die Liebe zu machen. Hören Sie auf, die Liebe zu suchen. Wir zeigen Ihnen zehn Räume, in denen Sie die Liebe finden können. Einige der Räume kennen Sie, andere werden Sie überraschen. Aber jeder Raum macht Ihre Partnerschaft tragfähiger und liebevoller. So ist Liebe nicht mehr nur Theorie, sondern wird zur Praxis.

Die Autoren

Ulrike und Alexander Tourneur

Ulrike und Alexander Tourneur sind ihre eigene Langzeitstudie zum Thema gelingende Beziehung. Sie sind seit fast 30 Jahren verheiratet, immer noch gern, und geben seit über 25 Jahren „aus purem Eigennutz“ Seminare und Vorträge zum Thema. Alle Ansätze und Methoden werden auf ihre Alltagstauglichkeit geprüft. Ein praktisches Handbuch über Ihre Erfahrungen erscheint demnächst.

Mehr dazu unter:
www.ganz-schoen-wichtig.de

Wissen Sie, was Liebe ist? Kennen Sie sich damit aus?

Stellen Sie sich die Liebe einmal wie ein Haus vor, in dem es jede Menge Räume zu entdecken gibt. Wir sind seit über dreißig Jahren darin unterwegs und haben längst noch nicht alles entdeckt, was das Haus zu bieten hat. Kommen Sie mit auf einen Streifzug durch dieses Haus. Wir wollen mit unserem Beitrag die Liebe für Sie erfahrbar machen. Lassen Sie sich auf die Liebe ein, öffnen Sie sich dafür. Denn **Liebe ist eine Energie**, die wirkt. Wenn Ihnen das zu abgehoben klingt, erinnern Sie sich bitte einmal an einen Tag mit **schlechter Laune und wie diese Stimmung alles beeinflusst**. Das ist auch eine Energie, die wirkt. Also lassen Sie einfach zu, dass auch die **Liebe Ihr Leben und Ihre Beziehungen beeinflussen** kann.

Wir sind wohl das, was man ein glückliches Paar nennt – seit 30 Jahren verheiratet, immer noch gern, drei erwachsene Kinder und über 25 Jahre Seminar-Erfahrung zum Thema Liebe. Aber was aussieht wie ein Ergebnis, ist eher ein Weg. Und auf dem fragen auch wir uns immer wieder, was Liebe ist. Eine Beziehung ist ja nicht automatisch eine Liebesbeziehung und es ist auch nicht selbstverständlich, dass sie es bleibt. Erlebten wir die Liebe am Anfang unserer Beziehung wie ein Geschenk, so hatten wir später immer mal wieder das Gefühl, sie verloren zu haben. Die Liebe war weg. Deshalb begannen wir sie zu suchen.

Liebe ist positive Energie, die alles beeinflusst

Vielleicht sind Sie ja auch auf der Suche nach der Liebe?
Am Anfang unserer Suche stand der ebenso verständliche wie naive Wunsch, dass wir es schön haben wollten miteinander. Dafür brauchten wir die Liebe. Denn die würde schon dafür sorgen, dass es uns miteinander gut ging. Es war unsere Liebe, die im Zentrum unseres Zusammenlebens stand. Sie war das, woraus wir alles andere schöpften: Kinder, Haus, Beruf. Wir waren beide kreuzunglücklich, wenn etwas zwischen uns schief lief. War **die Liebe weg, war alles nichts.** Die Tage waren grauer, die Laune schlechter, die Kinder nerviger und der Beruf anstrengender. Aber wo war sie hin? Meinten wir überhaupt das Gleiche, wenn wir von Liebe sprachen?

ist die Liebe weg, ist alles grau

unterschiedliche Erwartungen an die Liebe

Hatten wir überhaupt die geringste Ahnung, was Liebe bedeutet? Ja, es gab zwar diese magischen Momente, in denen wir beide Liebe fühlten. Aber die waren auch schnell wieder vorbei. Machten wir etwas falsch oder dachten wir falsch über die Liebe? Wir kamen zu der Erkenntnis, dass jeder von uns alle möglichen persönlichen, familiären und gesellschaftlichen Überzeugungen und **Erwartungen über die Liebe** mit sich herumtrug. Für meinen Mann war es z. B. Liebe, wenn alles harmonisch war. Ich dagegen empfand es als Liebe, auch lautstark sagen zu dürfen, was mir nicht passte.

Was glauben Sie über die Liebe?

Ist Liebe Glückssache? Hängt Sie vom Partner ab? Muss man sich Liebe erarbeiten? Wird sie mit den Jahren weniger? Muss man Sie festhalten? Können Sie überhaupt etwas für die Liebe tun? Oder sollte Ihr Partner etwas für die Liebe in Ihrem Leben tun?

Wir gehören zur Nachkriegsgeneration. Unsere Eltern und Großeltern heirateten, weil die Ehe quasi die einzig anerkannte Lebensform für ein Paar war. Auch wirtschaftliche Gründe und feste gesellschaftliche Rollenbilder hatten starken Einfluss auf eine Beziehung. Wie sich die Ehe dann entwickelte, war für die meisten Glückssache. Liebe? Was konnte man schon dafür tun? Das hing, so die häufige Überzeugung, von der Wahl des richtigen Partners ab. Und da konnte man eben auch Pech haben. So gab es unzählige Paare, die es mit den Jahren einfach nur nebeneinander aushielten. Sie hielten durch, um wenigstens den gesellschaftlichen Schein zu wahren und wirtschaftlich abgesichert zu sein. Auch unsere Generation wurde von dieser Einstellung zur Liebe geprägt. Doch das war uns und vielen anderen zu wenig. Wir hatten uns aus Liebe füreinander entschieden. Jetzt wollten wir die **Liebe auch lebendig halten**. Wir wollten, dass sie blieb. Doch kann man Liebe festhalten? Viele kämpften darum und sehr vielen gelang es nicht. Die Lösung hieß dann oft Scheidung und war meist genauso glücklos und frustrierend, wie das Durchhalten der früheren Generationen.

Natürlich wollten wir alles richtig machen bei der Liebe. Das war der anfängliche Beweggrund für unsere Seminare und Vorträge. Wir wollten nicht nur anderen etwas zum Thema vermitteln. Wir wollten vor allem selbst ausprobieren und in Erfahrung bringen, wie wir die Liebe zueinander lebendig halten konnten. Wir probierten vieles aus. Kein neuer Ansatz war uns fremd, kein neues Buch zum Thema war vor uns sicher. Während ich viel las, hörte sich mein Mann geduldig und oft auch genervt die neuen Thesen an und ließ nur das gelten, was sich auch in der Praxis bewährte. Wenn wir mehrmals im Jahr zu unseren Seminaren fuhren, war es nicht selten, dass wir uns noch während der Anreise heftig über unsere Beziehung und die Inhalte des bevorstehenden Seminars stritten. Wollten und konnten wir überhaupt anderen etwas zum Thema Liebesbeziehung sagen? Denn trotz all unseres Engagements erlebten wir Kämpfe, Frustrationen, Krisen, Irrwege und Enttäuschungen. Die Liebe war jetzt nicht mehr bloß für Schönes zuständig. Sie wurde zur Herausforderung für unsere persönliche Entwicklung. Unsere Seminare und Vorträge waren in den allermeisten Fällen trotz unserer Zweifel eine Bereicherung für alle Beteiligten. Auch für uns. Wir fanden zwar nicht das einzig wahre allgemeingültige Rezept für die Liebe. Doch wir lebten es, ohne dass es uns bewusst war: Wir waren offen für die Liebe. Wir machten sie zu unserem Thema. Wir waren bereit, uns mit ihr auseinanderzusetzen. Wir **stellten Fragen** und ließen auch **unbequeme Antworten gelten**. Wir **ließen Veränderungen zu**, waren bereit, **uns zu entwickeln**. Wir **öffneten uns für die Liebe**, ließen uns von ihr **bezaubern und belehren.** Sie ließ sich zwar nicht festhalten. Aber **sie war da**, sobald wir bereit waren, uns **wieder auf sie einzulassen**. Das ist bis heute so geblieben. Die Liebe führt uns in immer neue unbekannte Räume.

Wer sich auf die Liebe einlässt, wird verzaubert

Haben Sie Lust, neue Räume der Liebe zu betreten?

Vielleicht stellen Sie fest, dass Sie sich dort schon ganz gut auskennen? Wir möchten Sie jetzt zu einem Streifzug durch das Haus der Liebe einladen und werden Ihnen dabei Räume vorstellen, die auf unserer Suche nach der Liebe besonders hilfreich waren oder noch sind. In jedem Raum erklären wir, warum er Ihnen die Liebe näher bringt, wo die Schwierigkeiten liegen und geben Hinweise, wie sie überwunden werden. Erinnern Sie sich? Die **Liebe ist pure Energie**, die sich ausdehnt. Sie **wird mehr, wenn man sie teilt**. Lassen Sie sich also auf die Liebe ein, damit die Liebe mehr wird.

Liebe ist Energie sie wird größer, wenn man sie teilt

Unterwegs im Haus der Liebe – Zehn Räume, in denen Sie Liebe erfahren

1. Lernen Sie sich selbst kennen und lieben!

tägliche Aufgabe: mit sich selbst klar zu kommen

Wer sind Sie? Fragen Sie sich das auch manchmal? Jetzt gerade sind Sie z. B. jemand, der ein Buch in der Hand hält und liest. Sie sind ein Mann oder eine Frau. Sitzen oder stehen Sie? Was tragen Sie für Kleidung? Was denken Sie gerade? Fühlen Sie sich wohl? All das sind Sie selbst, jetzt in diesem Moment. Und im nächsten Moment kann das schon anders sein. Sie wechseln sicher nicht Ihr Geschlecht. Aber Ihre Gedanken, Gefühle und körperlichen Wahrnehmungen sind ständig in Bewegung. Können Sie das akzeptieren? Oder halten Sie sich lieber an etwas fest? Woran? Was mögen Sie an sich? Ihr Aussehen? Ihren Beruf? Ihren gesellschaftlichen Status? Ihr Bankkonto? Es ist eine **tägliche Herausforderung, mit sich selbst klar zu kommen.** Jeder schafft sich deshalb im Laufe seines Lebens eine Art Legende darüber, wer er ist. Das schafft Sicherheit, blendet aber auch vieles aus, was nicht in dieses Selbstbild passt. Ihr Blick auf die Welt ist stets nur ein Ausschnitt. **Selbst Ihr Verstand ist nur ein kleiner Bestandteil Ihrer Persönlichkeit**. Sie sind aber immer viel mehr, als Ihr Selbstbild zulässt. Die Liebe vergrößert Ihr Bewusstsein von dem, wer Sie sind, indem sie den Blick nach innen richtet, statt Sie weiterhin da draußen suchen zu lassen. Dort beleuchtet sie liebevoll auch Ihre Schattenseiten und verbindet diese mit all den anderen Bestandteilen Ihrer Person. Sie brauchen nicht alles toll zu finden, doch lernen Sie es zu akzeptieren. Werden Sie ehrlicher zu sich selbst und authentischer in Ihren Beziehungen. Sie müssen nichts verstecken, vor allem vor sich selbst nicht. Sie dürfen genau so sein und sich genau so fühlen, wie Sie jetzt gerade sind. Fühlen Sie, wie Sie das entspannt? Sie brauchen keine Rolle mehr zu spielen, werden aber merken, wenn Sie es doch tun. Sie werden zum wachen und liebevollen Beobachter Ihres Lebens und übernehmen Verantwortung für sich und Ihre Gefühle. Sie brauchen Ihren Partner nicht mehr als Sündenbock. Es ist ja Ihre eigene Wahrnehmung. Mit dieser Akzeptanz beginnt die Selbstliebe.

2. Sagen Sie JA!

Wissen Sie noch, **wie Sie beide sich kennengelernt haben**? Denken Sie gerne daran? Das ist gut so und ein richtiger Schatz für das Gelingen Ihrer Liebe. Damit erinnern Sie sich an den Beginn Ihres großen JA zueinander. Es ist gleich, ob Sie verheiratet sind oder nicht. Aber ein feierliches Ritual bekräftigt das JA. Die Macht eines rituellen JA zueinander darf nicht unterschätzt werden. JA heißt nicht vielleicht und auch nicht nur ein bisschen. Sie bekunden mit dem JA, dass Sie zu dieser Beziehung stehen und zu dem Menschen an Ihrer Seite. Sie wechseln von einem unverbindlichen Zustand in einen verbindlichen. Denn in einer **Beziehung sind Sie einfach nicht unabhängig.** Sie stehen jetzt nur dazu. Viele glauben, Ihre Beziehung durch ein JA zu überfordern und Ihren Raum für persönliche Entwicklung einzuschränken. Doch mit einem **JA wird eine Beziehung eröffnet.** Sie kann erst dann beginnen. **Liebe ist ohne Verbindlichkeit nicht möglich**, weil **Liebe zutiefst verbindlich ist**. Es geht nicht darum, einen Zustand fest zu klopfen. Gemeint ist die Bereitschaft, sich gemeinsam zu entwickeln. Sie können sich **nicht auf diesem JA ausruhen**. Es will erneuert werden. Und dafür braucht es immer wieder ein JA. Sie können z. B. Ihren Jahrestag feiern. Sie können es aber auch sehr wirkungsvoll in der täglichen Akzeptanz üben: Ja, es läuft anders, als Sie es sich vorgestellt haben. Ja, er ist unpünktlich. Ja, der Sex hat sich verändert. Ja, er arbeitet wieder so lange. Das JA sorgt hier dafür, dass Sie aufhören zu kämpfen. Doch aufgepasst! **Dieses JA ist keine Resignation** und keine scheinbare Geduld mit dem Partner, sondern eher so etwas wie Anerkennung von dem, wie Sie Ihren Partner gerade sehen. Sie hadern nicht mehr damit, dass er anders sein soll. Sie **pumpen keine Energie mehr in den Widerstand.** Wenn Sie miteinander kämpfen, gibt es keinen Raum für neue Sichtweisen. Das JA schafft diesen Raum. Sie sagen mit Ihrem JA zu der Situation auch JA zu Ihrem Partner. Das entspannt, verändert den Umgang und schafft neue Lösungsmöglichkeiten. Womöglich sehen Sie Ihren Partner plötzlich in einem anderen Licht und **entdecken seine tollen Eigenschaften neu.** Die Liebe hat mehr Platz. Auch für ein NEIN, wenn es klare Grenzen braucht.

das "ja" zueinander macht die Liebe verbindlich

3. Bleiben Sie im Gespräch!

Es geht beim Reden selten um die großen wesentlichen Gespräche über die eigene Beziehung. Es geht vielmehr um die kleinen Beobachtungen des Alltags, die geteilt werden. Was geredet wird ist nicht so wichtig, wie dass geredet wird. **Reden schafft Nähe**, zeigt, **dass Sie am Leben des Partners teilnehmen.** Sie **teilen Ihre Gedanken und Gefühle** mit dem Partner, auch über die kleinen banalen Dinge des Alltags. Sie sind bei ihm **präsent und zeigen Interesse.** Das sind große wichtige Punkte für das Gelingen einer Beziehung. Sie können, dürfen und sollen miteinander plaudern. Ohne Strategie, ohne Filter und ohne die Worte auf die Goldwaage zu legen. Daraus entwickelt sich eine eigene Rede- und Streitkultur zwischen Ihnen. Sie wissen, woran Sie beim anderen sind und scheuen sich nicht, auch schwierige Dinge anzusprechen. Selbst bei einem heftigen Streit sind Sie zwar offensichtlich nicht einer Meinung, aber dennoch sicher in Ihrer Beziehung zueinander. **Reden ist eine einfache und wirkungsvolle Art, Ihre Liebe auszudrücken** ohne sie ständig beteuern zu müssen. Es **hilft, die Beziehung zu stabilisieren**. Häufig wird das Gespräch unter Partnern jedoch als Minenfeld für persönliche Kämpfe benutzt. Jedes Wort wird gegen den Partner verwendet. Männer schweigen und mauern sich schließlich oft komplett ein. Frauen sind enttäuscht und überfluten ihren Partner mit immer neuen Vorwürfen, in der illusorischen Hoffnung, ihn so zu erreichen. Ein Mann sagte über die Gespräche mit seiner Partnerin folgendes: „Wenn sie sagt ‚Wir müssen reden', ist es, als würde ein großes gefährliches Tier den Raum betreten. Was auch immer ich tue, ich weiß, ich werde verlieren." Beim Reden läuft offenbar schnell etwas schief. Hier ein paar einfache, nachvollziehbare **Regeln,** damit es besser gelingt:

- Seien Sie nicht grob oder verächtlich im Gespräch.
- Bleiben Sie bei sich und Ihren Gefühlen und sagen Sie, wie Sie sich fühlen. (Z. B. ist „Ich bin traurig" klarer als „Wie konntest du nur?")
- Fragen Sie nach, hören Sie zu, bleiben Sie dran, anstatt aufzugeben.
- Drohen Sie beim Streit nicht mit dem Ausstieg aus der Beziehung.
- Akzeptieren Sie, dass Sie ein unterschiedliches Redebedürfnis haben.

Wenn es gelingt, ist Reden eine Königsdisziplin, um Ihre Verbundenheit und Liebe zu leben. Denn **geteilte Gedanken und Gefühle** verbinden Sie und entwickeln sich weiter zu einem gemeinsamen Handeln.

4. Lernen Sie voneinander!

Liebe verändert. Ihre Sicht auf den Partner und die Welt ist mit Liebe eine andere als ohne. Doch am meisten **verändert die Liebe Sie selbst**. Sie können sich nicht für die Liebe öffnen und gleichzeitig an Ihren alten Überzeugungen festhalten. Einige Beziehungen ähneln eher einem Geschäftsmodell als einer Liebesbeziehung. Die Partner scheinen sich möglichst wenig beeinflussen zu wollen. Damit verzichten Sie auf **viele Entwicklungschancen,** oft ohne sich dessen bewusst zu sein. Geben Sie aber der Liebe Raum, so **lernen Sie in Ihrer Beziehung so viel über sich und das Leben**, wie Sie es allein nicht erreichen können.

Wir lernen vom Partner:
1. wo er mehr weiß
2. er ist unser Spiegel
3. Respekt + Werte

Das Lernen findet sich meist in drei Bereichen:
Es geht einmal ganz konkret um das **Zulassen der Erfahrung, dass Ihr Partner in bestimmten Bereichen mehr weiß** und über mehr Erfahrung verfügt als Sie selbst. Sie dürfen Hilfe annehmen, sich vom Partner beeinflussen lassen und dazulernen. Das erweitert nicht nur Ihren Blick auf die Fähigkeiten Ihres Partners, sondern auch Ihr Handlungsspektrum als Paar.
Die zweite Lern-Erfahrung besteht darin, dass der **Partner die Anteile Ihrer eigenen Person spiegelt, die Sie selbst nicht sehen.** Das gilt besonders für die Eigenschaften, die Sie gerne leugnen. Ist Ihnen z. B. die Unordnung des Partners ein ständiges Ärgernis, so können Sie das zum Anlass nehmen, Ihren eigenen Perfektionismus zu überdenken oder sich zu fragen, ob es in Ihnen selbst einen Bereich gibt, der mehr Ordnung braucht.
Im dritten Bereich können Sie lernen, **über sich selbst hinauszuwachsen**. Indem Sie sich dem **Partner zuwenden, öffnen Sie sich gleichzeitig für die Liebe.** Sie lernen Achtung, Wertschätzung, Respekt und Dankbarkeit kennen. Sie erfahren wirkliches Miteinander ohne Machtspielchen, Konkurrenz und Neid. Auch faule Kompromisse brauchen Sie nicht mehr. Denn Sie wissen, dass es nicht ums Rechthaben und Aufrechnen geht, son-

dern um die beste Lösung. Zu der trägt mal der eine und mal der andere bei. So erweitert sich Ihr Wissen und Ihr Verständnis für sich selbst, Ihren Partner und die Liebe zwischen Ihnen ständig. Ihre Welt wird größer. Es ist einfach mehr Platz darin für neue Ansichten und Einsichten. Und es ist auch mehr Platz für die Liebe zwischen Ihnen.

5. Lassen Sie Altes hinter sich!

In einer Liebesbeziehung entsteht die Liebe zwischen den Partnern. Dort hat sie ihre Quelle und von dort dehnt sie sich aus. In einer solchen Beziehung sind Sie Mann oder Frau und nicht mehr Sohn oder Tochter. Mit dem **Beginn Ihrer Beziehung beginnt eine neue Identität als Paar**. Sie ordnen Ihre Prioritäten neu. Ihre Verbindlichkeiten und Verantwortlichkeiten liegen nicht mehr in Ihrem Elternhaus, sondern in Ihrer Partnerschaft. Das geht selten von einem Tag auf den anderen und selten ohne Konflikte und Schmerz. Im Gegenteil: Hier liegt die Ursache für etliche unglückliche Beziehungen. Es ist ein Wirrwarr aus schlechtem Gewissen den Eltern oder dem Partner gegenüber, fehlender Abgrenzung und unreflektierter Übernahme von Denkmustern und Verhaltensweisen aus der eigenen Kindheit und Jugend. Daraus müssen sich in der neuen Beziehung eigene Strukturen und Traditionen entwickeln. Um **Platz für Ihr eigenes Leben und Ihre Liebe zueinander zu schaffen, ist hier Entrümpelung angesagt.** Wenn Sie in der Kindheit beispielsweise die Liebe Ihres Vaters vermisst haben, kann die unbewusste Suche nach dieser Liebe Ihre Partnerwahl, den Umgang mit Ihrem Partner und die Probleme in Ihrer Beziehung bestimmen, ohne dass Ihnen das klar ist. Sie leben vielleicht ein erwachsenes, erfolgreiches Leben und sind **emotional doch weiterhin ein Kind auf der Suche nach der Liebe des Vaters. Sie suchen die Liebe in der Vergangenheit** und nicht in Ihrer Beziehung. Gleichzeitig machen Sie Ihren Partner dafür verantwortlich, dass er Ihre Erwartungen nicht erfüllt. Sie können sich nur von Vergangenem lösen, indem Sie **dieses Muster aufdecken und sich für die Liebe zu Ihrem Partner öffnen.** Auch bei einer glücklichen Kindheit ist Abnabelung dringend notwendig. Sie müssen lernen, die **Liebe in**

mit neue Partnerschaft beginnt eine neue Identität

prüfen Sie, ob alte Beziehungsmuster in Ihre Partnerschaft spielen

sich selbst und in Ihrer Partnerschaft zu entdecken und zu entwickeln. Sonst ist es ganz einfach nicht Ihre eigene. Sie leihen sich die Liebe immer noch aus Ihrem Elternhaus, idealisieren, übernehmen unreflektiert Verhaltensweisen und bleiben so emotional abhängig. Doch all das hält Sie ab von Ihrem echten Leben, Ihren echten Gefühlen, Ihrem echten Partner und der echten gegenwärtigen Erfahrung von Liebe in Ihrer Beziehung.
Die gute Nachricht ist, dass **Loslösung auch Klarheit bringt und eine neue erwachsene Ebene der Verbundenheit zu Ihrer Herkunftsfamilie**. Auch innerhalb einer glücklichen Beziehung ist die Loslösung von Altem notwendig. Alte Kleider, alte Möbel, Lebensphasen, die vorbei sind, Überzeugungen, die nicht mehr passen – lassen Sie sie los! Liebe ist keine sentimentale Rückschau auf Vergangenes. Liebe können Sie immer nur frisch erleben.

6. Bleiben Sie körperlich!

Sie sind ein körperliches und sinnliches Wesen und brauchen Berührung. Durch die Sexualität haben Sie eine große Bandbreite an Möglichkeiten dazu. **Guter Sex** ist eine wunderbare Bereicherung und ein **tolles Rezept für Glück in der Liebe**. Sie erfahren hautnah die **eigene Männlichkeit und Weiblichkeit** und die Ganzheit, die dahinter liegt. Es geht um den Spaß an der eigenen Körperlichkeit und darum, diese Freude mit dem Partner zu teilen. Die Sexualität kann eine „Wellness-Oase" für die Beziehung sein, in der **emotionale Reserven wieder aufgefüllt und Liebe körperlich** erfahren wird. Die Realität vieler Paare sieht oft anders aus. Die Köpfe sind medial voll mit allen möglichen Erwartungen und Ansprüchen. Aber wer hat nur all den tollen Sex? Oft herrscht Frust statt Lust, oft will einer mehr als der andere oder es soll anders sein, als es ist. Routine, bei der jeder Handgriff sitzt, bringt genauso wenig Erfüllung wie das Ausweichen auf Fantasien oder verheißungsvolles Handwerkszeug. Viele Paare steigen komplett aus und verzichten damit auf wichtige Berührungspunkte in Ihrer Beziehung. Aber wie kann Sexualität gelingen? **Sex müssen Sie lernen**, immer wieder. Damit der Sex in einer Beziehung eine **dauerhafte Überle-**

Sex ist ein tolles Rezept für Glück in der Liebe

benschance hat, muss er zur körperlichen Liebe werden. Die Verbindung von Sex und Liebe macht aber auch Angst. Denn Sex macht verletzlich. Es fallen körperliche und emotionale Grenzen, es zeigen sich alte Hemmungen, Verletzungen und Schamgefühle, die beim bloßen Sex locker überspielt werden können. Doch **wenn der Sex zur Liebe wird**, geht es um **Hingabe, Ehrlichkeit, Wagnis und Spiel.** Es geht um den **Respekt Ihrer Grenzen, um unterschiedliche Bedürfnislagen** und darum, **sich all das ohne Vorbehalte zu sagen**. Es geht nicht um Technik und auch nicht um einen Koitus- oder Orgasmuszwang.

körperliche Nähe neu entdecken und erforschen

Erinnern Sie sich an die ersten erotischen Berührungen Ihrer Jugend? Eine Hand halten, wieder zu spüren, wie es ist, sich körperlich nah zu sein, das bewusste Streicheln – das kann sehr intim und erfüllend sein. Es ist gut wieder dort zu beginnen, wenn nichts mehr geht. **Berühren Sie sich, ganz zart, langsam und voller Neugier.** Seien Sie sich dabei nah. Sie dürfen sich **beieinander ausruhen**. Sie dürfen alles und müssen nichts. Es gibt nicht den Sex, sondern nur Ihre eigene Körperlichkeit, die Sie mit dem Partner teilen. Pfeifen Sie auf alle Normen und darauf, irgendein Ergebnis erreichen zu wollen und machen Sie sich bewusst, wann und wo Druck entsteht. Tauschen Sie sich darüber aus, was Sie fühlen und was nicht. Erzwingen Sie nichts. Die **Nähe und Intensität, die Sie dabei neu entdecken** werden, spült alte Barrieren und Frustrationen weg und **macht Platz für unschuldige, fast kindliche und unvoreingenommene körperliche Begegnungen und Liebe.**

7. Lachen Sie gemeinsam!

Es geht bei diesem Punkt nicht darum, sich dauernd Witze zu erzählen. Gemeint ist eine ganz **eigene humorvolle Art des Umgangs miteinander**, die sich mit den Jahren entwickelt und die oft nur der eigene Partner versteht. Manchmal hat dieser **Humor erotische Untertöne**. Meist geht es aber um die kleinen Ärgernisse des Alltags, die so entschärft werden. Hier ein Beispiel: Nachmittags als er mal wieder am Computer sitzt, wirft sie ihm vor, dass er viel zu viel arbeitet. „Und außerdem verbringst du viel zu *gemeinsames Lachen stärkt Ihre Partnerschaft*

wenig Zeit mit mir", ruft sie ihm noch zu, bevor sie beleidigt aus dem Zimmer rauscht. Beim Kochen hilft er plötzlich und stellt sich dabei dicht neben sie. Doch sie bleibt schweigsam und unversöhnlich. Als sie zum Kühlschrank geht, versperrt er ihr den Weg. „Was soll das?", fragt sie ärgerlich. Er aber grinst sie nur an und sagt: „Merkst du nicht? Ich verbringe gerade Zeit mit dir." Sie will nicht lachen. Doch sie kann nicht anders. „Blöder Kerl", sagt sie lachend, sie nehmen sich in den Arm, das Eis ist gebrochen.

Humor und Lachen heben Sie für kurze Zeit aus der Schwerkraft des Lebens heraus. **Sie erleben Leichtigkeit**. Sie erkennen all die Absurditäten des Lebens und die Komödie, statt wie sonst überall das Drama zu vermuten. Ohne Humor dümpelt das Leben in ernster Langeweile und Apathie dahin. Das kann die Liebe vertreiben. **Liebe ist eine Energie, kein fester Zustand.** Deshalb ist sie immer auch Schwingung. Und **gemeinsames Lachen bringt Sie und Ihren Partner auf die gleiche Wellenlänge,** ganz automatisch. Sie dürfen plötzlich erfahren, dass das Leben und Ihre Beziehung auch ganz leicht sein können und es spielerische Lösungen für ein Problem gibt. Sie purzeln für kurze Zeit aus Ihrem Verstand mit all den festen Vorstellungen, wie etwas zu sein hat, direkt in Ihren Bauch. Sie sind am Puls des Lebens. Doch es geht um noch mehr. **Lachen verhindert Langeweile**. Ein Paar, das zusammen lacht, hält es auch gut mit sich selbst aus. Es kann mit sich allein sein, etwas allein unternehmen und Spaß dabei haben. Freunde und andere soziale Aktivitäten sind eine zusätzliche Bereicherung, müssen aber nicht als Ersatz für fehlende Zweisamkeit oder zum Überdecken der Langeweile zwischen den Partnern herhalten. **Humor in einer Beziehung schützt vor Einsamkeit, genießt die Zweisamkeit** und hat dennoch Platz für Dritte.

Wer lacht lebt glücklicher und bringt Leichtigkeit in die Beziehung

Doch aufgepasst! **Ironie und Sarkasmus verletzen**. Sie gehören zum Handwerkszeug von Kabarettisten und nicht in eine Beziehung.

8. Seien Sie sich ein Zuhause!

Kennen Sie die Erleichterung nach Hause zu kommen? Das Gefühl, eine Tür schließen zu können und sich sicher und geborgen zu fühlen? Zuhause zu sein? **Wird Ihre Beziehung von Liebe bestimmt, so sind Sie und Ihr Partner sich gegenseitig dieses Zuhause.** Jeder ist mal müde, traurig, enttäuscht, krank oder auf irgendeine Weise angeschlagen. Da ist es gut, einen Raum zu haben, an dem alle Masken und Rollen fallen dürfen. Hier dürfen Sie sich über die großen und kleinen Ärgernisse auslassen. Hier dürfen Sie aber auch mal **bewundert werden**. Hier **bekommen Sie Zuwendung und Trost.** So entwickelt sich eine **fürsorgliche und Anteil nehmende Atmosphäre** und das ist ein Ausdruck von Liebe. Viele Paare schaffen sich auch ganz real dieses Zuhause. Doch das Grundgefühl zuhause zu sein, entsteht zwischen den Partnern. **Es geht um den inneren Raum**. Er ist durch einen äußeren nicht zu ersetzen.

Schön, wenn der Partner Ihr Zuhause ist

Das Gefühl, **beim Partner zuhause zu sein**, wird in Krisenzeiten oft auf eine harte Bewährungsprobe gestellt. **Krisen** gehören zum Leben und **haben die Kraft, die Beziehung zu stärken oder zu schwächen**. Und beinahe alles kann eine Krise sein, von der Geburt eines Kindes über die Veränderung des Partners, bis hin zu schweren Schicksalsschlägen. Trotz der Bandbreite ist es nicht die Krise selbst, die eine **Bedrohung für die Beziehung darstellt, sondern die Art und Weise, wie das Paar damit umgeht**. Ist das Gefühl der Zusammengehörigkeit stark genug, um eine Basis zu haben, die die Zerreißprobe aushält? Können die neuen und meist unfreiwilligen Einsichten und Erkenntnisse, die die Krise liefert, in das eigene Selbstbild und das Selbstbild als Paar integriert werden? Ist einer der Partner der Sündenbock? Wird die Krise selbst geleugnet?

Krisen stärken Ihre Partnerschaft, wenn Sie die Chance nutzen

Krisen verändern das Leben, aber auch immer beide Partner. Sie sind eine Bewährungsprobe für die Liebe und meist unvermeidbar. Wie also gehen Sie damit um, ohne die Beziehung zu zerstören? Bleiben Sie nicht in Vorwürfen stecken! In der Beziehung sind immer beide Partner an der Entstehung einer Krise beteiligt. Unterscheiden Sie zwischen der Krise und Ihren emotionalen Reaktionen darauf. Das ist ein großer Unterschied. Sonst inszenieren Sie zusätzlich zur Krise noch ein Drama. Holen Sie sich Hilfe, wenn Sie nicht weiter kommen. **Jede überwundene und verarbeitete Krise verwandelt sich in tiefere Verbundenheit der Partner.** Das Gefühls- und Verhaltensspektrum innerhalb und außerhalb der Beziehung vergrößert sich und die Liebe auch.

9. Haben Sie Kinder?

Kinder können die Beziehung vertiefen, weil sie ein zusätzliches Band der Liebe zwischen den Partnern schaffen. Veränderungen bringen sie auf jeden Fall. Mit Kindern ist alles anders. Sex, Nähe, Freizeit, Beruf, Finanzen, alles muss neu definiert werden. Hinzu kommt, dass Mann und Frau emotional oft sehr unterschiedliche Blickwinkel auf die Situation haben und jeder davon will beachtet werden. Zusätzlich zu den eigenen und den partnerschaftlichen Bedürfnissen **gibt es jetzt auch noch die Bedürfnisse des Kindes** oder der Kinder. Doch **Sie lernen** durch Kinder auch wunderbare Bestandteile der Liebe kennen, wie **Selbstlosigkeit, Großherzigkeit, Fürsorge, Verantwortung und Zusammengehörigkeit**. Sie **lernen Schutz und Sicherheit zu geben und Grenzen zu setzen**. Mit Kindern erleben Sie hautnah, wie sich die Liebe in einem Raum ausdehnt, der über Ihr Leben hinaus geht. Es geht weiter. Es geht hier jetzt nicht um Erziehungsfragen und die Bedürfnisse der Kinder. Es geht um Ihre Beziehung. Eine Familie ist ein äußerst lebendiges und vielschichtiges Beziehungsgeflecht. Da besteht schnell die Gefahr, sich in ihr zu verlieren und die eigenen Bedürfnisse zu ignorieren. Sie sind plötzlich nur noch Mama und Papa, vielleicht sogar ein gutes Team. Doch Mann und Frau geraten aus dem Blickwinkel und damit die Basis Ihrer Beziehung und auch die Ihrer Familie. Sorgen Sie also dafür, dass es Ihnen miteinander gut geht. Haben Sie keine Angst, dadurch Ihre Kinder zu vernachlässigen. **Kinder lieben glückliche Eltern**. Geht es Ihnen beiden gut, haben Sie mehr Lebensqualität, selbst im familiären Chaos. Und Ihre Kinder erfahren, dass die Liebe trägt. **Ist Ihre Beziehung lebendig, ist es auch Ihre Familie**. Sie dürfen kindliche Freude, Verspieltheit, Vertrauen und Verletzlichkeit erleben. Das kann auch alte

Zeit für Zweisamkeit schaffen

Wunden bei Ihnen selbst heilen. Familie ist toll. Doch Sie brauchen **regelmäßige Auszeiten, jeder für sich und Sie als Paar**. Schaffen Sie hin und wieder Distanz zu Ihren Kindern und schaffen Sie sich Hilfssysteme, die Ihnen das ermöglichen. Beispielsweise schaffen ein Spaziergang am Abend oder ein **gemeinsames Wochenende wieder Raum für Ihre Zweisamkeit und Ihre Liebe.** Das macht vieles leichter, auch Ihr Familienleben.

10. Lernen Sie das WIR kennen!

Hier geht es um das WIR. Das ist der sehr persönliche, exklusive Raum zwischen den Partnern, in dem Liebe entsteht, sich aufhält, sich ausdehnt und gefühlt werden kann. Nur der Partner hat Zugang zu diesem Raum und nur er weiß, ob der andere gerade drin ist oder nicht. Das WIR ist das Gefühl, Teil eines Ganzen zu sein, eine gemeinsame Identität als Paar zu haben. Jedes Paar, das sich liebt, kennt diesen Raum des WIR. Er taucht in **kleinen Momenten der Verbundenheit** auf, wenn Sie sich in einem Raum voller Menschen in die Augen schauen. Es ist dieses **Gefühl, bei dem das Herz einen Hüpfer macht**. Da ist er ja! Der andere, der Weggefährte. Es ist **die Freude, den anderen nach einer Trennung wiederzusehen, ihn zu umarmen und sich bei ihm zu Hause zu fühlen**. Es ist **geteilte Freude** an der eigenen Lebendigkeit, an der Natur oder an etwas, das man gemeinsam geschaffen hat. Es sind **stille Augenblicke voller Frieden** und innerer Gelassenheit. Liebe wird erfahren, erkannt und gespürt, statt sich bloß Gedanken über die Liebe zu machen. Das WIR findet in Ihnen und zwischen Ihnen statt. Es ist kein bestimmtes Ergebnis damit gemeint. WIR ist all das und doch noch viel mehr. Es ist das pure Potenzial Ihrer Partnerschaft, hat aber keine Form. Deshalb fällt das WIR auch kaum auf. Es hat selten etwas Spektakuläres. Bei uns z. B. regnet es immer noch keine roten Rosen. Es ist auch selten ein Sonnenuntergang da, in den wir händchenhaltend hinein spazieren. Wir tragen nicht die gleichen Windjacken und sind immer noch sehr unterschiedlich. Auch Streit gibt es nach wie vor. Das ist sogar wichtig. Denn das **WIR nutzt die Unterschiedlichkeit und die Spannung zwischen den Partnern, um sich zu entwickeln.**

das "WIR" als gemeinsame Identität

Beim WIR geht es immer weniger darum, was der andere Ihnen gibt. Die Faszination liegt darin, **gemeinsam Zeuge des Lebens und der Liebe zu sein.** Es kommt zu einer beinah physikalisch spürbaren Verdichtung. Wenn Sie sich zutiefst lebendig fühlen, dann lieben Sie. Erst die Liebe macht es möglich, das Leben als lebendig zu erfahren. Und das WIR ist die Quelle zu dieser Lebendigkeit. Glauben Sie uns, **je mehr Liebe Sie zulassen, desto mehr bekommen Sie davon**. Es ist genug für alle da.

Was die Liebe aus dem Haus treibt…

Die fünf Don'ts der Liebe

Der einzige Unterschied, den man zwischen Trennungskandidaten und glücklichen Paaren gefunden hat, **ist der der Schuldzuweisung**. Die auftauchenden Probleme sind überall die gleichen. Doch die einen **machen den Partner für fehlendes Glück verantwortlich, die anderen suchen gemeinsam nach Auswegen.** Eine Beziehung ohne Konflikte ist ein Widerspruch in sich. Es gibt aber Verhaltensweisen, mit denen Sie Ihre Beziehung schwächen oder zerstören können. So ein Verhalten kommt natürlich auch in gelingenden Beziehungen vor. Dort wird es jedoch erkannt und überwunden. Damit auch Sie wissen, was Ihrer Liebe gefährlich werden kann, sind hier fünf Punkte, die die Liebe vertreiben:

1. Ist Ihr Partner schuld?

Es liegt nicht an Ihnen. Sie haben getan, was Sie können. In Ihrer Beziehung verursacht Ihr Partner die Probleme. Es ist einfach nicht Ihre Schuld, Sie können nichts dafür. Es ist Ihr Partner, der sich ändern muss, sonst geht es nicht weiter. Kennen Sie solche Sätze?

Schwierigkeiten in der Partnerschaft haben Ihre Ursache immer im Verhalten beider Partner. Sie können die vermeintliche Schuld Ihres Partners in Stein meißeln und Argumente sammeln, so viel Sie wollen. Es wird nichts nützen, er wird sich deshalb nicht verändern. Die Fronten verhärten sich

Vorsicht vor Schuldzuweisungen

weiter. Zwischen Ihnen herrscht Krieg, nicht Liebe. **Es geht um Wut, Verletzung, Enttäuschung, Verurteilung und Zurückweisung.** Doch all das war schon vor Ihrer Partnerschaft in Ihnen. Die Gründe für diese Gefühle liegen in Ihnen selbst. Ihr Partner bringt sie nur ans Licht. Holen Sie sich Hilfe, machen Sie sich Ihre eigenen Gefühle bewusst und entwickeln Sie mehr Verständnis für sich selbst und Ihre Härte. Lernen Sie liebevoller und versöhnlicher mit sich umzugehen. Dann sind Sie es auch beim Partner.

2. Sind Sie verächtlich?

gehen Sie mit Ihrem Partner respektvoll um

Verachtung ist ein hartes Wort. Doch der Umgang zwischen Ihnen ist hart und kalt. Sie machen Ihren Partner klein und halten ihn für unfähig. Sie **reden schlecht über ihn, auch vor Dritten**. Es sind kleine verurteilende Bemerkungen oder ironische Spitzen, die Sie als Humor tarnen. Sie sind unhöflich, lieblos und rücksichtslos im Umgang miteinander. Einer von Ihnen ist beleidigt, schmollt tagelang oder schweigt demonstrativ. Der andere überschüttet den **Partner mit immer neuen Vorwürfen**, ist aggressiv und verächtlich. Oder Sie haben schon resigniert und leben eine Art Nicht-Angriffspakt. Sie haben die Achtung vor Ihrem Partner und Ihrer Beziehung verloren. **Ihre Kommunikation dient nicht dem Austausch**. **Es ist ein Machtkampf,** selbst, wenn Sie das als Vernunft tarnen. Sie wollen Recht haben und sind überzeugt, es besser zu wissen. Mehr als um den Partner, geht es Ihnen darum, sich die scheinbare Korrektheit Ihrer eigenen Überzeugungen zu beweisen. **Wenn Sie glücklich sein wollen, müssen Sie lernen zu vertrauen. Auch Ihrem Partner und dem, was er kann**.

3. Vergleichen Sie Ihren Partner mit anderen?

Sie schaut sehnsüchtig einem Paar nach, bei dem der Mann die Frau spontan in den Arm nimmt. Dann seufzt sie bedeutungsschwer, um ihn wissen zu lassen, dass er das ja auch mal tun könne. Er vermutet, dass die Frau seines Arbeitskollegen nicht so zimperlich ist, wie seine eigene Frau, wenn es um Sex geht und macht eine Bemerkung darüber. Finden Sie auch, dass

Ihr Partner im Vergleich mit anderen immer schlechter abschneidet? Andere sind leidenschaftlicher oder zärtlicher oder haben mehr Erfolg als Ihr Partner? Andere Paare scheinen glücklicher, liebevoller oder wohlhabender als Sie? Hier gibt es eine Menge Erwartungen und unerfüllte Bedürfnisse. **Sie leben eigentlich gar nicht mit Ihrem Partner, sondern in Ihren Vorstellungen, wie er in der Vergangenheit mal war oder wie er zukünftig sein soll**. Wenn Sie nicht lernen, Ihre Erwartungen und Fantasien loszulassen, verpassen Sie die Liebe. Denn die gibt es immer nur in diesem Moment.

Leben Sie mit Ihrem Partner, nicht mit der Vorstellung von ihm

4. Gibt es jemand anderen?

Betrügen Sie Ihren Partner? Werden Sie betrogen? Real oder in der Fantasie? Sind Sie verletzt, weil Ihr Partner Ihnen so etwas angetan hat? Dann fehlt etwas in Ihrer Beziehung. Sie enthalten nicht nur Ihrem Partner etwas vor. Sie bringen auch sich selbst um das Gefühl von Ganzheit und Nähe. Es fehlt Ihnen beiden etwas. Deshalb sind Sie auch beide beteiligt. Sie haben Anteile Ihrer Person ausgelagert, nicht nur den Sex. Sie erledigen das eine da und das andere dort und sind doch nirgendwo ganz dabei. **Sie leben ein Bild von sich und nicht die Originalversion**. Natürlich können Sie sich in Schuldzuweisungen verstricken. Wer ist Opfer und wer Täter? Aber das bringt Sie nicht einen Schritt weiter. **Fragen Sie sich stattdessen, was da fehlt und wo Sie es verloren haben.** Suchen Sie in sich nach der fehlenden Lebendigkeit. Sonst trennen diese fehlenden Teile Sie vom Partner. Wann ist nur eine Frage der Zeit.

Betrug ist auch immer gegen sich selbst gerichtet

5. Haben Sie aufgegeben?

Das ganze Theater um die Liebe interessiert Sie nicht? Sie glauben nicht mehr daran? Sie haben resigniert, glauben nicht mehr an Veränderung oder sie ist Ihnen zu anstrengend? Sie bemühen sich, einen möglichst konfliktfreien Zustand aufrecht zu erhalten, gehen gesittet miteinander um und sich ansonsten aus dem Weg? Die Frage nach der Liebe in Ihrer Beziehung ist

Liebe macht Ihr Leben lebendig

keine Kleinigkeit. **Es geht um Ihr Leben.** Sie entscheiden, wie Sie es miteinander verbringen. Sie können aussteigen, innerlich und äußerlich. Sie können Ihren Partner verlassen. Doch das wird Ihr Leben nicht automatisch verbessern. **Die Liebe ist das entscheidende Merkmal** für Lebensqualität. Und Sie entscheiden, welche Bedeutung Sie ihr geben. Manchmal muss etwas erst unerträglich werden, bis dazu die Bereitschaft besteht. Dann können Sie sich entscheiden, ob Sie den alten immer gleichen Geschichten, Kämpfen und Begründungen für Ihr Unglück folgen. Oder ob Sie bereit sind, alles in einem neuen Licht zu sehen; sich selbst, den Partner, Ihr ganzes Leben. Gibt es eine Alternative zur Liebe?

Teil 4:
Partnersuche

Platz für Ihre Notizen

„Liebe zu sparen, ergibt keine Zinsen.“
(Mae West)

Liebe Leserin, lieber Leser,

sind Sie auf Partnersuche und wollen eine lebendige und liebevolle Partnerschaft? Das freut mich, denn ich weiß, dass eine spannende Zeit vor Ihnen liegt. Eine **Abenteuerreise mit vielen Erkenntnissen über sich selbst** und vielen neuen Kontakten. Vorausgesetzt, dass Sie mit der richtigen Einstellung aktiv werden. Bedenken Sie alle Menschen um Sie herum sehnen sich nach Liebe. Wirklich alle. Viele sind auf der Suche nach einem Menschen, zu dem sie gehören. Es ist weder ein Makel, noch etwas wofür man sich schämen muss.

„Ich bin Single“ ist eine Auszeichnung und zeigt, dass Sie zu sich stehen können und **eine Entscheidung getroffen** haben. Glauben Sie mir, viele Menschen werden Sie um diese Aussage beneiden. Jene, die es auch sind und überrascht sein werden, wie selbstverständlich Sie das sagen und Sie dafür leise bewundern. Jene, die in einer Beziehung leben, die sie nicht glücklich macht, sondern erschwert und sich nicht trauen zu gehen.

Nehmen Sie Ihr Leben tatkräftig in die Hand. Gehen Sie mit Liebe und Freude auf Menschen zu, Sie werden erleben, dass es sich lohnt. Genießen Sie eine **Entdeckungsreise von vielen Begegnungen** und lieben Sie die Menschen.
Es werden Ihnen ängstliche, witzige, traurige, interessante, verunsicherte, einsame und liebenswerte Menschen begegnen.

Gehen Sie **mit einem Lächeln auf jede dieser Personen zu** und wünschen Sie allen Gutes. Flirten Sie und erfahren Sie viel über diese Persönlichkeiten. Knüpfen Sie neue Kontakte und **finden Sie neue Freundschaften**.

Nutzen Sie die Möglichkeiten des Single-Daseins und genießen Sie die damit verbundene Freiheit genau hinzuschauen.

Viel Freude bei dem wundervollen Abenteuer, vielen Menschen zu begegnen.

Alles Liebe
Ihre

Claudia Bayerl

Platz für Ihre Notizen

Eric Hegmann

Keine Furcht vor neuen Kontakten

Jede neue Liebe und jeder Flirt beginnt mit einer Kontaktaufnahme. Sie wissen, wie einfach es sein kann. Dennoch stehen Sie sich dabei manchmal selbst im Weg. Verhindern Zögern, Furcht vor Zurückweisung oder Ihre eigenen Erwartungen das Kennenlernen interessanter Menschen? Lassen Sie uns Ihnen die Freude an neuen Erfahrungen zurückgeben!

Der Autor

Eric Hegmann

Der Wahl-Hamburger Eric Hegmann, Jahrgang 1966, lebt und arbeitet seit über 20 Jahren als Journalist und Autor in der Hansestadt. Seit 2006 unterstützt er Online Portale als Single-Coach und Online Dating Experte. Nach einer journalistischen Ausbildung arbeitete er in leitenden Positionen für Verlagshäuser wie Gruner & Jahr, Verlagsgruppe Milchstrasse oder Heinrich Bauer Verlag. Er veröffentlichte zahlreiche Longseller rund um Partnersuche und Partnerschaft: „Die Traumprinz-Falle“, „Die DatingDocs“ (Goldmann) oder auch „Online Dating 50+“ (mvg) entstanden in Zusammenarbeit mit der Diplom-Psychologin Lisa Fischbach. Alle Ratgeber sind auch als eBooks erhältlich.

Partnersuche: So finden Sie den passenden Partner

Partnersuche ist individuell. Deshalb gibt es nicht den einen Tipp, der für jeden passt. Sie müssen für sich entscheiden, welche Strategie Ihnen liegt. Dazu sollten Sie jedoch bereit sein, alte Muster zu durchbrechen und Neues auszuprobieren. Leider gibt es keinen Grund, weshalb eine lange Zeit erfolglose Strategie irgendwann zum Erfolg führen wird. Gerade das Muster „mehr desselben", also die Bemühungen nur zu intensivieren statt sie zu hinterfragen und neue Wege zu gehen, sorgt für einen Kreislauf von Frustration, der Sie zermürben und deprimieren wird. Dies wiederum wird Sie nicht als den positiven, lebenslustigen, neugierigen Menschen auf andere wirken lassen, der attraktiv und anziehend erscheint. „Pessimisten küsst man nicht!", schrieb Martin Seligmann und gerade bei der Partnersuche stimmt diese Aussage unbedingt. Studien belegen: **Wichtiger als Attraktivität ist die Ausstrahlung und Haltung** eines neuen Kontaktes.

Wenn es denn doch eine Regel gibt, die für alle partnersuchenden Singles passt: **Seien Sie selbst der liebenswerte Mensch, den Sie sich für eine Beziehung wünschen.** Vermutlich werden Sie dann sogar weniger selbst suchen sondern rasch gefunden werden. Aber ich will Ihnen nichts vormachen: Um einen **passenden Partner zu finden, müssen Sie selbst aktiv werden und offen sein, neue Menschen kennenzulernen**. Daran führt kein Weg vorbei. Das kann zum Beispiel bedeuten, dass Sie die U-Bahn, mit der Sie morgens ins Büro fahren, in Ihr persönliches Flirtrevier verwandeln, oder aber dass Sie Ihre Freunde bitten, Ihnen alleinstehende Freunde und Bekannte vorzustellen, sei es als arrangiertes Blind-Date oder auf einer Party. Möglichkeiten gibt es viele. Allerdings sind sie nicht alle vielversprechend. Sehen wir uns daher zunächst an, welche Gelegenheiten die meisten Singles laut einer Umfrage als aussichtsreich bewerten: Ganz oben in der Liste stehen tatsächlich Bekannte und Freunde. Über 70 Prozent der deutschen Singles sind der Meinung, dass ihr soziales Netz der beste Kuppler sei. Das ist leicht nachzuvollziehen. Da sich die meisten Menschen nach einem ähnlichen Partner sehnen, ist der gemeinsame Freundeskreis bereits eine wichtige Gemeinsamkeit, die Sicherheit vermittelt. Daher erstaunt es

suche nichts, was du nicht bieten kannst

Wo ich meinen Partner finden kann

keineswegs, dass Paare auf die Frage, wo Sie ihren derzeitigen Partner getroffen haben, am häufigsten (25 Prozent) antworten: im **Bekannten- und Freundeskreis**. Die Erwartungshaltung an Freunde ist also zu Recht hoch – wenn auch oft zu hoch. **Beim Ausgehen** hoffen immerhin knapp über die Hälfte aller Singles auf die größten Chancen, einen neuen Partner zu finden. Jedoch hat sich diese Hoffnung nur für 20 Prozent der Befragten tatsächlich erfüllt. **Der Arbeitsplatz**, allein weil die meisten Menschen dort einen Großteil ihrer Zeit verbringen, ist für 36 Prozent der aussichtsreichste Partnervermittler, was 15 Prozent der Paare bestätigen. Auf Platz vier steht **das Internet**, worauf 30 Prozent der Singles hoffen. Gelohnt hat sich die Partnersuche mit diesem Medium immerhin bereits für knapp 13 Prozent.

Ähnliche Eigenschaften ziehen sich an

Weswegen ist es denn nun überhaupt relevant, sich über das „Jagdrevier" Gedanken zu machen? Ganz einfach: Weil Sie in einem Karpfenteich niemals einen Lachs angeln würden. **„Gleich und gleich gesellt sich gern"**, wusste bereits vor Jahrhunderten der Volksmund. Tatsächlich verlieben wir uns am **ehesten in Menschen, die uns ähnlich sind** (oder die wir für ähnlich halten). Hierbei geht es vor allem um **Wertvorstellungen, Herkunft, Interessen, Intelligenz und die Persönlichkeit**. Das ist leicht verständlich: Ohne beispielsweise ein **ähnliches Kommunikationsvermögen** werden sich die Partner bei der Austragung und Bewältigung von Konflikten schwerer tun als solche, die **eine gemeinsame Sprache sprechen**. Aber auch Menschen **gleicher Herkunft, deren Familiengefüge** also dem unsrigen vergleichbar sind, sind uns **auf Anhieb sympathisch**. Weitere Anziehungspunkte sind Parallelen in der **Erziehung**, eine gleiche **Geschwisterrolle** oder ähnliche **Erlebniswelten**, ebenso ein vergleichbarer **ethnischer Hintergrund**. Bei einigen Faktoren, die wir in eine Beziehung einbringen, greift diese Gleichheitsregel allerdings nicht. Zwar ist unbestreitbar, dass große Gegensätze zu Spannungen führen. So wird sich ein **sehr introvertierter Mensch mit einem extrem extrovertierten Partner im täglichen Umgang schwer tun**, weil dessen Verhalten beinahe zwangsläufig zu einer Einschränkung seiner eigenen Verhaltensweisen führen muss. Doch sind diese gegensätzlichen Eigenschaften nur mäßig ausgeprägt, besteht sehr wohl die Chance, dass sich die Partner nicht gegenseitig beschränken, sondern sich im Gegenteil ergänzen und somit bereichern. **Gegensätze ziehen sich also durchaus an.** Vor allem **in sexueller Hinsicht kann das aufregend sein** – jedoch meist nur für kurze Zeit. **Für eine langfristige und harmonische Partnerschaft sind vor allem die Ähnlichkeiten von Bedeutung**. Eine ausgewogene Mischung aus Ähnlichkeiten und Ergänzungen wird eine Partnerschaft lange harmonisch, ausgeglichen und dennoch spannend halten. Aber selbst wenn Sie und Ihr Partner sich in Ihrem Verhalten und Empfinden stark unterscheiden, ist es dennoch möglich, eine befriedigende Beziehung zu führen. Langzeitstudien belegen allerdings, dass Sie hierfür einiges an Arbeit investieren müssen.

Gleichgesinntes hält länger

Freundeskreis

Erfolg versprechende Jagdreviere, um einen Partner zu finden, sind nach wie vor der eigene Freundeskreis und die Freunde der eigenen Freunde. Denn wird Ihnen von Freunden jemand vorgestellt, besitzen Sie bereits einen gemeinsamen Nenner: **die gleiche Bezugsperson**. Und die mag offensichtlich sowohl Sie als auch Ihren neuen Bekannten, was schon mal gegenseitiges Vertrauen weckt. Eine weitere charmante Möglichkeit, neue Menschen kennenzulernen, ist z.B. das **von Freunden organisierte Blind Date**. Wenn sich ein Paar mit einem Single in einem Restaurant verabredet, ist es zum Beispiel in Teilen Nordamerikas üblich, für den Alleinstehenden einen weiteren Single aus dem eigenen Freundeskreis einzuladen. Das ist eine nette Geste des Paares und gleichzeitig eine großartige Gelegenheit, in ungezwungener Umgebung neue Bekanntschaften zu schließen.

Kontakte sind auch eine Chance für Freundeskreis

Beruf

Partnervermittler Nummer zwei ist der **Arbeitsplatz**. Manchmal ist es der Kollege im Großraumbüro, der Ihren Herzschlag beschleunigt, oder die neue Kollegin aus der Marketingabteilung, die Sie mittags immer in der Kantine sehen. Ein Grund dafür, dass sich Kontakte im Job so einfach knüpfen lassen, ist: **Sie geschehen in vertrauter Atmosphäre**, was uns mehr Sicherheit und dadurch eine selbstbewusste und attraktive Ausstrahlung gibt. Außerdem stellt der Beruf bereits eine **verbindende Gemein-**

Arbeitsplatz bietet gute Kontakte

samkeit dar, auf der selbst sehr schüchterne und zögerliche Menschen einfach aufbauen können. Statistisch gesehen werden gut 20 Prozent aller Partnerschaften am Arbeitsplatz geschlossen – und für diese Möglichkeit sollten Sie zumindest offen sein.

Ausgehen

Zu Hause können Sie lange, vermutlich sogar vergeblich auf einen neuen Partner warten. Er wird nämlich ganz bestimmt nicht eines Tages bei Ihnen klingeln. Sie müssen schon vor die Tür treten und etwas tun. Zwar verlieren heute ehemalige Klassiker wie Bars und Cafés, Clubs und Tanzkurse gegenüber der Online-Partnersuche an Boden, aber aussichtsreich sind sie dennoch – wenn Sie dabei überlegt vorgehen. Um im Café **jemanden am Nebentisch anzusprechen, bedarf es Spontaneität und** einer gewissen Portion **Mut**. Wenn Sie über beides verfügen, dann tun Sie es! Suchen Sie sich ein Lokal, in dem Sie sich wohlfühlen und von dessen Gästen Sie denken, dass Sie auf Ihrer Wellenlänge liegen. Es ist sinnlos, sich als Frau in eine Fußballkneipe zu setzen, nur weil dort viele Männer sind, wenn Sie mit diesem Sport und den Fans nichts anfangen können. **Signalisieren Sie durch Ihre Körperhaltung und Ihr Auftreten Offenheit**, laden Sie andere zum Gespräch ein, **seien Sie freundlich und charmant** – Sie werden ganz sicher rasch neue Kontakte knüpfen.

Wählen Sie überlegt die Orte, wo Sie den richtigen Partner finden

Online-Dating

Flirten übers Internet

Treffen Sie Menschen, denen Sie sonst nie begegnet wären! Online-Partneragenturen und Dating-Plattformen haben längst den exotischen Status verloren, den sie vor einigen Jahren noch hatten. Einer der Gründe, dass immer mehr Singles die Suche im Internet wagen, ist, dass sich tatsächlich sehr viele Paare in den letzten Jahren über dieses Medium gefunden haben. Diese scheuen sich heutzutage auch nicht mehr, darüber zu sprechen. Inzwischen kennt vor allem in den größeren Städten jeder einen Menschen, der auf diesem Weg eine neue Liebe gefunden hat. In etwa lassen sich die gängigen Internetangebote in vier Gruppen unterteilen: Zum einen gibt es **Dating-Angebote**, die wie Kontaktanzeigen im Internet funktionieren und

Unter www.bedienungsanleitung-liebe.de finden Sie Kontaktmöglichkeiten

hauptsächlich von Singles zwischen 18 un Anfang 30 genutzt werden. Überwiegend 30 Jahre und älter sind die Nutzer von **Partneragenturen**, die sich auf die Vermittlung von langfristigen Beziehungen spezialisiert haben. An Bedeutung zugenommen haben außerdem **Social Networks**.

Zehn Tipps für Ihre erfolgreiche Partnersuche

1. Finden Sie zunächst sich selbst

Finden Sie heraus, **welche Beziehung Sie glücklich machen kann** und was Sie selbst **in eine Partnerschaft investieren wollen** und können. Erst dann überlegen Sie sich, **welche Ansprüche Sie an einen Partner stellen**, und formulieren Sie die Aspekte, die Ihnen für **eine harmonische Beziehung wichtig sind** und auf die Sie nicht verzichten möchten.

beantworten Sie sich vorab ein paar wichtige Fragen

Statistisch gesehen benötigen die meisten **Singles zwischen drei und zwölf Monate, um einen Partner zu finden**. Dies sind in der Regel Personen, die **aktiv auf andere zugehen, offen sind für neue Erfahrungen und positiv formulieren** können, was sie sich für eine Partnerschaft erhoffen. Die Gruppe jener, die länger als ein Jahr sucht, hat häufig aus negativen Erfahrungen heraus bereits **einen pessimistischen Blick entwickelt** und formuliert eher, was sie an **einem Partner nicht akzeptieren** können.

Langzeit-Singles, die über 18 oder 24 Monate bereits auf Partnersuche sind, hängen häufig in einem Muster aus erfolglosen Bemühungen fest. Entweder verfolgen sie die Strategie „Mehr desselben“ statt „Etwas anderes“ oder ihre Erwartungshaltung generiert die sich **selbst erfüllende Prophezeiung**: „Das Date wird bestimmt wieder ein Reinfall.“ Je verzweifelter ein Single wird, umso mehr greift dann die Regel **„Pessimisten küsst man nicht!“** und eine erfolgreiche Partnersuche ist ohne Hilfe von extern oder einem grundlegenden Überdenken der Suchstrategie wenig aussichtsreich. Leider gibt es keinen Grund, dass, wenn eine Strategie über lange Zeit hinweg erfolglos blieb, diese plötzlich erfolgreich werden wird. Dies belegen auch aktuelle Studien und Umfragen: Von fünf befragten Singles antworten drei,

positiv auf Partnersuche gehen, sonst erfüllen sich Ihre Befürchtungen dass sie vermuten, sie **stünden sich selbst im Weg bei der Partnersuche**. In der Praxis lässt sich sagen: Es sind vermutlich vier von fünf. Es ist sicher zu streng zu sagen, dass jemand, der selbst so liebenswürdig ist, wie er sich seinen Partner wünscht, garantiert nicht lange Single bleiben wird, doch bis auf wenige Ausnahmen **geraten eben nicht wir an die Falschen, sondern wir wählen selbst falsch**.

2. Ihr Beziehungspotential

Im nächsten Schritt prüfen Sie, **was Sie selbst in eine Beziehung einbringen wollen** und können. **Erfolg versprechend ist, selbst so liebenswert zu sein wie die Person, mit der Sie eine Beziehung führen möchten**.

Seien Sie selbst der Partner, den Sie sich wünschen

Viele Singles äußern beim Coaching den Wunsch, ihr Leben wie bisher weiter zu führen. Der Wunschpartner ist der, der Sie liebt, wie Sie sind und Sie nicht ändern und formen will. Wer eine neue Partnerschaft sucht, muss **offen sein für neue Erfahrungen und bereit sein, sein Leben mit einer anderen Person zu teilen**. Dies geht zwangsläufig mit einer **Änderung der Lebensumstände einher**. Wer das ablehnt, bringt eine neue Beziehung nicht genug ein, um daraus eine langfristige, ausgeglichene und harmonische Partnerschaft zu entwickeln. Umgekehrt wären Sie ja ebenso vorsichtig, wenn Ihr neuer Kontakt sofort Grenzen setzt, die Sie nicht überschreiten dürfen, weil sich dadurch sein Leben ändern würde.

Wichtig: Ihre Veränderungs-Bereitschaft

3. Kommunikation ist, was Ihr Gegenüber versteht

Überprüfen Sie, vielleicht mit Hilfe einer Freundin oder eines Freundes, **Ihre Wirkung auf andere**. Inwieweit stimmt **Ihr Selbstbild mit dem Fremdbild**, das andere von Ihnen haben, **überein**? Stellen Sie sich kleiner dar als Sie sind? Viele Singles vermuten in vermeintlichen Schwächen echte Beziehungsverhinderer, dabei erscheinen anderen diese Schwächen vielleicht sogar als Stärken!

Stimmt Ihr Selbstbild mit Ihrem Fremdbild überein?

Wir kommunizieren auf unterschiedlichen Ebenen miteinander, die je nach Wahrnehmung von Ihrem Gegenüber ganz anders interpretiert werden können, als Sie das gemeint haben oder sogar als Ihnen überhaupt in den Sinn kam. Bedenken Sie also immer, dass aus einem anderen Blickwinkel heraus, jede Ihrer Aktionen unterschiedlich bewertet wird.

Wir kommunizieren immer: mit Worten, mit Gestik, Mimik, Körperhaltung. Sogar wenn wir uns in einer Situation befinden, in der wir vermeintlich nicht kommunizieren, sagen wir damit unserer Umwelt etwas.

Kommunikation ist mehr als Worte

Ein Beispiel: Sie sind ein wenig schüchtern und halten Small-Talk außerdem für überflüssig. In Gesellschaft fühlen Sie sich nicht unwohl, jedoch platzieren Sie sich eher abseits. Wenn Sie sich dann auf einer Party muntere und erfolgreiche Extrovertierte sehen, fürchten Sie, alle finden Sie langweilig. Diese Wirkung können Sie tatsächlich auf andere haben. Vielleicht aber halten Sie andere auch für einen Snob. Oder das Gegenteil ist der Fall. Schweigsame Personen gelten vielen Menschen als gute Zuhörer, die verbindliche und tiefe Gespräche suchen. **Einzig Ihre Haltung** wird in einer solchen Situation den Unterschied ausmachen, **ob jemand auf Sie zukommen und ein Gespräch suchen** wird oder ob Sie den Abend allein verbringen, weil sich andere von Ihnen abgelehnt fühlen.

Ihre Haltung signalisiert Ihren Kontaktwunsch

4. Die für Sie passenden Kontaktmöglichkeiten finden

Sie finden eine Forelle nicht im Karpfenteich. Wenn Sie also wissen, welchen Fisch Sie gerne angeln würden, **müssen Sie dorthin gehen, wo dieser sich gerne und häufig aufhält**.

Die Forschung ist sich weitgehend einig: **Ähnlichkeiten sind die Grundlage einer langfristig harmonischen Partnerschaft und Unterschiede**, am besten Ergänzungen, **sind die Würze, die ihr Spannung verleihen** und eine **Weiterentwicklung des Wir-Gefühls fördern**. Für die Partnersuche bedeutet dies, dass Sie erfolgreicher sein werden, wenn Sie **neue Kontakte in einem Umfeld suchen, das Ihnen vertraut ist und das Sie mögen**.

Ähnlichkeiten sind Basis für harmonische Beziehung

Aktive und **selbstbewusste Singles wirken attraktiv und begehrenswert**. Es ist also ein guter Weg, auf Basis der eigenen Interessen, Aktivitäten und Unternehmungen zu versuchen, die neue Kontakte ermöglichen. **Sportliche Singles** können sich beispielsweise einer **Laufgruppe** anschließen, andere

Unterschiede ergeben Würze und ermöglichen Weiterentwicklung engagieren sich lieber **sozial oder in Vereinen und Verbänden**. **Ein gemeinsames Interesse verbindet** und sorgt sofort für einen **Grad der Vertrautheit**, der zu einem **Zusammengehörigkeitsgefühl reifen kann**. Vereinfacht gilt dies auch für Ihre Suchstrategie: Sie finden One Night Stands an anderen Orten und in anderen Situationen als den Partner für eine langfristige Beziehung. Hoffen Sie besser **nicht darauf, dass aus einer sexuellen Affäre eine Partnerschaft wird**: Statistisch stehen die **Chancen schlecht**, was nicht heißen muss, dass es bei Ihnen ebenso verläuft. Aber schon weil die Männer, die für eine Affäre toll sind, meist kein Beziehungsmaterial darstellen, ist zuviel Engagement häufig Zeitverschwendung.

5. Durchbrechen Sie Muster

Leider ist es so: Eine **Strategie, die lange Zeit erfolglos blieb, wird nicht erfolgreich, wenn Sie ihr treu bleiben** und sich nur noch mehr anstrengen. Im Gegenteil werden die negativen Erfahrungen Sie mutloser und verzweifelter machen. **Suchen Sie Wege, die für Sie Neuland darstellen** und probieren Sie aus, wie Sie in solchen Situationen ankommen.
Es ist die berühmte und zurecht gefürchtete **sich selbst erfüllende Prophezeiung**: Sobald Sie denken „Das wird wieder nichts“ haben Sie den Ausgang des Dates bereits beschrieben. So falsch es ist, mit zu hohen Erwartungen an ein Treffen zu gehen, welches dann zwangsläufig enttäuschen muss, so wenig erfolgreich ist es, mit dem Schlimmsten zu rechnen. Der Grund: Egal wie viel Mühe Sie sich geben, Sie werden durch **Ihre Körpersprache, Ihre Haltung** und viele kleine unbewusste Signale Ihrem Gegenüber **zu verstehen geben, was Sie sich erwarten**. Deswegen überprüfen Sie, wenn Sie lange erfolglos suchten, ob Sie ein Muster erkennen. Beispielsweise scheitern **viele neue Kontakte zwischen der zweiten und sechsten Woche**. Ein Grund kann sein, dass ein Single nach einer euphorischen Phase nun **akribisch nach Fehlern sucht**. Die wird er gewiss auch finden, denn niemand ist perfekt. Falls Sie ein solches Muster bei sich erkennen können, haben Sie vielleicht **mehr Angst vor Nähe als Ihnen selbst bewusst ist**. Eine neue Strategie hingegen bringt oft ans Licht, was

Viele Kontakte scheitern in der 2.-6. Woche
Grund: Angst vor Nähe

Sie zuvor übersehen hatten. Z.B. die vielen Männer oder Frauen, die an Ihnen interessiert sind und die Sie zuvor gar nicht wahrgenommen hatten. **Das Internet ermöglicht** beispielsweise **Kontakte zu knüpfen**, die innerhalb Ihres sozialen Netzes und Ihren Aktivitäten nicht zustande gekommen wären. Umgekehrt sollten Sie es nicht bei einem Profil in einer Partneragentur belassen, sondern auch **aktiv im wahren Leben auf andere zugehen** und neue Kontakte suchen.

6. Seien Sie selbstbewusst

Bedürftigkeit ist der Flirtkiller Nummer eins. Nur besonders karitative Charaktere mögen einen Partner, den sie erst "erretten". **Wer sich selbst mag, kann akzeptieren und erwarten, gemocht zu werden**. Dazu gehört auch eine gewisse **Leichtigkeit bei der Partnerwahl**. Wer verkrampft sucht, schreckt ab. Denn niemand möchte jemand anderes "Notnagel" sein.

Selbstliebe verleiht Leichtigkeit

Rückschläge bei der Partnersuche gehören dazu. **Zwischen drei und zwölf Treffen** benötigen rein statistisch gesehen **die meisten Singles, bis sie sich wieder binden**. Jedes dieser Treffen ist mit einem **hohen Aufwand** und vielleicht sogar mit einer **emotionalen Investition verbunden**. **Fehlschläge, Zurückweisung und Enttäuschung** werden irgendwann Spuren hinterlassen. **Da müssen Sie durch und da können Sie auch durch.** Denken Sie daran: Sobald sich beim passenden Partner das Verliebtsein-Gefühl einstellt, werden Sie die vorherigen Enttäuschungen garantiert als weniger dramatisch empfinden. Sie wissen das und Sie haben es selbst bereits erlebt. Lassen Sie sich also nicht entmutigen und bleiben Sie **auch nach einem Korb selbstbewusst und offen für neue Kontakte**. Die nächste Chance ergibt sich, sobald Sie nach ihr greifen. Gönnen Sie sich einen Flirt als Streicheleinheit für Ihr Selbstbewusstsein

Ø 3-12 Dates bis man Partner trifft

Fehlschläge gehören dazu. Wird mit neuer Liebe belohnt

7. Suchen Sie aktiv

Sie sind gewohnt, dass Ihr Gegenüber die Initiative übernimmt? Natürlich sollen Sie nichts tun, das Ihnen völlig widerspricht. Doch während Sie noch zögern, sind andere bereits erfolgreich. Deshalb: Probieren Sie aus, wie es ist, wenn Sie den ersten Schritt unternehmen.

Frauen und Männer, die eine Partnerschaft suchen, sagen zu gleichen Anteilen, nämlich je etwa **30 %, dass sie zu schüchtern sind, den ersten Schritt zu wagen**. Das klingt zunächst erschreckend und wenig ermutigend. Ganz besonders, wenn Sie selbst zu diesen etwas gehemmten Personen gehören.

Mut zur Partnersuche

Nun gehört **Mut zur Partnersuche** dazu. Ohne den werden Sie erfolglos bleiben. Daran lässt sich nichts ändern. Eventuell erleichtert Ihnen die Online-Partnersuche die erste Kontaktaufnahme zu wagen. Doch auch dort müssen Sie irgendwann das erste Treffen ansprechen und genug Mut aufbringen, um vom virtuellen zum realen Kennenlernen zu wechseln.

Vielleicht aber fällt es Ihnen ja leichter, Ihren Mut zusammen zu nehmen und den ersten Schritt zu wagen, wenn Sie sich vor Augen halten, wie groß **die Chance ist, auf einen ebenfalls schüchternen Menschen zu stoßen**, der **sehr dankbar und erfreut auf Sie und Ihren Mut reagieren wird**. Der weiß nämlich, wie schwer dies fällt und wird das zu honorieren wissen.

Bedenken Sie auch: **Weil so wenige Singles mutig sind, haben diejenigen die besten Chancen und die größte Auswahl, die etwas wagen**.

Frauen müssen genauso aktiv sein

Wenn Sie eine Frau sind und aufgrund Ihres Rollenverständnisses denken, der Mann müsse den ersten Schritt wagen und dies womöglich als Zeichen von verbindlichem Interesse deuten: Solche Regeln, wie sie beispielsweise von den US-Amerikanerinnen Ellen Fein und Sherrie Schneider in „The Rules“ aufgestellt wurden, stammen nicht nur aus einem anderen Dating-Kulturkreis, sie sind auch schlicht dumm und fallen unter die Rubrik „Spielchen spielen“. Bedenken Sie: Die Jäger, die so forsch den ersten Schritt unternehmen, sind nachher selten Partner, die das für eine Partnerin aufgeben werden. Die Grenzen von „Jagdinstinkt wecken“ und „als Zicke gelten“ liegen eng beieinander.

8. Suchen Sie nicht den perfekten Partner

Den gibt es nicht. Niemand ist perfekt, auch Sie nicht. Sorry.
Der **Traumprinz und die Traumprinzessin** klingen nicht von ungefähr nach Märchenfiguren: Es **gibt sie nämlich nicht**. Der Typ auf seinem weißen Gaul wird nicht vorbei geritten kommen. Punkt. Sie erleben mich in dieser Hinsicht als ein wenig ungeduldig. Meine Geduld habe ich in zu vielen Gesprächen verloren, in denen mir gleichermaßen frustrierte wie hoffnungsvolle Singles immer wieder sagten: „Ich weiß, aber ..." Oh ja, es gibt Menschen, die perfekt zu Ihnen passen, weil Sie beide die richtige Mischung aus Ähnlichkeiten und Unterschieden vereint, **doch es gibt weder Mr. noch Mrs. Perfect**. Ein häufig beobachtetes Phänomen beim Coaching oder auch therapeutischen Gesprächen ist der vermeintliche Eindruck mancher Singles, die Auswahl an potenziellen Partnern sei riesig und ein besserer Kandidat würde an der nächsten Ecke oder beim Online-Dating nach dem nächsten Klick auf Sie warten. Tun Sie sich und Ihren Mitmenschen einen Gefallen: Vergessen Sie das. Mit dem **nächsten Kandidaten tauschen Sie nur andere Schwächen ein**. Vielleicht können Sie sich ja doch mit dem ein oder anderen Aspekt, den Sie zuvor ausgeschlossen haben, arrangieren. Außerdem ist **jede Partnerschaft ein Tauschgeschäft**. Weshalb nicht in der Kennenlernphase damit beginnen?

Goodbye Mr. + Mrs. Perfect!

9. Von Rückschlägen nicht entmutigen lassen

Körbe gehören zum Dating dazu. Das lässt sich nicht ändern. **Trauern Sie keinen Absagen hinterher**, sondern blicken Sie nach vorne.
Je länger Sie in einen **vergeblichen Kontakt** oder auch **in eine gescheiterte Beziehung investieren**, umso länger ist **Ihr Blick für passendere Kandidaten verstellt**. Das heißt nicht, dass Sie sofort aufgeben sollen, wenn nicht alles nach Plan läuft (siehe Tipp 10). Doch gerade das „nicht-loslassen-können" macht so vielen Singles das Leben schwerer als nötig. Wenn **Ihr neuer Kontakt zögerlich** oder unentschlossen ist: **setzen Sie sich und ihm eine Frist**. Beginnen Sie erst gar nicht, kurze SMS-Texte als

Lassen Sie los „wer" nicht verbindlich ist

halten Sie sich nicht an Strohhalmen fest

vermeintliche Liebeserklärungen zu deuten oder sich **an kleine Zuwendungen wie Strohhalme zu klammern, während die großen ausbleiben**. Wenn Sie das Gefühl haben, da stimmt etwas nicht, dann stimmt meist auch etwas nicht. Das bedeutet: **Ein Kontakt, der sich unverbindlich gibt**, ist mit allergrößter Wahrscheinlichkeit **nicht an einer Beziehung mit Ihnen interessiert**. Auch dann nicht, wenn er freundlich und nett zu Ihnen ist. Vermutlich will er Sie nur nicht verletzen und/oder scheut die Situation, in der Ihnen klar und deutlich „nein“ sagen muss.

10. Gönnen Sie sich (und ihm) öfter eine zweite Chance

Die gute Nachricht: Die **Liebe auf den ersten Blick** gibt es. Die schlechte: Fast immer handelt es sich **dabei um sexuelle Anziehungskraft** und niemals um einen Wink des Schicksals.

Liebe auf den 1. Blick ist oft nur sexuelle Anziehungskraft

Ich erlebe bei der Partnersuche vor allem zwei Gruppen, die ich der Verständlichkeit wegen in ihrer jeweils extremen Ausprägung beschreiben möchte: Die eine ist die Gruppe der **schicksalsorientierten Singles**. Diese Menschen glauben und **erwarten die Liebe auf den ersten Blick**. Da fliegen Schmetterlinge, die Luft knistert, die Beine schwanken, das Herz schlägt schneller. Biochemisch bedeutet dies: **Der Hormon-Cocktail**, der uns Euphorie und Ekstase spüren lässt, wurde gerührt und geschüttelt und lässt uns trunken vor Leidenschaft die Welt mit neuen Augen sehen. Dieses Gefühl ist derart fantastisch, dass unser Belohnungszentrum nur eines signalisiert: bitte noch einmal.

Schicksals-orientierte Singles warten auf Hormon-Cocktail

Die zweite Gruppe ist die der **wachstumsorientierten Singles**. Diese Menschen **benötigen Vertrauen**, um sich einem Menschen öffnen zu können. Sie setzen auf eine einander aufbauende Zuneigung, aus der **durch Gemeinsamkeit Liebe entstehen kann**. **Das Gefühl**, den anderen nicht mehr missen zu können, entsteht hier langsam und **aus der Gewohnheit**. Es steigert sich **von freundschaftlichem Umgang zu liebevollem Miteinander**. Die Botenstoffe, die durch Intimität und Sex erzeugt werden, führen zu einer dauerhaften Bindung, ähnlich der Bindung eines Kindes an seine Mutter.

Wachstums-orientierte Singles benötigen Vertrauen und geben eine 2. Chance

Meine Überzeugung ist, dass der Mensch, um wirklich glücklich zu sein, **beide Erfahrungen benötigt: das Feuerwerk** ebenso wie **die lang anhaltende Glut**. Es gibt hier kein gut oder schlecht, kein falsch oder richtig, sondern nur, **was sich für beide Partner richtig anfühlt**. Nicht aus jedem Kontakt muss eine Beziehung wachsen und Affären können das Leben bereichern.

Wenn Sie eine Beziehung suchen, sollten Sie Lust und Liebe und deren Unterschiede kennen. Die meisten Paare sagen, dass ihr erstes Kennenlernen nicht zu tektonischen Plattenverschiebungen geführt hatte. Und immer noch lernen sich die meisten Paare über den Beruf oder Freundeskreis kennen: ein Indiz, dass sich Liebe eben doch meist **langsam entwickelt durch Vertrauen und wachsende Zuneigung** und **durch gemeinsame Erlebnisse**, die ein Wir-Gefühl entstehen lassen. Das klappt selten beim ersten Date.

Eine kleine Flirtschule

Was ist Flirten? Eine **spielerische Kontaktaufnahme mit unbestimmtem Ausgang**, die eine erotische Komponente haben kann, aber nicht muss. Flirten ist die schönste Art, mit einem Menschen in Kontakt zu treten. Leider ist es für viele auch eine **schwierige Kunst, es fehlt an Lockerheit, an Erfahrung**. Keine Sorge: Diese Tipps helfen.

Eines ist wichtig: Beim Flirten geht es nicht nur darum, sich zu verlieben. Flirten ist eine besondere Form der Kontaktaufnahme, und das nicht nur allein zum Zweck einer Beziehung. **Wer viel und gern flirtet, hat einfach mehr Erfolg: im Job, im Alltag, in allen sozialen Beziehungen**.

1. Authentisch bleiben

Viele möchten ihrem Objekt der Begierde so sehr gefallen, dass sie beim **Flirten aus Unsicherheit eine Rolle spielen**. Das kann nicht dauerhaft funktionieren: **Bleiben Sie Sie selbst!** Wer zu sich steht, **wirkt natürlicher und damit automatisch anziehender**.

Spielen Sie nicht eine Rolle, bleiben Sie authentisch

2. Respekt und Neugierde

beide Partner sollen sich wohlfühlen

Einen guten Kontakt zu anderen Menschen bauen Sie am besten durch eine **respektvolle Neugierde auf**. Geben Sie Ihrem Gegenüber das Gefühl, dass Sie **sich wohlfühlen** und es Ihnen wichtig ist, dass **er sich auch wohlfühlt**.

3. Blickkontakt und Einladung abwarten

Blickkontakt und Lächeln sind eine Einladung

Signalisieren Sie Interesse, indem Sie ihm **in die Augen blicken**. Häufig reagiert der andere zunächst verunsichert und schaut kurz zur Seite. Wird der Blick dann aber erwidert und **sogar noch gelächelt, gilt das als Einladung für einen Kontakt**. Ohne Einladung sollten Sie nicht vorpreschen, denn Ihr Gegenüber wird sich überfahren fühlen.

4. Mit Mut gegen die Grübelfalle

Ran an die Freude

Mut gehört dazu. Wagen Sie den ersten Schritt, sonst überlassen Sie allen anderen das Feld. Wenn Sie zu lange über den richtigen Spruch grübeln, verlieren Sie Ihren Vorsprung. Dann wird es meist schwierig, die Kurve zu kriegen und einen Kontakt herzustellen. Und haben Sie keine Angst vor einem Korb. Wenn Sie die ersten Tipps beherzigt haben, werden Sie eine ebenso **freundliche Reaktion erhalten**.

5. Der Ton entscheidet

natürlicher Auftritt charmant und freundlich

Für den **ersten Eindruck zählen Auftreten, Gestik, Mimik und Stimme** zu mehr als 90 Prozent. Deshalb vergessen Sie Anmachsprüche, mit denen Sie im Zweifel sowieso nur verkrampft ankommen. Ein **charmantes "Hallo"** zeigt viel mehr Wirkung als ein gewollt witziger Kommentar. Beim Flirten geht es darum, wie Sie etwas sagen – nicht was.

6. Komplimente sind toll

ehrliche Komplimente richtig dosiert

Ein Kompliment ist ein toller Gesprächseinstieg. Aber: nicht übertreiben! Gerade weniger selbstbewusste Menschen fühlen sich dadurch womöglich auf den Arm genommen. Je größer das Kompliment, desto schwieriger kann der andere es annehmen. Das Beste sind **kleine Aufmerksamkeiten** aus der Situation heraus.

7. Ein Flirt ist kein Verhör

Wenn sich Menschen noch nicht kennen, kommunizieren sie unsicherer als sonst. **Stellen Sie Fragen. So fühlt der andere echtes Interesse**. Und Fragen sorgen für weiteren Gesprächsstoff. Lassen Sie Ihrem **Gegenüber die Zeit, selbst Fragen zu stellen** und achten Sie darauf, dass Gespräch nicht zu dominieren.

bleiben Sie im Dialog. Beide kommen zu Wort.

8. Humor muss sein

Seien Sie humorvoll und nehmen Sie **weder sich noch die Situation zu ernst**. Dazu gehört auch, dass Sie früh fair und respektvoll einen Kontakt abbrechen, der Ihnen nicht zusagt, bevor Ihr Gegenüber Feuer fängt.

Locker, entspannt, humorvoll ans Ziel

9. Körpersprache beachten

Die Körpersprache verrät dem geübten Zuschauer viel über Emotionen und Stimmung. **Zugewandte Haltung, intensiver Blick, flüchtige Berührungen, durchs Haar streichen – das bedeutet Interesse**. Sie können Ihre Körpersprache auch bewusst einsetzen. Aber drängen Sie sich nicht auf, weder körperlich noch als Gesprächspartner.

Locker, entspannt, humorvoll ans Ziel

10. Ein Flirt ist kein Versprechen

Sie gehen keine Verpflichtung bei einem Flirt ein. Umgekehrt endet nicht jeder Flirt vor dem Traualtar. Nehmen Sie es entspannt: Sprechen Sie jemanden mit der **Einstellung an, nur ein paar Sätze wechseln zu wollen**. Freuen Sie sich auf ein **Lächeln als Belohnung**. Das allein wird Ihnen und Ihrem Selbstbewusstsein schon gut tun.

Flirten ist unverbindlich und schön

Unterstützung und Tipps bei der Partnersuche finden Sie unter:
www.bedienungsanleitung-liebe.de

@

Platz für Ihre Notizen

„Wer nicht mehr liebt und nicht mehr irrt, der lasse sich begraben."
(Johann Wolfgang von Goethe)

Liebe Leserin, lieber Leser,

die Spezies Mensch ist ein Ausnahmeexemplar. Während in der Tierwelt das Paarungs- und Balzverhalten genau geregelt ist, müssen wir es jedes Mal neu erfinden. Aber bei uns **geht es auch um mehr als um die Arterhaltung** und das Fortpflanzungsbedürfnis.

Wir sehnen uns nach Liebe. Nach **einem Zuhause bei einem Menschen**. Nach jemandem, der uns versteht und gut tut. Ein Gegenüber mit dem wir wachsen und lachen können. Wenn Liebe **auf Gegenseitigkeit beruht und Respekt und Vertrauen gelebt wird**. Und Sie können diese Wunschliste bestimmt noch erweitern.

Klar, dass dies nicht so einfach ist wie bei Kater und Katze. Aber dafür wird es auch richtig spannend. Profitieren Sie von Ihren gemachten Erfahrungen und betrachten Sie sie als kleine Schatzkisten. Sie haben ganz viele wichtige Informationen gesammelt, die Sie bei einer neuen Partnerschaft coachen können. Jede **gelebte Beziehung hat ganz viele Botschaften für uns**. Lesen Sie diese Nachrichten. Auch wenn es manchmal wie eine Geheimschrift wirkt, ist es hilfreich für uns und einen Neubeginn diesen Code zu knacken und für sich zu nutzen.

Liebe erlebt Ihre Erfüllung in der Begegnung. Das Wunderbare ist, dass wir als Single **vielen Menschen begegnen** können und alle unsere Sympathie und Aufmerksamkeit schenken dürfen. Was für eine schöne Gelegenheit, um seinen Freundeskreis zu erweitern, **neue Persönlichkeiten kennen zu lernen** und wieder zu lieben.

Hier finden Sie hilfreiche Tipps, wie wir auf uns selbst und auf neue Kontakte zugehen. Wie wir **Altlasten erkennen und daran arbeiten** können. Wenn Sie sich vor Nähe oder einer konkreten Verbindung scheuen, dann liefert der Artikel zehn konkrete Hilfestellungen dazu für Sie.

Alles Liebe
Ihre

Claudia Bayerl

Platz für Ihre Notizen

Dr. Maren R. Stephan

Erfolgskriterien der Partnersuche
Zehn Tipps, wie es bei Ihnen klappt!

Flirten, sich verlieben, Beziehungen eingehen sind heute intuitive Prozesse, die vorwiegend vom Bauchgefühl dominiert werden. Führt Sie Ihre Intuition aber in die partnerschaftliche Irre, kann es hilfreich sein die Ratio einzuschalten. Beachten Sie gewisse Erfolgskriterien der Partnersuche, haben Sie große Chancen diese Suche erfolgreich zu gestalten.

Die Autorin

Dr. Maren R. Stephan

Dr. Maren R. Stephan ist Geschäftsführerin der Firma Single Berater in Heidelberg. Single Berater ist gezielt auf die Beratung und Unterstützung von Singles und Partnersuchende ausgerichtet. Dr. Stephan ist regelmäßig als Fachexpertin in deutschen Medien gefragt und publiziert zu den Themen Single, Partnerschaft und Beziehung.

Maren Stephan studierte Betriebswirtschaft und Psychologie in Mannheim, Hagen, Regensburg und Barcelona. Ihre therapeutischen Tätigkeiten konzentrieren sich neben der Unterstützung von Singles bei der Partnersuche, auf Paar- und Sexualtherapie sowie Einzeltherapie. Im unternehmerischen Kontext bringt Maren Stephan Erfahrungen im Bereich Coaching, Human Resources und Consulting mit. Sie selbst ist verheiratet und hat Familie.

Single Gesellschaft?

Entwickeln wir uns zu einer Single-Gesellschaft? Headlines wie „35 Prozent der Bevölkerung sind Singles – mit steigender Tendenz“, „Ausweitung der Generation Single“, „die Welt auf dem Weg in die Single-Gesellschaft“ oder „die Single-Offensive“ suggerieren uns, der Single-Anteil an der Bevölkerung würde jetzt schon überwiegen und die Tendenz sei steigend. Beispielsweise werden zur Argumentation Zahlen von Allbus und Eurostat herangezogen. Hierbei liegt die Zahl von Alleinlebenden in Deutschland bei ca. 18 Prozent. Legen wir der Interpretation der Zahlen allerdings eine alltagssprachliche Definition des Begriffs Single zugrunde, nämlich die des Alleinstehenden, nicht in einer festen Partnerschaft lebenden Menschen, der zwischen 25 und 60 Jahren alt ist, lassen sich **lediglich ca. 8,5 Prozent Singles für Deutschland** ausmachen. Tatsächlich ist die **Zahl der Singles in den letzten Jahren gestiegen**! Und das betrifft hauptsächlich die jungen Singles zwischen 20 und 35 Jahren. Gründe hierfür lassen sich u.a. in der längeren Ausbildungsphase, der späteren Familiengründung und dem längeren Austesten von Beziehungen finden. Es gibt aber nicht mehr Singles, weil wir uns zu hedonistischen, egoistischen und verantwortungsscheuen Menschen entwickeln! Ganz im Gegenteil. Denn gerade in den letzten Jahren ist ein Wandel der Werte zu beobachten, **hin zu einem Familiensinn**, der von **Sicherheits- und Stabilitätsorientierung gekennzeichnet ist** und sich in dem **Wunsch nach langfristiger Partnerschaft äußert**. Das bedeutet, dass es heute wie auch zukünftig **echte Chancen auf eine Partnerschaft gibt**; für jeden der ernsthaft bereit dazu ist. Nun realisiert sich – trotz der positiven gesellschaftlichen Aussichten – bei manchen Menschen der Wunsch nach Partnerschaft jedoch nicht. Wenn Sie einen unerfüllten Wunsch nach Partnerschaft in sich tragen, fragen Sie sich sicherlich, warum das so ist, ob Sie zu viel arbeiten, zu unattraktiv sind oder schlichtweg Pech haben? Genau bei dieser Frage setzt der folgende Beitrag an. Ziel ist es, Ihnen Anregungen und Denkanstöße anzubieten, die Sie dabei unterstützen, einige grundlegende Hindernisse auszuräumen und Ihre Partnersuche erfolgreich zu machen.

Gute Nachrichten: Menschen wollen Partnerschaft

Trend geht zur langfristigen Partnerschaft

Zehn Tipps, wie Ihre Partnersuche erfolgreich wird

Partner klingelt nicht, werden Sie aktiv

Sind Sie bisher durch Ihr Leben gegangen, ohne dass es schon einmal gefunkt hat? Oder Sie haben sich verliebt, aber es wurde nichts daraus? Sie hatten schon viele Beziehungen, aber noch keine, die langfristig funktioniert hat? Sie fragen sich, wie es mit Ihnen weitergehen soll, ob Sie denn nie jemanden kennen lernen, mit dem es klappt? Sie fürchten sich davor, ewig allein zu bleiben und dann einsam alt zu werden?
Wenn Sie sich auch Fragen wie diese stellen oder Ihren aktuellen Status aus anderen Gründen als nicht optimal empfinden, dann haben Sie sich sicherlich eine Zeit lang mit den Worten wie „Ja, es wird schon irgendwann. Auch ich werde jemanden finden. Einfach abwarten und Tee trinken … etc" beruhigen können. Aber erst wenn Sie diese Phase hinter sich haben und schon langsam etwas nervös werden, dann werden Sie dazu bereit sein, **Ihre Energie zu bündeln, Ihren Mut zu fassen** und **die Partnersuche tatsächlich ernsthaft anzugehen.**

mit Mut und Energie auf Partnersuche

1. Starten Sie Ihr Projekt „Partnersuche"

Karrieren werden geplant, Partys werden organisiert, Urlaub wird vorbereitet. Nur von **unserem Liebesglück erwarten wir, dass es uns einfach „überrumpelt".** Ja, sicherlich, es ist Ihnen schon passiert, dass Sie sich ganz unerwartet in einer Geschichte verwickelt wiederfanden. Und sicherlich, Ihrer Freundin passiert das ständig und dem Bekannten Ihres Bekannten ist auch die Traumfrau über den Weg gelaufen, als er ganz andere Themen im Kopf hatte. Abgesehen davon, dass dafür eine ganz bestimmte Ausstrahlung und spezifische Bedingungen vorausgesetzt sind, ist das eben nicht der Standardfall. Daher ist es sinnvoll, dass Sie ein **Projekt „Partnersuche" starten und Ihr Liebesglück zu planen beginnen**.

Planen Sie Ihre Partnersuche

Starten Sie mit einer Budget- und Projektplanung. So vermeiden Sie, dass Sie Zeit mit unwesentlichen Schritten verschwenden und Ihr Geld für irrelevante Aktivitäten ausgeben. Definieren Sie Zwischenziele, wie z.B. oberflächliches Kennenlernen oder Small-Talk mit einem potentiellen Partner, ein erstes Treffen mit einem interessanten Menschen etc. Dabei sollten Sie Ihre **Zwischenziele nicht zu ehrgeizig gestalten**. Es geht in einem ersten Schritt nicht darum, sofort den Traumpartner zu finden. **Erlauben Sie sich Entwicklungsstillstände und auch Rückschläge**. Durchaus können Sie sich mal wieder ganz zurückziehen, es sich zu Hause auf der Couch bequem machen und bei Aktivitäten völlig den Kopf einziehen - nach dem Motto: „Bitte sprich mich nicht an!" Jeder Mensch hat auch mal Phasen, in denen er nicht gefordert werden möchte. Akzeptieren Sie diese Phasen und planen Sie am besten solche Zeiten der Nicht-Veränderung bereits zu Beginn Ihres Projektes ein. Aus Rückschlägen können Sie lernen, **Ihr Verhalten zu optimieren und sich gleichzeitig in Frustrations-Toleranz üben**. Der Gefahr, nach einigen erfolglosen Anfangsversuchen frustriert aufzugeben, können Sie damit vorbeugen. Sie können **unrealistische Erwartungen an sich selbst aufdecken**. Erfolge sowie Erfolgsursachen lassen sich leichter rekonstruieren. Nach und nach werden Sie **zum Profi für Ihre eigene Partnersuche**.

Projektplan zur Partnersuche erstellen

Das Projekt Partnersuche besteht **aus vielen kleinen Schritten und Zwischenzielen**. D.h. das **erste angestrebte Ziel sollte nicht direkt die Beziehung fürs ganze Leben sein**. Zu Beginn reicht schon ein kurzer unverbindlicher Kontakt im Supermarkt oder eine Verabredung mit einem netten Nachbarn, für den Sie bisher noch nie Zeit hatten. Feiern Sie Ihre Erfolge! **Welche Schritte** ein solcher Projektplan für Ihr Projekt Partnersuche beinhaltet, **hängt von Ihren Interessen**, **Ihrem Budget** und **Ihrer Zeit ab**. Entscheidend für den Erfolg Ihres Projektes und einer der initialen Schritte ist eine **sorgfältige Planung und die Umsetzung**!

2. Reflektieren Sie Ihre bisherigen Beziehungserfahrungen

Bevor Sie sich aber wild entschlossen in Ihre Partnersuche stürzen, bietet es sich an, **die Erfahrungen, die Sie in und mit vorherigen Beziehungen** gemacht haben, offen und **ehrlich zu reflektieren**. Treffen Sie immer wieder auf den Falschen? Verlieben Sie sich immer wieder in Menschen, mit denen Sie dann unglücklich sind? Verfallen Sie Personen, die keinerlei Interesse an Ihnen zeigen und Sie mit Ihren Gefühlen zurückweisen? Geraten Sie an Menschen, die bereits gebunden sind und nur zu ein bisschen Spaß mit Ihnen bereit sind? Oder finden Sie niemanden, der Sie begeistert? Keine Person ist interessant genug, sich ernsthaft darauf einzulassen?

Falls solche oder ähnliche Aussagen charakteristisch für Ihre vergangenen Beziehungserfahrungen sind, stellt sich zum einen die **Frage nach den Gründen, zum anderen aber auch die Frage nach den alternativen Partnerschaften**. Die Gründe können durchaus vielfältig sein, so dass sich die Ursachensuche oft als wenig befriedigend herausstellt. Um **Veränderungsmöglichkeiten zu identifizieren**, sind die **bisherigen Beziehungen und Partner jedoch detailliert zu untersuchen**. Fragen wie: Was waren die **Unterschiede und Gemeinsamkeit zwischen den bisherigen Partnern bzgl. Verhaltensweisen, Aussehen, Persönlichkeitseigenschaften**? Wie kamen die Beziehungen zustande? Welche Beziehungsmuster können erkannt werden? Welche Beziehungsdynamiken haben Sie mit den Partnern gelebt? Welche Konfliktpunkte oder gar Trennungsgründe standen regelmäßig im Vordergrund?

Wie verliefen die alten Partnerschaften

Wenn Sie sich mit diesen Fragen eingehend auseinandersetzen und die Kriterien prüfen, ist oft ganz schnell zu erkennen, welche Muster Sie bei Ihrer Partnerwahl beeinflussen. **Werden die zugrunde liegenden Beziehungsmuster bewusst, verlieren sie oft ihre Wirkung und Sie können aktiv gegensteuern**.

3. Finden Sie heraus, was Sie brauchen!

Klar, sicher, eigentlich wissen Sie genau, was Sie wollen. Nichts Spezielles, nichts Außergewöhnliches. Einen **ganz normalen Mann**, mit dem Sie Ihr Leben gestalten können; **eine Frau, mit der Sie Zweisamkeit erleben** können. Kein Model, kein Millionär. Nur jemanden ganz lieben, treuen, auf den Sie sich verlassen können. Soweit so gut.

Was brauchen Sie für einen Partner

Allerdings bleiben die meisten damit an der Oberfläche – so einfach ist es dann eben doch nicht. Denn es geht in diesem Punkt nicht nur darum, **zu wissen, was Sie wollen**, sondern auch darum, zu **identifizieren, was Sie**

emotional brauchen, um eine langfristig funktionierende Beziehung zu führen. Zum einen können Sie sich, wenn **Sie wissen, was Sie sich tief im Inneren wünschen**, **viele Fehlversuche** und damit verbundene negative Erfahrungen (und auch Budget) **sparen.** Zum anderen reduzieren sich die Erfolgsaussichten für eine dauerhafte Beziehung bei sich widersprechenden Wünschen, d. h. bei **Wunsch-Profilkonflikten stark**.

vermeiden Sie Fehlversuche, indem Sie wissen, was Sie sich wünschen

Um sich einige Extrem-Beispiele für klischeehafte Profilkonflikte vor Augen zu führen, können Sie sich den Macho, den hochattraktiven Latin-Lover vorstellen, der sämtliche Frauen verführt, charmant ist, souverän und unbezwingbar, der nun aber den Anforderungen eines treuen, zuverlässigen und bodenständigen Ehemannes entsprechen soll. Oder Sie suchen sich eine erfolgreiche karrierebewusste Jet-Setterin, die das Bild von einer fünfköpfigen Familie, einer für den Mann allumsorgenden glücklich strahlenden Hausfrau vervollständigen soll. Hier sind Beziehungskonflikte vorprogrammiert. Sie lesen nun diese Beispiele, Sie werden sich ein Schmunzeln nicht verkneifen können, und Sie denken sich „ja, so etwas ist doch unrealistisch. Solche Vorstellungen habe ich ja gar nicht?“ Nun ist es aber so, dass die **menschlichen Erwartungen und Wünsche nicht immer direkt greifbar an der Oberfläche liegen**. Oft äußern sich diese implizit, z.B. in immer **wiederkehrenden Streit- oder Trennungssituationen.** Oft wissen wir nicht, **nach was wir uns tatsächlich sehnen**. Wir sind frustriert, wütend auf unser Gegenüber und erkennen **oft gar nicht den Grund hierfür**. Erst wenn wir **innehalten** und uns mit der **Frustration auseinandersetzen**, entdecken wir, dass es beispielsweise um Enttäuschungen geht, dass wir Erwartungen haben, tief verankerte Vorstellungen, **wie unser Partner sich uns gegenüber verhalten sollte**, die uns **zunächst nicht bewusst sind**. Und genau diese unbewussten Erwartungen sind enttäuscht worden.

Probleme erkennt man, in den Streits, die sich wiederholen

Z.B. wünscht sich eine Frau einen Mann, der sich – neben seinem Beruf – auch um seine Kinder kümmert und sich in den Haushalt einbringt. Das hat sie immer so geäußert. Der Mann – modern und emanzipiert – ist selbstverständlich daran interessiert, einen intensiven Kontakt mit seinen Kindern zu pflegen und scheut sich auch nicht, einen Teil der Haushaltspflichten zu übernehmen. Nun kann es passieren, dass diese beiden Menschen ganz un-

unbewusste Erwartungen, die nicht erfüllt werden machen uns oft wütend terschiedliche Vorstellungen davon haben, was es bedeutet, sich im Haushalt einzubringen beziehungsweise sich um die Kinder zu kümmern. **Oft liegen beiden Vorstellungen sehr unterschiedliche Ausgangspositionen zugrunde**. Der Mann ist aufgewachsen in einem traditionellen Haushalt, in dem der Vater rein für die finanziellen Belange verantwortlich war, die Mutter sich hingegen um Kind und Hof gekümmert hat. Die Frau wiederum ist derart sozialisiert, dass sich ihre Eltern Erziehung und Versorgung der Kinder aufgeteilt haben. Nun bedeutet, sich in die Kindererziehung einzubringen, für den Mann etwas ganz anderes als für die Frau. Der Mann bringt sich seinen Vorstellungen entsprechend ein und ist sehr stolz auf das, was er leistet, dass er der Frau so viel mehr an Unterstützung zukommen lässt als sein Vater; und er ist völlig irritiert, wenn seine Frau trotzdem unzufrieden ist und ihn das auch spüren lässt. Die Frau ihrerseits ist sehr unzufrieden, weil ihr Mann ihrer Meinung nach fortlaufend die Abmachung bricht und sich in der Kindererziehung – vergleichsweise – stark zurück hält. **Beide sind langfristig frustriert. Das Problem ist, dass beide nicht darüber kommuniziert haben, was sie sich vom anderen wünschen**.

oft herrscht ein Missverständnis über unterschiedliche Vorstellungen

Äußern Sie Ihre Wünsche, damit Sie nicht frustriert sind

Wie erhalten Sie denn nun Transparenz über Ihre impliziten Wünsche und Vorstellungen? Was sind Fragen, die Ihnen die Reflexion erleichtern können? Welche Eigenschaften, Merkmale, Aspekte bei Ihren bisherigen Partnern haben Sie als besonders positiv empfunden, welche haben Ihnen weniger gut getan oder sogar geschadet? Welche Charaktereigenschaften möchten Sie unbedingt vermeiden und warum?

Oft ist hier eine **Diskrepanz** zwischen dem, was **ein Mensch tatsächlich braucht,** um langfristig eine tragbare Beziehung führen zu können und dem, **was er eigentlich sucht** und sich wünscht, festzustellen. Wichtig ist, die Zielkonflikte zu identifizieren und die Gründe hierfür zu analysieren.

Vorsicht Falle: Widerspruch zwischen dem was wir brauchen und suchen

4. Werden Sie sich Ihres eigenen Wertes bewusst!

Eng verbunden mit dem **Wissen um die eigenen Erwartungen und Wünsche an den potentiellen Partner** ist die Transparenz über das eigene Wertangebot. Hier geht es darum, **was Sie dem potentiellen Partner bie-**

ten wollen. Was ist Ihr Werbeversprechen? Mit was gehen Sie ins „Rennen“? Zum einen ist es hilfreich, zu überlegen, was denn Ihren Wunschpartner anziehen könnte und mit welchen Erwartungen dieser auf die Suche geht. Zum anderen müssen Sie sich selbst die ehrliche Frage stellen, welches Ihrer Werbeversprechen Sie langfristig einlösen und welche Erwartungen und Bedürfnisse Ihres potentiellen Partners Sie kurz- und langfristig erfüllen wollen und können. Im negativen Sinne hilft es Ihnen nichts, wenn Sie sich als Sportskanone anpreisen – in Wahrheit Ihre Wochenenden aber lieber gemütlich als Couch-Potato verbringen. In positiver Hinsicht ist es wichtig, dass Sie **sich Ihres eigenen Wertes mit all Ihren individuellen Ecken und Kanten bewusst sind**, um sich **einen Partner zu suchen, der genau diese Eigenheiten an Ihnen lieben und wertschätzen kann**. Unabhängig davon, wen und was Sie sich wünschen – jeder Mensch hat etwas Wertvolles zu bieten! **Was ist Ihr Schatz, den Sie in die Waagschale werfen können und von wem kann das geschätzt werden**?

Was Sie Ihrem neuen Partner bieten wollen

Was ist Ihr Werbe-Versprechen?

5. Gehen Sie neue Wege!

Wenn Sie sich nun darüber im Klaren sind, was Sie brauchen, um eine langfristige Beziehung zu führen und wissen, was Sie selbst anbieten wollen und können, besteht der nächste Schritt darin, entsprechende Suchstrategien auszugestalten. Das bedeutet, sich zu überlegen, wie Sie die Wahrscheinlichkeit, Ihrem Wunschpartner zu begegnen, maximieren können. Ganz konkret geht es hierbei um die Ausgestaltung der Suchstrategien: So werden Sie seltener einen 50-jährigen Opernfreund in einer Diskothek antreffen oder einen Feinschmecker und Gourmet-Liebhaber in einem Schnellimbiss. Auch reicht es eventuell nicht aus, in den Verein der Opernfreunde im eigenen Dorf beizutreten; denn wenn der Ort bereits mit negativem Ergebnis auf potentielle Partner analysiert wurde, dann ist es hilfreich, den Verein in der nächstgrößeren Stadt aufzusuchen. Sie merken bereits, dass die **Partnersuche einiges an Zeit und Energieaufwand erfordert**, wenn sie zum Erfolg führen soll. Wenn sich herausstellt, dass in dem Verein, den Sie sich nun ausgesucht haben, nur verheiratete Pärchen sind,

Strategisch Vorgehen: Suchen Sie gezielt, dort wo sich Ihr neuer Partner aufhält

Sie müssen Zeit investieren zur Partnersuche

Risikostreuung: an mehreren Plätzen suchen

dann sollten Sie sich noch für einen anderen Verein entscheiden. Ferner empfiehlt es sich, nicht nur eingleisig auf eine Chance zu setzen, sondern eine **Risiko-Streuung** vorzunehmen und **sich mehrere Orte und Aktivitäten zu suchen**, bei denen der potentielle Partner rein theoretisch zugegen sein könnte. Haben Sie sich **für eine Suchstrategie entschieden**, gilt es, diese **Suchstrategien immer wieder auf ihren Erfolg hin zu überpüfen** und anzupassen. Da die meisten Menschen berufstätig sind oder in irgendeiner Art und Weise in den Alltag eingebunden sind, sollten Sie sich **Aktivitäten und Orte suchen, die mit Ihrem alltäglichen Leben vereinbar sind**. Erfahrungsgemäß handelt es sich gerade nicht um die großen Veränderungen, um dem richtigen Partner zu begegnen. Oft sind es gerade **die kleinen Abweichungen von festgefahrenen Gewohnheiten**. Wieso organisieren Sie nicht eine Fahrgemeinschaft zur Arbeit oder fahren mit dem Zug, anstatt sich alleine ins Auto zu setzen? Aber gerade die **Veränderung dieser Gewohnheiten und Verhaltensmuster ist schwierig, unbequem und etwas schmerzhaft**. Aber Ihre Chancen steigen so erheblich!

verändern Sie routinierte Prozesse und Gewohnheiten

6. Handeln Sie!

Die Ideen, die wir bisher angerissen haben, bestehen vorwiegend aus innerer Arbeit, Reflexion und der Konzeption von Erfolgsstrategien. Die Erkenntnisse, die Sie daraus gezogen haben, bleiben aber so lange Theorie, bis Sie sich in der Realität beweisen müssen. In der Realität wird es jedoch gefährlich und risikoreich! Sie sehen sich eventuell Zurückweisungen, Verletzungen, Peinlichkeiten ausgesetzt, die Sie ertragen lernen müssen. Und genau diese unangenehmen Gefühle wollen viele Menschen vermeiden. Da ist es erst einmal völlig verständlich und ein kluger Mechanismus, solchen Situationen aus dem Weg zu gehen. Allerdings hilft das in unserem Fall nicht weiter. **Partnersuche, Flirten, sich Verlieben, Beziehungen und auch Partnerschaften an sich bringen viele aufwühlende Erlebnisse und damit verbunden starke positive wie negative Emotionen mit sich.** Wir machen immer wieder die Erfahrung, dass Klienten zum Coaching kommen, um die Handlungen, die die Partnersuche voraussetzt, hinauszu-

setzen Sie Ihre Vorsätze um

Abenteuer Partnersuche

zögern und aufzuschieben. Diese Klienten hoffen, durch professionelle Unterstützung eine Garantie auf ausschließlich positive Gefühle bei der Partnersuche zu erhalten. Handlungen, die ein auch noch so minimales Risiko in sich bergen, werden vermieden. Nur funktioniert das leider nicht ganz so. Mit **Hilfe eines professionellen Coachings** bei der Partnersuche können diese **negativen Erlebnisse und Gefühle ganz gezielt** aufgefangen und bearbeitet werden. Aber die Aktion, die damit verbundenen Erfahrungen und Emotionen, können Ihnen nicht abgenommen werden. Hier **müssen Sie Verantwortung für sich übernehmen** – in kleinen Schritten.

Werden Sie aktiv gehen Sie auf andere zu

Selbstverständlich dürfen Sie Angst davor haben! Natürlich würden Sie sich lieber verkriechen, anstatt fremde Menschen, die Ihnen dazu auch noch gefallen, anzusprechen und im schlechtesten Falle zurückgewiesen zu werden. Und völlig verständlich ist es auch, dass Sie sich eine Art Garantie dafür wünschen, dass Ihr Annäherungsversuch von Erfolg gekrönt ist!

Beginnen Sie jetzt einfach damit, kleine Veränderungen einzuführen. Sie brauchen nicht direkt Ihren Traummann aus dem Nachbarbüro auf einen Kaffee einladen oder an der nächsten Tankstelle eine Frau ansprechen. **Beginnen Sie mit kleinen Veränderungen und lächeln Sie zunächst** einmal Ihre Nachbarin ganz freundlich an, unabhängig davon, ob diese nun eine potentielle Partnerin ist. **Betrachten Sie Ihre Umwelt mit aufrechtem Gang und offenem Blick, leicht erhobenem Kopf – gehen Sie Ihrer Umwelt offen entgegen**. Wenn Sie am Bahnhofsschalter oder Automaten ein Ticket lösen, schenken Sie Ihrem Vorder- oder Hintermann ein Lächeln. Beobachten Sie dabei, wie Ihre Umwelt darauf reagiert. Was kommt zurück? Das sind die ersten kleinen Schritte, um in **Interaktion mit Ihrer Umwelt zu treten**. Im nächsten Schritt trauen Sie sich dann schon, einen **Mann oder eine Frau anzulächeln, den oder die Sie attraktiv finden**. Hierzu gibt es eine Fülle von einschlägigen Ratgebern, die Ihnen unzählige Tipps geben, wie Sie die ersten Flirt-Schritte machen und einen interessanten Menschen ansprechen. Viele verfügen durchaus über das theoretische Wissen, wie eine erste Kontaktaufnahme oder ein Flirt funktioniert, haben auch Erfahrungen damit gesammelt und Übungsmöglichkeiten gehabt. Und trotzdem schrecken sie davor zurück, ihr Wissen in die Tat umzusetzen.

!! Lächeln Sie Ihr Umfeld an

!

Vorsicht Beziehungs-Ängste:

Stellvertreter-Problem?

Vorsicht: Prüfen Sie, ob Sie ein Beziehungs-Problem haben

Überlegen Sie, ob Sie Ängste vor Beziehungen haben

Wenn die Blockade in Ihnen aber so groß ist, dass Sie selbst die kleinen Schritte in Richtung aktiver Partnersuche nicht gehen wollen, dann stellt sich die Frage, ob Sie nicht mit einem **Stellvertreter-Problem konfrontiert sind**. Z.B. könnte es durchaus sein, dass **Sie sich vor einer Beziehung an sich fürchten, davor zurückschrecken, verletzt und zurückgewiesen zu werden**, nachdem Sie bereits jemanden kennengelernt haben. Damit lassen Sie sich eigentlich nicht von der Beziehungsanbahnung oder der Kontaktaufnahme in die Flucht schlagen, **sondern Sie fürchten Ihren Erfolg, wenn Sie es schaffen, einen anderen Menschen für sich zu gewinnen**. Sie haben daher eigentlich **Angst vor der Beziehungsführung, vor der Nähe, der Bindung und all dem, was dann auf Sie zukommen könnte**. Diese Angst kann dann auch auf den ersten Schritt, nämlich die Beziehungsanbahnung abstrahlen. Solange Sie es umgehen, jemanden kennenzulernen, sind Sie sicher. Sie müssen sich dem **Abenteuer Beziehung und all den Herausforderungen**, die damit verbunden sind, **nicht stellen**. Um solche sogenannten Fehlattributionen zu identifizieren, **hilft die Reflexion dessen, wie Sie sich eine Partnerschaft konkret vorstellen, wie Sie Ihre Bedürfnisse vertreten können und wie Sie sich selbst behaupten, ohne mit Ihrer Individualität und Ihren Anliegen unterzugehen**. Viele Menschen haben **tiefe Ängste vor der Gestaltung und dem Leben einer Beziehung**, gerade weil **Sie fürchten, nicht so sein zu können und geliebt zu werden, wie Sie sind**. Sie glauben, sich unterordnen und Ihre Bedürfnisse zurückstellen zu müssen. **Eine Reflexion bietet gute Chancen, diese versteckten Befürchtungen transparent zu machen, zu analysieren, daran zu arbeiten und infolgedessen die Barrieren aufzulösen**.

7. Üben Sie!

üben, üben, üben

Es wurde bereits deutlich, dass Sie Ihre Überlegungen in die Tat umsetzen müssen, wenn Sie sich tatsächlich aktiv auf Partnersuche begeben wollen. Haben Sie nun den ersten Schritt getan und eine Frau Ihrer Wahl **angesprochen** beziehungsweise mit einem Mann **Blicke ausgetauscht**, dann gilt es nun, **dieses Verhalten durch Übung zu festigen und in Ihr aktives Verhaltensrepertoire aufzunehmen**. Das schaffen Sie nur mit viel Übung und dem Experimentieren mit Verhaltensvarianten. Es geht beim Üben nicht darum, sich Hals über Kopf zu verlieben oder gar das Ziel zu verfolgen, eine Ehe einzugehen. Sie könnten sich zunächst einfach nur im Smalltalk üben. Fragen Sie sich vorab, welchen Preis Sie für eine Partnerschaft zu zahlen bereit sind? Ein paar Peinlichkeiten? Einige Körbe und frustrierende Sprüche? Ja, das kommt sicher vor, ist aber nicht weiter schlimm. Denn es **wäre naiv zu denken, man würde jeden Menschen anziehen**. Beginnen Sie mit Menschen, die keine potentiellen Partner darstellen. Schließlich übt man Bewerbungsgespräche auch erst einige Male, bevor man sich dem Wettbewerb um den Traumjob stellt. Legen Sie es zunächst einmal darauf an, sich Körbe zu holen. Denn damit lernen Sie sehr effektiv, was Sie eventuell vermeiden sollten. Für Fortgeschrittene geht es dann darum, sich ein **paar Verabredungen zu ergattern**. Und zwar genau bei den Menschen, die man sich nicht wirklich für eine Beziehung aussuchen würde. Wenig attraktiv, irgendwie unsympathisch etc. Sie können ja auch durchaus wieder einen Rückzieher machen. **Wenn Sie diese Übungen einige Male exerziert, sich dabei einige Fehler erlaubt haben und auch mal richtig ins Fettnäpfchen getreten sind**, geht es weiter zur nächsten Übungseinheit. Dann wagen Sie sich an **Menschen ran, die Sie tatsächlich attraktiv und sympathisch finden**. Dabei sind es nicht die großen Veränderungen; manchmal bewirkt es viel, wenn Sie **Ihre Körperhaltung variieren**. Den **Kopf leicht nach oben gerichtet, Blickkontakt haltend, leicht lächelnd durch den Alltag zu schlendern**, kann in Ihrem Umfeld bereits für andere Reaktionen auf Ihre Person führen, als die bisherigen.

1. Schritt: Blicke tauschen und Lächeln

2. Schritt: Small Talk

3. Schritt: Verabredungen üben

4. Schritt: verabreden mit potentiellen Partnern

8. Riskieren Sie!

Der Vorteil des Single-Lebens ist Sicherheit! Sicherheit vor **Enttäuschungen, vor Verletzungen**. Sicherheit davor, verletzt, belogen und betrogen zu werden. **Der Preis dafür ist allerdings meist die Einsamkeit**. Es gibt viele Menschen, die sich eine innige Bindung zu einem Partner

Vorsicht Falle: Schmerzvermeidung durch Rückzug ist der falsche Weg

wünschen, gleichzeitig aber sehr **viel Angst davor haben, sich auf eine Beziehung einzulassen**. Sie **fürchten emotionale Nähe** und vermeiden daher alles, was zu einer engen Beziehung führen könnte. Solche Ängste existieren selten bewusst. Sie entfalten ihre Wirkung vielmehr im Inneren. Entstanden sind diese Ängste meist durch negative Erfahrungen. Menschen haben gelernt, dass Vertrauen, Nähe und „sich-fallen-lassen" mit **Enttäuschung und Verletzung verknüpft sind**. Sie haben sich entschieden, niemals mehr jemanden so nahe an sich heranzulassen, um den Schmerz nicht noch einmal erleben zu müssen. Verständlich und logisch. Hiermit sind viele Vorteile verbunden. Allerdings wird durch diese **Strategie verhindert, dass man neue positive Erfahrungen macht. Die Erfahrung, angenommen zu werden oder das Gefühl, Unterstützung und Liebe zu erfahren**. Um diese Erfahrungen machen zu können, **muss die Sicherheit dem Risiko weichen**. Die Akzeptanz des Dauer-Risikos „verletzt werden" ist die entscheidende Vorrausetzung für das Eingehen einer engen Beziehung! Genau daraus besteht das Leben – für jeden einzelnen von uns. **Vermeidung von Verletzungen bedeutet Vermeidung von Leben**! Der erste Schritt, um Ihr Single-Dasein zu überwinden, ist, **den Frieden mit dem Risiko zu schließen**.

schließen Sie Frieden mit dem Risiko

9. Tun Sie sich etwas Gutes!

Viele Single-Ratgeber beginnen damit, ein neues Outfit, eine Diät oder ein Wellnessprogramm zu empfehlen. Die positive Wirkung, die dabei prophezeit wird, resultiert aber nicht daraus, dass Sie nun eine neue Frisur haben, ein paar Kilos leichter oder Ihr Bizeps deutlicher ausgeprägt ist. Sondern die Wirkung liegt darin, **dass Sie sich etwas Gutes getan haben.** Dass Sie sich selbst gezeigt haben, **dass Sie sich selbst etwas wert sind**. Dass Sie es sich wert sind, **sich hübsch zu machen, sich zu verwöhnen oder Ihren Körper zu formen**. Sie setzen damit ein **Signal an Ihre Außenwelt**! Seht her, ich bin es (mir) wert! Wenn Sie **sich nun selbst wertschätzen**, bedeutet das für andere, dass Sie ein Mensch sind, der es verdient, **dass man ihn achtet und Respekt entge-genbringt**. Sie fungieren damit als Vorbild für

tun Sie etwas für sich, fühlen Sie sich toll

andere im Umgang mit sich selbst. Daher können **solche Aktionen durchaus Ihre Wirkung bei der Partnersuche haben**. Nicht, weil Sie dann dem Schönheitsideal an sich eher entsprechen, sondern aufgrund der Einstellung zu sich selbst, die Sie an die Oberfläche transportieren. Ihr Aussehen an sich – unabhängig davon, ob Sie groß, klein, dick, dünn, intelligent oder weniger intelligent sind – ist nicht wichtig bei der Partnersuche. Wenn Sie das nicht glauben, dann setzen Sie sich beim nächsten Einkauf auf eine Bank in der Fußgängerzone und betrachten die schlendernden oder an Ihnen vorbeihetzenden Pärchen. Achten Sie doch einmal auf die Unterschiedlichkeiten der einzelnen Partner in Aussehen und Ausstrahlung.

Wer sich selbst toll findet zieht Menschen an

10. Stellen Sie sich dem Leben!

Die bisherigen Tipps erscheinen zunächst einmal als eine Art Checkliste, einem starren Gefüge von Aspekten, die erfüllt sein müssen, damit ein Mensch Ihr potentieller Partner sein kann. Darum geht es im Kern aber gar nicht. Wie schon gesagt, **gibt es überall die Chance, einen Partner kennenzulernen**. Im Zug, in der S-Bahn, an der Tankstelle, im Supermarkt, auf dem Weg zur Arbeit, beim Zahnarzt etc. Überall dort, wo Sie mit anderen **Menschen in Interaktion treten**, kann Ihnen Ihr zukünftiger Partner begegnen – selbst ohne, dass Sie sich Gedanken um Ihre Vergangenheit machen oder irgendwelche Suchstrategien austüfteln.

Überall warten Menschen auf Ihr Lächeln

Der Punkt ist nur, **dass Sie es geschehen lassen müssen**. Und gerade das tun ja auch viele Menschen – aber eben nicht alle. Manche Menschen haben sehr viel Angst vor der Partnersuche und der Partnerschaft an sich, was sehr gut verständlich ist. Denn es ist – wie bereits erwähnt – ein riskantes Unterfangen, sich zu verlieben. Und gerade diese Menschen, die sich bei der **Partnersuche teilweise selbst im Weg stehen**, können auf Basis dieser Tipps angeleitet und unterstützt werden. Diese Zeilen sollen deshalb ganz und gar nicht den Eindruck erwecken, dass nur ein strukturiertes Vorgehen erfolgsversprechend ist, um den richtigen Partner zu finden. Doch wenn Sie merken, dass Sie sich immer wieder mit den gleichen Konflikten konfrontiert sehen und immer wieder an die gleichen Grenzen stoßen, dann kann

erobern Sie das Leben für sich

stellen Sie sich bei der Partnersuche nicht selbst ein Bein

Abenteuer-Leben wartet auf Sie

das strukturierte Explorieren Ihrer Partnerschafts- und Beziehungssituation Sinn machen. Dabei besteht die Möglichkeit, schnell zu identifizieren, worin das Problem nun eigentlich liegt. Sie können gezielt Veränderungen herbeiführen, die große Auswirkungen haben können, mögen sie auch noch so gering sein. Allerdings müssen Sie hierzu bereit sein – bereit**, sich dem Leben mit all den intensiven Emotionen zu stellen. Positiven wie negativen Erlebnissen gelassen** (oder auch angestrengt) entgegensehen und diese passieren lassen. **Das bedeutet Partnersuche und letztlich auch Partnerschaft,** wenn Sie sich dafür entscheiden.

@ Tipps zur Partnersuche finden Sie unter www.bedienungsanleitung-liebe.de

Die fünf Don'ts der Partnersuche

1. Warten Sie nicht auf die Liebe auf den ersten Blick

der 1. Eindruck verblasst schnell

entscheidend ist der 2. + 3. Eindruck

Warum die Liebe auf den ersten Blick oft nichts über die Chancen auf eine langfristige Partnerschaft aussagt, hat verschiedene Gründe. Bei der Liebe auf den ersten Blick entfaltet häufig die Optik und die Ausstrahlung des Gegenübers ihre Wirkung. Zum einen reicht das sicherlich für die intimen Kontakte, aber Partnerschaft baut auf zahlreichen weiteren Aspekten auf, so dass der **erste Eindruck nach kurzer Zeit in seiner Bedeutung hinter anderen Werten und Eigenschaften zurücktritt**. Zum anderen suchen sich Menschen manchmal **gezielt Partner aus, bei denen sie unterdrückte, nicht gelebte Anteile des eigenen Selbst entdecken**. Dies läuft allerdings nicht bewusst ab, sondern kann sich in einem Gefühl der starken Anziehung zu diesem Menschen äußern. Es besteht dann unbewusst die Hoffnung, durch den Partner verdrängte Wünsche und Bedürfnisse verwirklichen zu können, der diese oftmals abgewehrten eigenen Anteile auslebt. So drückt das Gefühl der Liebe auf den ersten Blick lediglich eigene Sehnsüchte aus, hat aber nichts mit dem Menschen an sich zu tun. Es empfiehlt sich daher, **einen Menschen erst besser kennenzulernen, bevor Sie sich für oder gegen ihn entscheiden**. Geben Sie daher (sich und) Ihrem potentiellen Partner eine zweite oder auch eine dritte Chance!

2. Suchen Sie nicht ausschließlich den perfekten Partner oder die sexuelle Erfüllung!

Warten Sie bei Ihrer Suche nicht auf das Perfekte! Das gibt es nicht! Ein potentieller Partner wird immer Eigenschaften und Ansichten mitbringen, die Sie weniger mögen; es werden Seiten existieren, auf die Sie lieber verzichten würden. Leider lassen sich solche **Schattenseiten nicht vermeiden**. Und je älter wir und unser Gegenüber werden, desto stärker treten solche individuellen Eigenheiten in Erscheinung. Wägen Sie immer wieder ab, **was diese weniger begehrenswerten Seiten für Sie bedeuten** und welche positiven Charaktermerkmale des potentiellen Partners diese kompensieren könnten. **Bringen Sie für sich selbst möglichst genau in Erfahrung, was Sie in einer Beziehung brauchen**. Sind diese Aspekte dann erfüllt, können Sie darüber hinaus eventuell großzügiger sein.

Schattenseiten gehören zu jeder Persönlichkeit

3. Versuchen Sie nicht, bei der Partnersuche mehrere sich ausschließende Ziele gleichzeitig zu verfolgen!

Ihre Partnersuche wird weniger von Erfolg gekrönt sein, wenn Sie die sexuell erfahrene Jungfrau oder den karrierestrebenden Hausmann suchen. Werden Sie **sich bewusst, was genau Sie emotional brauchen**, um eine Partnerschaft führen zu können und warum Sie diese Bedürfnisse haben. Sind Ihnen Ihre Wünsche und Bedürfnisse transparent, **setzen Sie Prioritäten**, um zu vermeiden, dass Sie sich in Zielkonflikten verstricken. Wenn es so scheint, als ob Ihr potentieller Partner offensichtliche Widersprüche in sich vereinen kann, sollten Sie das mit gesunder Skepsis hinterfragen.

eigene emotionale Bedürfnisse erkennen

4. Überreden Sie niemanden zu einer Beziehung!

Es könnte auch lauten: **Laufen Sie niemandem hinterher, der nichts von Ihnen will**. Denn einerseits **blockieren Sie sich** dadurch für andere Erlebnisse und Menschen. Ihre **Wahrnehmung ist eingeschränkt**, **Ihre Energie ist blockiert** und Ihr Blick reduziert sich erfahrungsgemäß auf den Tunnel-

lassen Sie los, wenn es nicht passt

Wer zu viel für den anderen tut, wird nicht wertgeschätzt

blick. Andererseits erscheinen uns Menschen, Dinge, Gesten etc. als **wenig wertvoll, wenn wir nichts dafür tun müssen, um sie zu erhalten**. Hofieren Sie Ihren potentiellen Partner, wird dieser Ihre Leistungen zur Kenntnis nehmen, **Sie als Person deshalb aber nicht mehr wertschätzen**. Indem Sie Ihre **Zuneigung bedingungslos** und jederzeit abrufbar zur Verfügung stellen, **entwerten Sie sich und Ihre Zuneigung**. Wenn Sie sich allerdings „nichts Wert sind“, dann möchte Sie auch niemand haben. Wagen Sie stattdessen den Versuch und ziehen Sie sich zurück. Oft reagiert das Gegenüber auf die **Veränderung in Ihrer Kommunikation und kommt auf Sie zu**. Falls das nicht der Fall sein sollte und Ihr Gegenüber keine Reaktion auf Ihr verändertes Verhalten zeigt, können Sie das durchaus als **Desinteresse an Ihrer Person** interpretieren – und sich direkt neu orientieren.

Wenn Sie sich Liebe durch Leistung erkaufen, bekommen Sie das Gegenteil

Oft hoffen Menschen, durch ihr **unermüdliches Tun, durch Geschenke, d.h. durch Leistung, die Liebe und Zuneigung eines anderen Menschen** zu erlangen. Sie verhalten sich dabei z.B. wie in einer Bewerbungssituation oder bei einer Arbeitsprobe. Was Sie damit anpreisen ist lediglich die Leistung, die sie erbringen; nicht aber sich selbst, ihre Person. Für was möchten Sie denn aber geliebt und wertgeschätzt werden? Für Ihre Leistung oder dafür, wer Sie sind; für Ihre Stärken, Schwächen und Besonderheiten?

5. Zweifeln Sie niemals an Ihrem langfristigen Erfolg!

Selbstverständlich dürfen Sie ab und an zweifeln und auch ein bisschen verzweifeln. Das ist menschlich. Allerdings sollten **Sie nie an Ihrem langfristigen Erfolg als Ganzes zweifeln**. Das nimmt Ihnen den Mut und die Energie, die vielen Herausforderungenen auf Ihrer Partnersuche zu bewältigen. Glauben Sie an Ihren Erfolg und malen Sie sich regelmäßig lebhaft aus, was Sie alles anders machen werden, wenn Sie in einer Partnerschaft sind. Darin können Sie **Energie tanken**, die Sie für die nachfolgenden Schritte benötigen. Machen **Sie sich selbst Mut** und sprechen Sie mit sich, wie mit einer liebenswerten Freundin oder einem guten alten Freund.

Glauben Sie an Ihren Erfolg

Teil 5:
Liebeskummer

Platz für Ihre Notizen

„Es ist traurig, wenn zwei sich trennen, die zusammen gehören. Aber noch trauriger ist es, wenn zwei sich nicht trennen, obwohl sie nicht mehr zusammen gehören."

Liebe Leserin, lieber Leser,

häufig leiden wir **in einer Beziehung über einen längeren Zeitraum an Liebeskummer als nach einer Trennung**. Der Sterbeprozess einer Partnerschaft geht nicht selten über Jahre und verursacht manchmal sogar Krankheit oder Resignation. Die **Lebendigkeit und Freude verabschiedet** sich schleichend und Liebe ist nur noch ein Etikett und kein leidenschaftliches Gefühl.

Warum leben wir so? Warum kämpft man um so vieles und streitet über manches, doch **investiert nicht in die Liebe**? Wir alle wollen glücklich sein und geliebt werden, sonst wären wir keine Partnerschaft eingegangen.
Doch **Frustration und Kapitulation gehören öfter zum Beziehungsalltag** als wir uns das wünschen und uns gut tut.

Raus aus diesem selbstgeschaffenen System!
Ran an die Arbeit und hin zu einem erfüllten und glücklichen Leben!
Das kommt allerdings ebenso wenig von alleine, wie eine lebendige und liebevolle Partnerschaft. Für beides müssen Sie etwas tun. Und zwar mehr als den Haushalt machen, Geld verdienen und Kinder großziehen.

Viele **Vorwürfe und Verletzungen lösen weder das Problem**, noch erfassen sie es. Es ist daher sinnvoll, erst einmal bei sich selbst genau hinzuschauen. Welchen Kummer haben wir schon in die Beziehung mitgebracht? Häufig liegen **Kindheitsschmerz** und **Liebesmangel** schon lange auf unserer Seele.

Nicht selten treffen zwei verwundete Herzen in der tiefen Sehnsucht aufeinander, um das **vom anderen zu bekommen, von dem sie selbst gar nicht genau wissen, was es ist und dass es ihnen fehlt**. Das ist eine schwierige Voraussetzung für ein Happy End.

Als erstes ist es sinnvoll, dass wir uns klar werden, welche Altlasten wir mitgebracht haben. Und hier meine ich nicht Kredite, sondern unsere Ängste und Liebessehnsüchte aus unserer Kindheit und Vergangenheit.

Das folgende Kapitel soll Ihnen den Einstieg erleichtern. Mehr dazu finden Sie unter www.bedienungsanleitung-liebe.de unter „Nützliches".
Freuen Sie sich auf viele spannende Hintergründe und Zusammenhänge aus Ihrem Leben.

Alles Liebe
Ihre

Claudia Bayerl

Platz für Ihre Notizen

Claudia Bayerl

Wie Liebeskummer zur Selbsterkenntnis führt

In diesem Kapitel geht es um den Liebeskummer, den wir in einer Beziehung verspüren. Denn nicht nur Verlassenwerden schmerzt. Auch eine Partnerschaft bringt Umstände und Situationen mit sich, die uns Kummer und Schmerz bereiten. Doch Liebeskummer ist nicht nur Schmerz. Er ist auch eine Chance. Denn er kann uns zur Selbsterkenntnis führen. Wie? Das lesen Sie auf den folgenden Seiten.

Die Autorin

Claudia Bayerl

Claudia Maria Bayerl ist Autorin und Expertin für Liebe, Kreativitätstechniken und Texten. Liebe ist schon seit vielen Jahren ihr Thema: Sie forscht und betreibt Studien mit ihrem Redaktionsteam. Sie weiß, dass Liebe jeden Tag bewusst gelebt und geübt werden muss.

Liebeskummer ist ihr nicht fremd. Sie weiß, es liegt eine große Chance zur Selbsterkenntnis darin.

Co-Autorin

Janika Rehmann

Sie hat ihr Studium an der Universität Tübingen in Soziologie und Germanistik erfolgreich abgeschlossen. Ihre Leidenschaft gilt der deutschen Literatur und dem Verfassen von Texten aller Art.

Woher kommt Liebeskummer?

Häufig hat Liebeskummer seine **Ursache in der Kindheit**. Die Psychologie ist sich einig: Oft sind Liebesdefizite, die wir in der Kindheit erlitten haben die wirkliche Ursache für unseren Liebesschmerz in der Partnerschaft. Erhalten wir in der Kindheit zu wenig Liebe, **hinterlässt dieser Liebesmangel oft eine Wunde** in uns. Kinder erleben Kränkungen viel intensiver als Erwachsene. Wie ein Schwamm nehmen wir als Kind unsere Umwelt wahr, lernen und kopieren ungefiltert. Selbst unbedachte Äußerungen der Eltern und der Umgebung werden nicht selten wie Glaubenssätze gespeichert. Aussagen wie: "Du kannst nichts. Streng dich mal mehr an. Das kannst du bestimmt besser.", hinterlassen beim liebesorientierten Kind eine **ungestillte Liebessehnsucht**. Angewiesen auf die Zuneigung und hungrig nach Anerkennung, **bemühen wir uns um Aufmerksamkeit**, Zuwendung, Lob und Liebe von unseren Bezugspersonen. Kommen wir nicht zum Ziel, beginnt häufig **ein lebenslanges Streben** danach. Selbst wenn wir erwachsen sind, setzen wir oft noch in Partnerschaften diesen **Kampf um Liebe** und Aufmerksamkeit fort. Zielsicher suchen wir uns die gleichen Darsteller wie die unserer Kindheit aus. Nur dass **der Partner** nicht selten **die Rolle eines Elternteils übernimmt**. Genauso vergeblich werben wir dann wie früher um deren Gunst und unerreichte Liebe. Unbewusst wählen wir nicht den Partner, den wir uns wünschen, der uns mit Liebe verwöhnt und beschenkt, sondern **den gleichen unnahbaren oder distanzierten Typus Mensch**, den wir schon aus der Kindheit vergeblich nach Liebe anbettelten. Das Prinzip, uns Liebe mit Leistung, Gehorsam und Fleiß zu verdienen, hat genauso wenig Chance auf Erfolg in einer Partnerschaft wie damals in der Kindheit. Menschen, die uns aufrecht ihre Zuneigung schenken, sind wenig interessant und kommen eher nicht in die engere Partnerwahl. Der Liebeskummer in der Partnerschaft ist somit fast schon Programm.

Ursprung von Liebeskummer ist oft in der Kindheit

Werben um Liebe

unerreichtes Ziel in Kindheit soll Partner erfüllen

Auch Verlassensängste kennen wir häufig aus der Kindheit. Gab es öfter Streit in der Familie und drohte ein Zusammenbruch der elterlichen Verbindung, litten Kinder anschließend meist unter **unbewussten Verlassensängsten**. Ein intensives Nähebedürfnis ist die Folge. Dieses führt nicht selten in Partnerschaften zu erheblichen Spannungen. Ängste sind ein schlechter Begleiter in unserem Leben. In einer Beziehung allerdings können sie zu erheblichen Problemen und Kummer führen. Das Tragische daran ist: **Wir wissen oft gar nicht, dass wir unter Ängsten leben**. Wir leiden, streiten und kämpfen und kennen oft nicht die wahren Ursachen. Hier hilft nur Aufklärung und sich **mit seiner Kindheitsgeschichte, seinen Ängsten und Bedürfnissen auseinanderzusetzen**. Richtig dynamisch ist es, wenn entgegengesetzte Ängste zusammentreffen. Zum Beispiel, wenn ein Partner aufgrund seiner Verlassensängste ein extremes Nähebedürfnis hat und der andere aufgrund seiner Ängste vor Verletzung und Zurückweisung ein ausgeprägtes Distanzbedürfnis lebt. Dann sind nicht nur Spannungen, sondern auch Liebeskummer vorprogrammiert. **Prüfen Sie, ob das, was Sie im Partner suchen auch dasselbe ist, was Sie sich wünschen**. Oft wünschen wir uns etwas ganz anderes, als das, was wir suchen.

Dieses Kapitel will Ihnen helfen, solche **Verhaltensmuster aufzudecken**, sie zu hinterfragen und zu überwinden. Nur so können Sie glücklich werden, **den Teufelskreis durchbrechen** und einen Partner finden, der Ihnen das gibt, was Sie brauchen und sich wünschen.

Differenzieren Sie also: Gibt es Verhaltensweisen aus Ihrer Kindheit, die Ihre Beziehung oder Ihre Partnersuche belasten? Oder legt Ihr Partner Verhaltensweisen an den Tag, die Ihnen Kummer bereiten? Wonach suchen Sie? Was wünschen Sie sich? Was fehlt Ihnen in Ihrer Beziehung? Gibt es Parallelen zu Ihrer Kindheit? Auf den folgenden Seiten lesen Sie einige Gründe für Liebeskummer in einer Partnerschaft. Gleichzeitig hoffen wir, Ihnen aus dem Kummer herauszuhelfen, indem wir Ihnen Tipps geben, wie Sie damit umgehen beziehungsweise die Situation ändern können. **Versuchen Sie den Schmerz, den Sie erleben, als Chance zu sehen, Selbsterkenntnis zu erlangen**. Als Chance, Ihr Leben selbst in die Hand zu nehmen und Dinge zu ändern. Als Chance, Erlebnisse zu verarbeiten und dadurch eine glückliche Partnerschaft zu leben. Begeben Sie sich nun auf eine Reise zurück in Ihre Kindheit und eine **Reise zu sich selbst**.

1. Kindheits-Schmerz verarbeiten

Jede Kindheit hat Ihre eigene Geschichte und nahezu keine war perfekt. Selbst, wenn wir meinen, eine glückliche Kindheit gehabt zu haben, sollten wir diese prüfen. Oft gehen wir unbewusst mit einem kleinen oder größeren **Bündel an Kummer, Ängsten und Liebesmangel aus unserer Kindheit** in unser Leben und unsere Partnerschaften. Dies führt nicht selten zu Spannungen, Streit und Missverständnissen.

Oft wissen wir gar nicht, **welche unbewussten Mechanismen in einer Partnerschaft ablaufen**. Unser Partner drückt genau die Knöpfe, die wehtun und alte Wunden aufreißen.

Klar ist: Unsere Kindheit können wir nicht ändern. Als Kinder konnten wir uns auch nur helfen, indem wir Schutzmechanismen aufgefahren haben. Liebesbedürftig und abhängig von unserem Umfeld **waren wir ohne Überlebensstrategie hilflos**. Einige waren ruhig, brav und angepasst, in der Hoffnung, so mehr Liebe zu bekommen. Andere zogen sich zurück und resignierten. Wiederum andere wurden zu Kämpfern oder Rebellen. Einige wurden sehr verantwortungsbewusst oder leistungsorientiert und versuchten, sich Liebe zu verdienen. **Als Erwachsener brauchen Sie** diese Überlebensstrategien und **Schutzmechanismen nicht mehr**. Aber sie sind häufig tief in uns **verankert und gut einstudiert**.

Kinder brauchen Überlebens-Strategie

Dennoch **blockieren Sie unsere Entwicklung** und eine funktionierende Partnerschaft. Denn die Grundlage für eine erfüllte Beziehung sollte echte, aufrechte und bedingungslose Liebe sein. Fesseln, Ängste und Schutzstrategien aus unserer Kindheit sind dafür hinderlich und nicht mehr erforderlich. Wir sind **erwachsen und können für uns selbst sorgen**. Heute können wir anders agieren und uns die **Kindheitsängste anschauen**. Prüfen Sie, welche Ängste und welchen Kindheits-Schmerz Sie mitgenommen haben. Viele Menschen leiden z. B. unter Verlassensängsten oder Liebesmangel. War ein Elternteil von Ihnen vielleicht selten zu Hause oder hat Ihnen nicht genug Aufmerksamkeit geschenkt? Gab es viel Streit oder befürchteten Sie, dass Ihre Eltern sich trennen? Werden Sie sich klar darüber, welche Ängste Sie in Ihrer Kindheit hatten und ob Sie heute noch diese Ängste unbewusst

Schutz-Mechanismen sind fest einstudiert und blockieren uns

heute sind wir erwachsen und können uns anders helfen

leben. Schauen Sie genau hin und schreiben Sie auf, was Ihnen einfällt. **Selbstfindung ist ein Prozess** und beginnt mit dem Wunsch nach Aufklärung. Wichtig für Sie ist, dass Sie später in den Prozess der **Versöhnung mit Ihrer Familie**, Ihren Eltern, Ihrer Kindheit kommen. Anklage und Vorwürfe dienen Ihnen nicht, sondern verbittern Sie eher. Gehen Sie nicht in die Opferposition, sondern werden Sie sich klar, dass Sie heute erwachsen sind und **eigenverantwortlich handeln**. Ihre Eltern hatten auch ihre Systeme, Ängste und unbewussten Überlebensstrategien. Es geht nicht darum, andere zu verurteilen, sondern sich **selbst zu erkennen und sich selbst zu heilen**. Es ist nicht wichtig, wer Schuld hat, sondern darum, Zusammenhänge zu erkennen und zu verstehen. Wir wollen eine Lösung finden. Wichtig ist, dass Sie dabei Ihr Herz aktivieren. Also lieben Sie sich, Ihre Kindheit, Ihre Familie und versöhnen Sie sich mit Ihrer Vergangenheit. Aber lernen Sie aus ihr und nutzen Sie die **Chance, sich von alten Fesseln und Ängsten zu befreien**.

verurteilen Sie nicht Ihre Eltern verstehen Sie die Zusammenhänge

2. Elternbild nicht auf den Partner übertragen

Nicht selten **wiederholen wir das Rollenverhalten aus unserer Kindheit in unserer Partnerschaft**. Ein Beispiel: Sie fühlten sich als Kind nicht ausreichend geliebt von einem Elternteil? Haben Sie nicht genügend Aufmerksamkeit bekommen? Als Kind werben wir genau um diese Zuneigung. Ist dieses intensive Werben erfolglos, kann es sein, dass wir unbewusst versuchen, diese unerfüllte Liebe in einer Partnerschaft zu erarbeiten. Dazu wählen wir instinktiv die gleiche Besetzung. Das Mädchen, das um die **Zuneigung des beschäftigten Vaters gerungen hat**, sucht sich automatisch **den gleichen Typus Mann aus**, der uns wenig Zuwendung schenkt. Jetzt **bemühen wir** uns wieder um diese **unerreichte Liebe**, wie schon in unserer Kindheit. Genauso verzweifelt, genauso hartnäckig und oft genauso aussichtslos. Umgekehrt kann auch der Sohn den Muttertypus als Partnerin wählen, um hier seinen Kindheitskummer zu lösen. Die strenge oder abweisende Frau, um dessen Liebe er vergeblich wirbt. Es gibt ganz viele Zusammenhänge und ungelöste Elternverbindungen, die wir in einer Partnerschaft

Wir suchen uns oft Partner, die genauso sind wie unsere Eltern zu lösen versuchen. Das ist natürlich nicht möglich, deshalb führt es auch nicht zum Erfolg, sondern zur Frustration. Prüfen Sie, ob Sie so ein Modell aus Ihrer Kindheit übernommen haben. Schauen Sie genau hin, ob es **Parallelen zwischen Elternbild und Partnerwahl** gibt. Oft ist es so, dass wir mit einem **trügerischen Instinkt in das gleiche Partner-Boot** wieder und wieder steigen. Stellen Sie sich vor, Sie sind auf Partnersuche und im Hafen liegen viele unterschiedliche Boote: Motorschiffe, Ruderboote, U-Boote, Schlepper, Jachten, Frachter, Segelboote, Jollen usw. Wenn ein ungelöstes Elternproblem auf Ihnen lastet, nehmen Sie mit Sicherheit das Boot, welches das gleiche Leck hatte, das Sie aus Ihrer Kindheit kennen. Sie steigen ein und die Beziehungsfahrt beginnt. Anfangs geht auch noch alles gut. Aber dann merken Sie, dass Wasser eintritt. Jetzt sitzt jeder Handgriff von Ihnen, denn das Prinzip Wasserschippen kennen Sie aus Ihrer Kindheit. Also schöpfen Sie Wasser und Wasser und kommen nie ans Ziel, denn das **Boot hat ein Leck**. **Unbewusst** haben Sie sich aber genau **dieses Boot ausgesucht** – mit dem Loch. Sie wollten endlich ans andere Ufer kommen. **Endlich die Liebe und Aufmerksamkeit bekommen**, die Sie sich **von einem Elternteil immer gewünscht haben**. Wenn Sie sich das Problem nicht anschauen, sitzen Sie schnell wieder in einem neuen Boot. Anderer Typus, gleiches Leck.

Instinktiv wählen wir oft "falschen" Partner

Leck im Partner-Boot

Das Boot, das wir aussuchen, ist oft nicht das Boot, das wir uns wünschen. Denn es liegen genug Boote im Hafen, die uns sicher ans andere Ufer bringen, aber die interessieren uns nicht. Wir wollen das mit dem Leck, um endlich den **Wettkampf um Liebe und Aufmerksamkeit zu gewinnen**. Kommt Ihnen die Geschichte bekannt vor, dann handeln Sie und machen Sie sich auf den Weg, Ihre Zusammenhänge und Ihre Kindheits-Erlebnisse aufzudecken. Ändern Sie den Kurs, hören Sie auf, unermüdliche Schöpfdienste zu leisten und nehmen Sie das Ruder in die Hand.

Wir wollen den Wettkampf um Liebe gewinnen

3. Nicht alles negativ sehen

Ihr Partner kann Ihnen nichts mehr recht machen? Sie sind genervt, ungehalten und er kann Sie schon mit Kleinigkeiten wütend machen. Fragen Sie sich erst selbst, woran es liegt, bevor Sie Ihren Partner maßregeln. Oft sind nämlich **wir das eigentliche Problem mit einer persönlichen Unzufriedenheit.** Vielleicht füllt uns der Job nicht aus – oder wir fühlen uns nicht ausreichend geliebt und wertgeschätzt. Fakt ist: Wir sind frustriert, unzufrieden und nörgeln an allem und jedem herum. Mit Vorliebe laden wir unsere eigenen **Spannungen und Probleme dann bei unserem Partner ab**. Das Schlimme daran: Ist so ein **"Mecker-Gen"** erst einmal zum Ventil geworden, bekommen wir es ganz schwer wieder los. Dabei muss es uns ein Warnsignal sein! Überlegen Sie, wieso Sie zu Ihrem Partner so launisch sind. Oder ob Sie sich darin schon längst nichts mehr schenken. Wenn der Umgangston **zwischen beiden schon frostig und ohne Respekt und Liebe ist, dann ist es höchste Zeit, dem Problem auf den Grund zu gehen**.

für Ihr "Mecker-Gen" sind Sie verantwortlich

Umgangston in der Partnerschaft noch respektvoll?

Der tiefe, innere Unmut: Wenn Sie sich nicht erklären können, wieso Ihr Partner Ihren Groll abbekommt und Sie Ihre Nörgelei nur per deutlichem Hinweis und Verweis Ihres Partners stoppen, liegt ein tiefes Problem vor. Möglicherweise eine Verletzung aus der Kindheit, die sich bis heute hält.

Wenn die Beziehung Ihre Bedürfnisse nicht mehr abdecken kann. Forschen Sie nach und fragen Sie sich, ob es die Beziehung ist, die Sie unglücklich macht. Prüfen Sie Ihre Gefühle, ob Sie sich mit Ihrem Partner noch wohlfühlen. Kann er Sie noch glücklich machen als der Mensch, der er ist? Sehen Sie eine gemeinsame Zukunft – oder führen Sie die Beziehung aus lauter Bequemlichkeit weiter fort? Vielleicht trauen Sie sich letzten Endes nur nicht, die Reißleine zu ziehen, um für klare Verhältnisse zu sorgen. Wenn es so ist: Erlösen Sie sich und Ihren Partner und ziehen Sie das Ende der Beziehung ernsthaft in Betracht. Bevor Sie nun aber zum Zweifler an der eigenen Beziehung werden: Vergessen Sie nie zu prüfen,

Bedürfnisse müssen in Partnerschaft erkannt + gedeckt werden

ob Sie Ihren Partner als persönlichen Blitzableiter benutzen.
Werfen Sie Ihrem Partner all das vor, was Ihnen verwehrt ist? Wenn Ihr Partner einen großen Freiheitsdrang liebt, Ihnen dieser aber stets vom Elternhaus stark eingeschränkt wurde, wenn Sie zu penibler Ordnung erzogen wurden, **Ihr Partner aber genau das Gegenteil lebt, sind Auseinandersetzungen fest programmiert**. Wie von selbst übertragen Sie das, was Sie selbst erfahren haben, auf Ihren Partner. Und sind ihm böse, wenn er sich anders verhält.

lebt Ihr Partner das aus, was Sie sich nicht trauen?

Der Tipp lautet aber auch: Vermeiden Sie voreilige Schritte! Setzen Sie sich mit Ihrem Partner an einen Tisch, reden und diskutieren Sie. Denn woher soll Ihr Partner wissen, was Sie unglücklich macht, wenn Sie es ihm nie gesagt haben?! Um Ihre Liebe wieder aufzufrischen, rate ich Ihnen: Teilen Sie ihm Ihre **Enttäuschungen mit, schütten Sie ihm Ihr Herz aus** mit allem, was Sie grämt. Teilen Sie Ihren Kummer und versuchen Sie, herzuleiten, wieso Sie aufbrausend Ihrem Partner gegenüber auftreten. Gehen Sie dabei kleine Schritte. Denn es ist gar nicht so einfach, kritisch zu sich selbst zu sein und über Schmerz zu reden. Eins nach dem anderen – wagen Sie aber den Anfang!

sagen Sie Ihrem Partner Ihre Gefühle und Enttäuschungen

4. Rollenvorstellungen klären

In früheren Generationen waren die Rollen innerhalb einer Beziehung oder Familie klar definiert. Der Mann war der Ernährer und Verdiener in der Familie, während die Frau für den Haushalt und die Kindererziehung zuständig war. Heute ist das natürlich schon lange nicht mehr in dieser Ausprägung der Fall. **Denn, egal ob Mann oder Frau, jeder lebt seine Neigungen so wie es für ihn oder sie richtig ist**. Weder die Partnerschaft noch die Familie unterliegen demnach einem festen Raster, das starr eingehalten wird. Heute **verändern sich die Rollenbilder innerhalb der Beziehung oder Familie auch stetig**. Das liegt an den schnellen und teilweise großen Veränderungen, die das Leben heutzutage mit sich bringt, beispielsweise durch die Familienplanung oder als negatives Beispiel, der Verlust

es gibt keine festen Rollenverteilungen mehr

definieren Sie Ihre Wunsch-Rolle

Welches Rollenbild wünschen Sie sich vom Partner

besprechen Sie Ihre Rollen-Vorstellungen

des Arbeitsplatzes. **Jeder darf dann seine Rolle selbst neu definieren** und ausbauen. Entscheidend und sehr wichtig ist jedoch, dass Sie sich darüber im Klaren sind, welche Rolle Sie selbst annehmen möchten. Wie wollen Sie als Mann oder Frau leben? Hier liegt eine große Problematik, die in Beziehungen oft zu Liebeskummer führen kann. **Schnell entsteht ein Spannungsverhältnis zwischen den Partnern, wenn das Rollenverständnis für beide Partner nicht eindeutig geklärt ist**. Die Folge sind unerfüllte Erwartungshaltungen, die uns enttäuschen und traurig machen. Dabei liegt es meistens nur an der fehlenden und konsequenten Kommunikation. Machen Sie sich deshalb in einem ersten Schritt bewusst, wie Sie sich selbst sehen. Welche Rolle wollen Sie in Ihrer Beziehung übernehmen? Was bedeutet das konkret? Wenn Sie z. B. ein Mann sind, fühlen Sie sich dann in der Rolle des Gentlemans wohl? Gefällt es Ihnen, alle handwerklichen Dinge im Haus zu erledigen? Oder wie definieren Sie Ihr Männerbild? Wenn Sie eine Frau sind, auf was legen Sie wert? Was macht Sie glücklich und wie wollen Sie sich in Ihre Beziehung einbringen? Erst wenn Sie diese Frage, jeder für sich, geklärt haben, geht es an den nächsten Schritt: Welches **Rollenbild wünschen Sie sich bei Ihrem Partner**? Wenn Sie eine Frau sind: Wünschen Sie sich den Gentleman, der gebildet ist und Ihnen noch viel beibringen kann? Oder legen Sie eher wert darauf, dass Ihr Freund oder Ehemann alle handwerklichen Reparaturen erledigen kann? Ich denke, Sie verstehen, was hier gemeint ist. Die Lösung? **Reden Sie miteinander und sagen Sie Ihrem Partner, was Sie in eine Beziehung einbringen können und was Sie sich, ganz konkret, von ihm oder ihr als Mann oder Frau erwarten**. Nur so können Sie Enttäuschungen, aufgrund falscher Vorstellungen von Ihrem Partner, vermeiden. Erst dann schaffen Sie sich eine gute Grundlage für Gespräche, in denen Sie zusammen Kompromisse finden werden.

@ Mehr zur Rollenvorstellung und -verteilung finden Sie unter www.bedienungsanleitung-liebe.de.

5. Klären anstatt streiten

Auseinandersetzungen sind gewöhnlich. Auch wenn mal die Fetzen fliegen, muss niemand gleich an der Partnerschaft zweifeln. Entscheidend ist, **„wie man sich streitet“**. Damit Streit die Beziehung nicht sprengt, gibt es **ein paar Spielregeln**. Versuchen Sie sich bei aller Brisanz immer wieder mahnend an diese zu erinnern und einen Augenblick innezuhalten, ehe es hoch hergeht.

pflegen Sie eine Streit-Kultur

Spielregeln, **damit Streit konstruktiv wirkt** und dunkle Wolken schnell (wieder) verschwinden:

- **Formulieren Sie Ihre Enttäuschung**. Sagen Sie, was Sie stört. Sachlich und klar. **Fallen Sie aber nicht mit der Tür ins Haus**, sondern geben Sie Ihrem Partner – per kurzer Einleitung – Gelegenheit, sich vorzubereiten. Gleichzeitig entschärfen Sie so ein wenig die Problematik, anstatt gleich einen Schwall an Stichwörtern Ihrem Partner an den Kopf zu donnern.

  1. Enttäuschungen mitteilen

- **Keine Anschuldigungen und Beleidigungen**. Aus Respekt vor dem Partner und um der Partnerschaft willen sind **rohe Ausdrücke und Beschuldigungen völlig überflüssig**. Sie führen ins Nichts. In einer aufgebrachten Stimmung sind sie nur weitere Unruhestifter, die noch mehr Öl ins Feuer gießen.

  2. Respekt bewahren

- **Diskutieren aber nicht anklagen**. Sehen Sie Streit als Chance, bisher unangesprochene Probleme und Reibungspunkte zu thematisieren. **Schieben Sie Schuld nicht unmittelbar weiter**. Sagen Sie statt "Du hast"; "ich habe das Gefühl, dass ."

  3. Ich-Aussage wählen

- **Trennen Sie unbedingt zwischen Unwichtigem und Wichtigem.** Ein Streit darüber, dass der Müll wieder nicht heruntergebracht wurde, bringt nichts. **Meist liegt das Problem nicht an einer Nachlässigkeit, sondern tiefer**. Packen Sie das Problem an der Wurzel und sprechen Sie mit Ihrem Partner über grundlegende Dinge.

  4. Wichtiges aussprechen

5. Bleiben Sie im Gespräch

- **Machen Sie nicht zu schnell „dicht“**: Wenn Kritik an uns geübt wird, fühlen wir uns angegriffen und verweigern das Gespräch. Was hilft: **Beiden eine kurze Pause gönnen, durchatmen und dann das Gespräch von Neuem beginnen**.

Auch im Streit gelten die **Regeln guter Konversation**: Aussprechen lassen, zuhören, nachfragen, wenn etwas unklar ist. Wer Redebedarf hat, sollte gleich damit beginnen. **Reagieren Sie, ehe es zu spät ist** und bevor der Ärger ins Unermessliche steigt.

6. Genug Zeit füreinander

gemeinsame Zeit ist wichtig

Partnerschaft heißt Gemeinsamkeit. Und um Gemeinsamkeit zu leben, müssen Sie Zeit füreinander haben. Zeit, um **gemeinsam zu lachen**, zu wachsen, **Glück zu erfahren**. Was so einfach klingt, wird uns durch den Alltag oft zunichte gemacht. Erst auf Zuruf kommt der Gedanke: "Verbringen wir nicht zu wenig Zeit miteinander?" Überlegen Sie mit Ihrem Partner, **wie viel gemeinsame Zeit** Sie in den letzten vier Wochen hatten. Listen Sie auf, wie viel Zeit Sie gemeinsam verbracht und was Sie unternommen haben. Kommen Sie zum Schluss, dass Sie sich zu wenig sehen, dann suchen Sie nach möglichen Gründen und richten Sie vorhandene Zeitfenster wieder mehr auf Ihre Partnerschaft aus.

planen Sie Ihre Zeit zusammen

Übertragen Sie eigene und gemeinsame Unternehmungen in einen Kalender. Am besten mit zwei verschiedenen Farben – eine für Sie, eine für Ihren Partner. Hinterlegen Sie dort alle Aktivitäten. **Suchen Sie sich nun gezielt nach einem freien Abend**. Sollte es diesen nicht automatisch geben, dann schauen Sie, ob durch Kompromisse ein freier, gemeinsamer Abend oder Tag möglich ist. **Planänderungen** sprechen Sie mit Ihrem Partner ab, damit sich keiner zurückgesetzt oder vergessen fühlt.

Sprechen Sie darüber, wie Sie Zeit gemeinsam nutzen möchten. Es geht nicht darum, möglichst immer auf Achse zu sein. Es geht darum, dass beide Partner **die gemeinsame Zeit als wertvoll und sinnvoll genutzt empfin-**

den. Wenn beide unter der Woche den Fernsehabend schätzen, ist es okay, dass Sie diesen gemeinsam verbringen.

Suchen Sie nach gemeinsamen Interessen. Für Abwechslung sorgen verschiedene Unternehmungen. Oper, Theater, Spiele-Abend: Streuen Sie dies immer wieder und ganz bewusst in Ihre Vorhaben mit ein.

Definieren Sie pro Woche einen gemeinsamen Abend. Hier nehmen Sie und Ihr Partner sich Zeit. Hier stört niemand. Dieser Abend gehört nur Ihnen beiden. Entfernen Sie sich ein Stück weit von den alltäglichen Fragen, schalten Sie ab und **lassen Sie sich bewusst auf Ihren Partner ein**. Genießen Sie die gemeinsame Zeit und geben Sie sich Mühe, den Abend wirken zu lassen. Reden Sie über die **gemeinsame Zukunft**, lassen Sie sich bei einem tollen Essen verwöhnen, träumen Sie gemeinsam, und retten Sie diese zauberhaften Abende in den Alltag.

1 Abend / Woche nur zu zweit

Vergessen Sie bei all dem Streben nach Zweisamkeit aber nicht, Ihrem Partner genug Freiräume zu lassen. **Stärken Sie das WIR, bleiben Sie aber auch ein eigenständiges ICH**. Seien Sie kompromissbereit, setzen Sie sich gemeinsam Ziele und klären Sie, welche Dinge Ihnen wichtig sind, mit dem Partner zu teilen. Überlegen Sie auch, wie Sie Ihre gemeinsame Zeit verbringen möchten. Denn wenn Sie zwar Zeit füreinander finden, aber nichts mit sich anfangen können, ist das wiederum verschenkte Zeit. Denken Sie daran: **Gemeinsame Zeit ist eins der wertvollsten Dinge überhaupt**. Und deshalb rate ich Ihnen: Genießen Sie jede Sekunde!

ein starkes "WIR" + ein gesundes "ICH"

7. Fremdgehen - Treue und Vertrauen üben

Wir alle suchen nach Menschen, auf die wir uns verlassen können. Denn **Vertrauen ist die Basis jeder Partnerschaft**, jedes Miteinanders. Durch Vertrauen entsteht ein "Schutzraum", der uns das Gefühl gibt: "Hier kann mir nichts passieren.", "Hier kann ich mich fallen lassen.", "Hier kann ich, ich selbst sein." Wir **müssen uns auf unseren Partner verlassen können** und unser Partner sich auf uns. Ehrlichkeit ist Trumpf. Wenn dieser „Vertrauens-Deal" jedoch nicht funktioniert, prüfen Sie folgende Punkte:

Vertrauen ist die Grundlage jede Beziehung

- Welche Bedürfnisse habe ich?
- Welche Bedürfnisse hat mein Partner?
- Werden diese Bedürfnisse erfüllt?

Suchen Sie die Ursachen fürs Fremdgehen

Denn die **Ursache für Fremdgehen** ist häufig, dass die eigenen **Bedürfnisse** oder die des Partners **nicht befriedigt** werden. Und wenn das der Fall ist, sucht man **woanders nach der Erfüllung dieser Bedürfnisse**. Im schlechtesten Fall endet diese Suche nach Erfüllung dann im Fremdgehen. Als erstes müssen Sie sich also über Ihre eigenen Bedürfnisse klar werden. Was suchen Sie in einer Beziehung? Was macht Sie glücklich? Was fehlt Ihnen in Ihrer bestehenden Partnerschaft? Haben Sie das reflektiert, ist es zwingend erforderlich, Ihrem **Partner diese Bedürfnisse mitzuteilen**. Wie kann Ihr Partner wissen, dass Sie sich mehr Zuneigung, mehr Aufmerksamkeit, mehr Sex wünschen, wenn Sie es ihm nicht sagen? Transparenz heißt die Lösung! Wenn wir einem **Menschen unser Vertrauen schenken**, warum ihm dann unsere Begehren und Bedürfnisse vorenthalten? Natürlich können nie alle Wünsche erfüllt werden. Seien Sie sich darüber im Klaren. Aber wenn Sie niemandem sagen, was Sie glücklich macht, werden Sie weiterhin unbefriedigt bleiben. Es kann niemand Ihre Gedanken lesen. Sie selbst stehen in der **Hauptverantwortung Ihrer Bedürfnisbefriedigung**.

Bedürfnisse definieren und dem Partner mitteilen

Grundsätzlich gilt: Ein glückliches Miteinander ohne Vertrauen ist nicht möglich. Klären Sie also, weshalb in Ihrer Partnerschaft Misstrauen existiert. **Liegen Eifersuchts-Neigungen vor**? Gab es schon häufiger Vertrauensbrüche? Lügen Sie Ihren Partner manchmal an?

übernehmen Sie beide Verantwortung für Ihre Fehler

Kommt es trotz allen Vertrauens zum Seitensprung, ist Fremdgehen nicht unbedingt ein Grund für eine Trennung. **Wenn Ihr Partner wirklich bereut**, überlegen Sie, der Beziehung noch eine zweite Chance zu geben. Unter Umständen "rüttelt" so ein Fehltritt Ihre Bindung wieder wach und ist somit ein **wertvolles Alarmsignal für Ihre Beziehung**. Lassen Sie nicht den Liebeskummer die Oberhand gewinnen. Ein solcher Vorfall kann nämlich eine Chance sein. Er deckt vielleicht Probleme in der Beziehung auf, die Ihnen und Ihrem Partner bisher gar nicht bewusst waren. **Ein Vertrauensbruch hat immer tiefer liegende Gründe**. Gründe, die jetzt zur Sprache gebracht werden sollten und müssen. Sie bekommen die Möglichkeit,

Ihre Beziehung neu anzupacken und Dinge in Zukunft besser zu machen. Wenn Sie verletzt wurden, weil Ihr Partner Ihr Vertrauen missbraucht hat, fremdgegangen ist, dann sehen Sie das auch als Chance für Erkenntnis und Besserung. Vielleicht wird die Vertrauensbasis Ihrer Beziehung dadurch sogar gestärkt. **Nutzen Sie diese Chance, um Ihre Bedürfnisse und die Ihres Partners zu artikulieren**. Nutzen Sie diese Chance und holen Sie die verpasste, längst überfällige Aussprache nach.

Wenn Sie beide nicht mehr in der Lage sind das gegenseitige Vertrauen wieder herzustellen, müssen Sie überlegen, ob Ihre Beziehung noch eine Zukunft hat. Denn das sollte uns die Liebe doch geben: Stabilität und Geborgenheit – nicht Kummer und Schmerz. Beachten Sie dafür die folgenden **Grundregeln für eine stabile Partnerschaft**: Ehrlichkeit und Offenheit. Seien Sie aufrichtig, aufgeschlossen und fair Ihrem Partner gegenüber. Verheimlichen Sie nichts – auf Dauer kommt alles zum Vorschein. Sprechen Sie Misstrauen gegenüber Ihrem Partner und eigene Neigungen zur Untreue an. Wenn Sie merken, Sie können Ihrem Partner nicht mehr alles mitteilen und nicht über alles reden, **besteht Handlungsbedarf**.

Vertrauen muss hergestellt werden

Weitere Fragen und Tipps finden Sie unter:
www.bedienungsanleitung-liebe.de

@

8. Fernbeziehung - durch Rituale Nähe schaffen

Der Sinn einer jeden Beziehung und der Wunsch aller Liebenden besteht eigentlich darin, **einander nahe zu sein** und ein gemeinsames Leben zu führen. Wenn einem das **durch räumliche Trennung** vom Partner verwehrt ist, stellt das in den meisten Fällen **eine Belastung** oder zumindest eine Herausforderung für die Beziehung dar. Es kann jeden ganz unverhofft treffen und jede **Liebe auf eine Probe stellen**. Liebeskummer dürfte bei einer Fernbeziehung in den meisten Fällen wohl vorprogrammiert sein.

Fernbeziehung ist eine Probe für Partnerschaft

Haben Sie Ihren Partner z. B. im Urlaub kennengelernt, handelt es sich wahrscheinlich um eine Fernbeziehung auf unbestimmte Zeit. Müssen Sie beispielsweise für einen geschäftlichen Großauftrag für ein halbes Jahr in einen anderen Ort oder sogar in ein anderes Land ziehen, bewegt sich die Fernbeziehung zwar in einem zeitlich begrenzten Rahmen, das macht den Kummer während dieser sechs Monate jedoch auch nicht kleiner.

Die **Herausforderung einer Fernbeziehung** besteht darin, die Liebe über diesen **Zeitraum und diese Distanz hinweg intakt und lebendig** zu halten. **Im Zeitalter von Flatrates und Skype** haben wir viele tolle Möglichkeit dazu. So können Sie stundenlang miteinander telefonieren und sich online Auge in Auge austauschen. Sie sind sich nahe und haben teil am Leben des anderen. **Schaffen Sie sich durch diese Medien gemeinsame Rituale**. Anstatt eines romantischen Dates beim Italiener, daten Sie doch beispielsweise jeden Donnerstagabend Ihren Computer und essen Sie über Skype gemeinsam zu Abend. Anstatt an der Hand des Partners spazieren zu gehen, gehen Sie mit Ihrem Partner am anderen Ende der Telefonleitung spazieren. So bleibt Ihre Beziehung weiterhin greifbar und **gibt Ihnen trotz der Distanz Nähe**. **Wichtig ist, dass Sie sich gegenseitig vertrauen**, damit Eifersucht nicht zu einer zusätzlichen Belastung wird. Und seien Sie nicht enttäuscht, wenn einmal eine Telefonabsprache platzt. Schließlich lebt jeder von Ihnen auch noch sein eigenes Leben. Und das sollten Sie dem anderen auch gestatten. Erwarten Sie deshalb auch nicht, jeden Tag vom anderen zu hören. Denn auch **bei einer Fernbeziehung braucht jeder Zeit für sich selbst**. Um das Leben des anderen besser zu verstehen, ist es hilfreich, den anderen regelmäßig zu besuchen, um die Umgebung und Freunde des Partners kennen zu lernen. Ein wahrer Gold-Tipp ist auch: **Machen Sie sich Geschenke**. Denn ein unerwarteter Liebesbrief im Briefkasten oder ein Blumenstrauß, der ins Büro geliefert wird, bringt Freude und ist ein wahrer Liebesbeweis, der Kilometer ganz schnell schrumpfen lässt. Sehen Sie in einer Fernbeziehung auch eine Chance. Denn z. B. die Gefahr des Alltags-Trotts ist kleiner. Vielleicht lebt einer von Ihnen auf dem Land, der andere in der Großstadt - so ist Abwechslung gesichert. Und bedenken Sie, dass Sie sich umso mehr **aufeinander freuen, wenn Sie sich eine Zeit lang nicht gesehen haben**. Vielleicht haben Sie während der Zeit, in der Sie voneinander getrennt sind, sogar mehr Kontakt, als Paare, die zusammen wohnen und deshalb in einer Art Routine nebeneinander leben. Wenn kein Ende der Fernbeziehung in Sicht ist, überlegen Sie sich, wie wichtig Ihnen die Beziehung ist und ob es sich wirklich um Liebe handelt. Wenn nein, machen Sie sich vielleicht glücklicher, wenn Sie der Beziehung ein Ende setzen und Ihre Energie und Liebe in eine Partnerschaft stecken, die eventuell mehr Zukunftspotenzial aufweist. Sollte es sich bei Ihrem Partner allerdings um die eine große Liebe handeln, **müssen Sie Kompromisse eingehen**. Eine Möglichkeit ist, dass einer von Ihnen seine Heimat verlässt, um zum Partner zu ziehen. Eine andere Möglichkeit wäre, in die sogenannte **"Mitte" zu ziehen**. Bis dahin: Besuchen Sie sich gleich häufig, fahren Sie gemeinsam in den Urlaub und setzen Sie sich **Zwischenziele,** um einander näher zu kommen.

Ziel: gemeinsamer Wohnort

9. Kinderglück erleben

Kinder bereichern, sind Beweis für die Liebe und fordern gleichzeitig unglaublich heraus. **Der Nachwuchs wirbelt Ihr Leben mächtig durcheinander**, stellt es auf den Kopf und verschiebt Prioritäten. Plötzlich steht nicht mehr der Partner im Mittelpunkt, sondern das Neugeborene, weil es in seiner Hilflosigkeit Zuneigung, Zeit und viel Liebe braucht. Zeit und Aufmerksamkeit, die dem Partner dann plötzlich fehlen. Zweisamkeit und Intimität adé? Mitnichten! **Ein Kind darf nicht in die Eifersucht treiben**. Es soll Bindeglied sein, das Sie und Ihren Partner näher bringt. Freuen Sie sich gemeinsam und **genießen Sie das Kinderglück**. Packen Sie das Projekt "Eltern" an, scheuen Sie sich nicht vor neuen Aufgaben und Herausforderungen. **Das schweißt zusammen und verhindert Liebeskummer**. Freuen Sie sich auf die ganz besonderen Momente, denn Kinder bedanken sich über Ihre Zuneigung mit ihrer herzlichen und ehrlichen Art. **Kinder schenken uns bedingungslose Liebe** und akzeptieren uns so, wie wir sind. Neben dem Elternglück erfüllt uns das mit ganz viel Stolz, Zufriedenheit und einem wohligem Gefühl.

Kinder stellen Ihr Leben auf den Kopf

Kinder schenken Eltern bedingungslose Liebe

Versuchen Sie aber auf keinen Fall, Ihre Beziehung durch ein Kind zu kitten. Ein Kind ist kein Rettungsring.

Scheuen Sie sich nicht, offen und ehrlich über die Erziehung zu reden. Welche Erwartungen und Ideale haben Sie? Welche Werte sollen vermittelt werden? Setzen Sie **gemeinsam Prioritäten** und stellen Sie klar, wie die grobe Ausrichtung ist.

Vorsicht: nicht Partner übersehen

Sprechen Sie darüber, wenn Sie sich doch vernachlässigt fühlen. Denn in der neuen Situation kann es geschehen, dass **Sie Ihren Partner aus dem Blickwinkel verlieren**. Bestimmt ist das nicht böse gemeint und keine Absicht! Raufen Sie sich immer wieder zusammen und ziehen Sie an einem Strang! **Gönnen Sie sich gemeinsame Zeiten – auch für Zärtlichkeit**. Denn Sie sind nicht nur "Mama" und "Papa", sondern auch immer noch ein Liebes-Paar.

10. Partner und Karriere vereinbaren

eine Karriere braucht eine stabile Partnerschaft

freuen Sie sich über beruflichen Erfolg Ihres Partners

Heute streben die meisten Paare nach **beruflicher Selbstverwirklichung**. Auch wenn beide beruflich eingespannt sind, ist **partnerschaftlicher Rückhalt möglich** – und wichtig! Nötig ist er allemal: Denn hier **tanken beide Kraft für die berufliche Herausforderung**. Viele denken, dass man sich für Karriere oder Beziehung entscheiden muss. Doch das stimmt nicht unbedingt – mit Fleiß, Mühe, Absprachen, Kompromisse und Organisation ist beides möglich. Die allerwichtigste Voraussetzung dabei: **Gönnen Sie Ihrem Partner den beruflichen Erfolg**, seien Sie stolz – aber streuen Sie keinen Neid! **So können Sie Partnerschaft und Karriere vereinbaren**.

machen Sie eine gerechte Aufgaben-teilung

Entlasten Sie sich nach Feierabend: Teilen Sie sich die anfallenden und mitunter lästigen Aufgaben wie Einkauf oder Haushalt auf: **Nicht einer allein macht alles, sondern beide gemeinsam stemmen die täglichen To-Dos**. Oder Sie geben an Dienstleister ab, wenn es die Haushaltskasse zulässt.

Werden Sie sich klar darüber, was **Sie beruflich und privat erreichen** möchten. Was ist die **gemeinsame Lebensidee**? Stellen Sie sich die Frage:

"Wo möchten Sie in fünf Jahren sein – im Beruf sowie in der Partnerschaft?" Überlegen Sie sich, wie viel Aufwand Sie dafür investieren möchten. Überlegen Sie, wie Sie sich arrangieren können.

Immer auch eine Überlegung wert: Wer von Ihnen steht kurz vor einem Karrieresprung? Wie wirkt sich das aus? Welche Veränderungen würde das ergeben – zeitlich, räumlich, monetär? Lassen Sie sich auf Gedankenspiele ein. Ziehen Sie aber auch in Erwägung, dass es Zeiten geben kann, in denen ein Partner **zugunsten des anderen in den Hintergrund treten muss**. Achten Sie darauf, dass es zu **keinem Ungleichgewicht kommt**. Kippt die Balance, sorgt es für Liebesschmerz und Liebesmangel, wenn sich nur einer von beiden verwirklichen kann. Treten Sie nicht vollkommen zurück, sondern unterstützen Sie sich gegenseitig in Zuspruch, Rücksicht und Verständnis.

Gleichberechtigung im Karriere-Anspruch

Fünf Don'ts

Beachten Sie diese **fünf Don'ts**, um Liebeskummer in Ihrer Beziehung keine Chance zu geben.

1. Lügen
Das A und O einer funktionierenden Beziehung ist Vertrauen. Wir verschleiern und lügen nicht und sagen dem Partner, was los ist. Eine Beziehung, die auf **Lügen aufgebaut ist, hat ein wackliges Fundament**, das früher oder später zum Einsturz kommt. Außerdem fühlen Sie sich viel besser, wenn Sie nicht ständig nach Ausflüchten suchen müssen oder vor Ihrem Partner ungeschickt "herumdrucksen". **Ehrlichkeit währt schließlich am längsten!**

Grundlage ist Vertrauen

2. Einengen
Engen Sie Ihren Partner nicht zu sehr ein. Jeder braucht Freiräume und Zeit für sich. Ist es für einen Part zu eng, wird er irgendwann aus der Beziehung

Nähe leben Distanz schenken

flüchten. **Es ist ein Balance-Akt zwischen Distanz und Nähe**. Beweisen Sie Fingerspitzengefühl, sprechen Sie sich aber auch ab und erlauben Sie Ihrem Partner die Freiräume, die er braucht und die ihm gut tun.

3. Schweigen

Kommunikation ist Trumpf

Reden ist Silber, Schweigen ist Gold. Dieses Sprichwort mag in manchen Situationen stimmen, in einer Partnerschaft jedoch ist es jedoch vollkommen Fehl am Platz. **Reden ist das absolute Muss**, um Ihre Beziehung aufrecht zu halten und um sich Liebeskummer zu ersparen. Kommunikation löst Probleme. Durch Schweigen lösen sich keine Konflikte!

4. Abwerten

Leben Sie Respekt

Werten Sie Ihren Partner und das, was er tut niemals ab. Haben Sie Achtung und **Respekt und zeigen Sie ihm Ihre Wertschätzung für seine Person**. Sehen Sie Ihren Partner nicht als selbstverständlich an, sondern wissen Sie zu schätzen, welch ein Geschenk seine Liebe ist. Gegenseitiger Respekt ist erste Voraussetzung zu einer **glücklichen und harmonischen Beziehung**.

5. Dem Mecker-Gen nachgeben

Leben Sie ohne "Mecker-Gen"

Walzen Sie Ihre eigenen Probleme und Unzufriedenheiten nicht auf Ihren Partner ab. Wenn Sie immer nur meckern, stehen Sie vielleicht irgendwann alleine da. Wenn es konkrete Streitpunkte gibt, dann streiten Sie, aber bitte **sachlich und ohne verletzend zu werden**. Denn ihr Partner ist nicht Ihr Blitzableiter.

„Es ist schwer, jemanden zu vergessen, den man einmal geliebt hat! Aber manchmal ist der Abschied, das wertvollste Geschenk an uns.“

Liebe Leserin, lieber Leser,

eigentlich müsste der Liebeskummer Lebensschmerz heißen. Denn oft kommt im Kummer ein tiefer Schmerz hervor.

Alte Wunden, die wir schon lange in uns tragen, brechen auf. Sie wurden nicht geheilt, sondern nur überdeckt. Aber warum tragen wir diese Wunden noch in uns? Womöglich, weil hinzuschauen, weh tut. Weil wir gar nicht genau wissen, was uns ganz konkret verletzt.

So leben wir zum Teil schon seit unserer Kindheit mit einem Leck in unserem Herzen. Eine **Verletzung, die uns begrenzt und abhängig macht**.

Der Liebeskummer ist oft der Anlass, dass auch diese alten Wunden aufbrechen. Jetzt dürfen wir uns diesen tiefen Kummer anschauen. Dann können wir heilen und gesund in ein neues Leben starten. **Ein Leben voller Liebe für uns und unser Leben**. Ein Leben, wo wir unabhängig, frei und glücklich unseren Weg gehen.

Leider halten wir ohne Herzschmerz nicht inne, sondern laufen anderen Dingen nach und vor unseren Gefühlen und dem Kummer davon.

Lebendiges und erfülltes Leben findet aber nicht an der Oberfläche statt, sondern in der **Tiefe unseres Herzens**. **Der Liebeskummer ist die Treppe und der Wegweiser zu unserem Inneren**. Unten wartet ein großer **Schatz auf Sie: Heilung, Liebe, Tiefgang, Selbsterkenntnis, Freiheit, Erfüllung und ganz viel Freude**.

All das gehört Ihnen und wartet schon lange auf Sie. Holen Sie sich diese Kostbarkeiten, heilen Sie Ihren Lebensschmerz und nutzen Sie den Liebeskummer als Türöffner.

Ich selbst bin diesen Weg gegangen und möchte die Geschenke und Erkenntnisse nicht mehr missen. Ich darf Ihnen versprechen: **Es wird alles gut, wenn Sie sich auf den Weg machen und Ihren Schmerz nicht verdrängen**.

Ein Stück begleite ich Sie, wenn Sie gestatten, im folgenden Kapitel.

Alles Liebe
Ihre

Claudia Bayerl

Platz für Ihre Notizen

Claudia Bayerl

Gebrochenes Herz als Chance

Liebeskummer nach einer gescheiterten Beziehung als Chance annehmen? Kann das überhaupt funktionieren? Ja, denn es gibt immer neue Blickwinkel, die uns lehren, dass nichts im Leben ohne Grund passiert. Lernen Sie Ihren Liebeskummer besser verstehen und akzeptieren. Entdecken Sie die Chancen und Geheimnisse über sich selbst. Liebeskummer zwingt uns aus dem Alltags-Trott auszusteigen und das Hamsterrad anzuhalten. Jetzt ist der Zeitpunkt an sich selbst zu arbeiten und bewusst zu ändern, was bislang verdrängt wurde. Lassen Sie sich berühren und überzeugen.

Die Autorin

Claudia Bayerl

Claudia Maria Bayerl weiß, was es heißt an Liebeskummer zu leiden. Wenn man das Gefühl hat, das Herz bricht. Aber dahinter hat sie auch ihren größten Schatz gefunden:
Viel Herz, viel Gefühl, viel Liebe und zu sich selbst.
Heute ist sie dankbar für die erfahrene Liebe und für den durchlebten Liebeskummer.

Co-Autorin

Elisabeth Jung

Sie studiert Theater- und Medienwissenschaft und Germanistik an der Universität Erlangen-Nürnberg. Ihr dort erworbenes Wissen wendet sie gekonnt bei allen Projekten der Textakademie an.

Eine Beziehung oder gar eine Ehe geht in die Brüche. Was dann? Wir fühlen uns am Boden zerstört und eine unglaubliche Leere, Traurigkeit und Verzweiflung macht sich in uns breit. Wir verstehen nicht, was passiert ist und warum alles so gekommen ist, wie es gekommen ist. **Wir wollen es nicht verstehen**. Geht eine Liebesbeziehung zu Ende, erinnert man sich oft nur an die schönen Dinge, die man gemeinsam erlebt hat. Erinnerungen an Zweisamkeit, gemeinsam erlebte Erfolge und das Überstehen von Krisen laufen vor dem inneren Auge ab, wie in einem nie enden wollenden Kinofilm. Umso bitterer ist die Erkenntnis, dass all das vorbei sein soll. Die Enttäuschung, dass man dieses Band der Verbindung nicht aufrecht erhalten konnte, schmerzt tief und viele denken daran zu zerbrechen. Sterben an gebrochenem Herzen? Ja, das ist sogar möglich. Wenn die Fragen nach dem „Warum", **nach der Schuld und der Sehnsucht nicht nachlassen, können Menschen tatsächlich auch körperlich an Liebeskummer erkranken**. Das Gefühl „Ich habe eine Abfuhr bekommen" ist sehr belastend für die Psyche. „Ich habe Schluss gemacht" ist dagegen erstaunlicherweise weniger schmerzhaft. Vielen ist es deshalb wichtig, dass sie derjenige waren, der gegangen ist, der zuerst gesagt hat: „Ich gehe." Wir wollen Ihnen jedoch zeigen, dass es **Wege aus diesen negativen Gedanken gibt**. Es gibt **Lösungen und neue Hoffnung für Ihr Leben**, auch wenn Sie vor einem Scherbenhaufen stehen und den Horizont nicht mehr sehen.

Liebeskummer kann krank machen

Es geht darum, das Ende und die Beziehung aus einem anderen Blickwinkel zu betrachten. Die Erkenntnis, die wir Ihnen übermitteln ist: Jedes „Aus" bedeutet eine, vielleicht sogar DIE Chance Ihres Lebens für Sie. Es ist schwer, sich in einer so ausweglos erscheinenden Lebensphase aufzuraffen, aber betrachten wir das Wort „Enttäuschung" doch einmal genauer. Was bedeutet es für Sie? Denken Sie an Wut, Trauer, Leere, Einsamkeit, Verletzung, Betrug? Das mag die erste und menschlichste Reaktion sein. Doch wir wollen Sie dazu einladen, eine andere Bedeutung hinter diesem Begriff wahrzunehmen. Enttäuschung bedeutet das **Ende einer Täuschung!** Sie dachten, Sie hätten den Partner fürs Leben gefunden? Ihren Seelenverwandten? Nun, so hart diese Aussage ist, aber ganz objektiv betrachtet ist das eventuell nicht der Fall. Gibt es überhaupt ein Ende für wahre Liebe. Wir wollen nicht bestreiten, dass Liebeskummer schmerzhaft und traurig ist und wir wollen auch nichts beschönigen oder Ihren Liebeskummer, Ihre Tränen und Ihre Verzweiflung belächeln. Im Gegenteil:

Das Scheitern einer Beziehung, das Auseinanderbrechen einer innigen, intimen und auf Vertrauen basierenden Verbindung zweier Menschen ist eine der größten Herausforderungen im Leben. Aber alles, was wir im Leben erfahren, **auch der Schmerz**, den wir ertragen müssen, **ist etwas, das uns in der Persönlichkeit prägt**. Selbst Dinge, die uns im Moment wahnsinnig schwer belasten, können im Nachhinein etwas sehr Kostbares für uns werden. Die gute Nachricht, die dieser Artikel geben kann: Wer sich wirklich intensiv mit dieser Chance beschäftigt, und auseinandersetzt, wird feststellen, dass der **Kummer später ein ganz, ganz großer Gewinn** für einen selbst werden kann. Jede Form von Liebeskummer, egal woher er kommt, ob er jetzt freiwillig, unfreiwillig oder durch einen Sterbeprozess passiert, bedeutet, dass ein **Kurswechsel stattfindet** und dass **wir uns wieder neu ausrichten** müssen. Wir müssen uns dadurch **mit uns selbst beschäftigen** und auseinandersetzen. Das ist eine der Chancen, die in jedem Kummer für uns liegen. Denn viele Menschen verlernen in einer Beziehung die Verantwortung für Ihr eigenes Leben und Glück zu tragen. Schnell schieben Sie Aufgaben und Pflichten dem Partner zu, verlernen, was es bedeutet, auf eigenen Beinen zu stehen und **selbst für das persönliche Glück verantwortlich** zu sein. Wir wollen Ihr Bewusstsein schärfen, dass niemals der Partner für Ihre Lebensqualität verantwortlich sein kann. **Sie sind der Schmied für Ihr Glück**. Das erneut zu lernen und wieder für sich zu entdecken ist eine spannende Aufgabe, die Ihnen das Leben jetzt stellt.

Liebesschmerz eröffnet Ihnen neue Chancen, versprochen

nur Sie sind für Ihr Leben verantwortlich

Zunächst müssen Sie jedoch „heilen", denn natürlich hat Ihre Persönlichkeit, Ihr Herz, Ihre Seele eine Verletzung erfahren.

Der Liebeskummer reißt uns aus unserem Hamsterrad. Sowohl aus dem **Beziehungstrott wie auch aus dem Lebens-Alltag**. **Gefühle lassen sich nicht mehr so einfach wegdrücken**. **Jetzt regiert das Herz und der Verstand hat Pause**. Das ist ein **ganz wichtiger Entwicklungsschritt**. Denn viel zu selten bekommen unsere Gefühle ausreichend Gehör. Aber nur unsere Gefühle machen unser Leben kostbar. Lassen Sie diese Gefühle

raus aus dem Hamsterrad und Alltags-Trott, rein in die Gefühle zu. Denn Schmerz entsteht durch den Wunsch, diese zu unterdrücken. Wenn Sie **Ihre Gefühle zulassen, bleibt Trauer zurück** und die ist, dass werden Sie **erleben, heilsam**. Wir brauchen **dieses Innehalten, diesen Kurswechsel**, diese Allmacht **unserer Gefühle, um zu lernen und zu verstehen**, wer wir sind und was mit uns gerade geschieht.

Wir brauchen Kurswechsel, um zu lernen

Wir wollen Ihnen das gute Gefühl mitgeben, dass Sie einen Weg aus dieser Traurigkeit und aus dem Schmerz finden. Folgende Hilfestellungen haben wir für Sie zusammen gestellt:
dieses Buch mit allen Tipps, Ihr Arbeitsbuch, den Newsletter „Tipps zur Liebe“, die Facebook-Seite, die Homepage und das Liebeskummerforum auf der Homepage www.bedienungsanleitung-liebe.de (Login: Ich _liebe).
Die folgenden Tipps sind so aufgebaut, dass Sie zunächst eine Hilfestellung bekommen, wie Sie mit Ihrem Liebesschmerz und Ihrer Traurigkeit umgehen, sodass Sie **das Gefühl nicht nur ertragen, sondern auch davon profitieren**. Danach offenbaren wir Ihnen neue Denkmuster: Was können Sie für sich dabei mitnehmen, was können Sie für sich dabei lernen und fühlen und erleben? Wo liegen die Chancen?

nach der Traurigkeit kommt der Trennungs-Gewinn

Dennoch braucht Liebeskummer seine Zeit, sonst profitieren Sie auch nicht davon. Sie würden sich einfach wieder Ablenkung suchen und in alte Verhaltensmuster zurückfallen. Die Faustregel lautet: sechs Wochen für den größten Schmerz, drei Monate lebendige Trauer und nach einem Jahr ungefähr haben das Herz und der Körper selbst schwere Verluste verarbeitet. Je mehr Sie sich mit Ihrem Leben und dem Liebeskummer beschäftigen, umso kürzer wird die Zeit der Trauer.

Wir wünschen Ihnen, dass es Ihnen schnell besser geht und dass Sie Ihre ganz individuelle Chance aus der Situation heraus finden und entfalten.

1. Akzeptieren Sie Ihre Gefühle

Der Liebeskummer ist deshalb so schmerzhaft, weil wir ihn nicht beherrschen können. Die Gefühle sind so stark, dass wir in der Regel durch Ablenkung nicht in eine andere Gefühlslage reinkommen. Wir versuchen uns mit aller Macht abzulenken, aber die schmerzenden Gefühle sind zu stark.

akzeptieren Sie Ihren Kummer

Der erste und vielleicht auch schwerste Schritt gegen Liebeskummer ist deshalb die **Akzeptanz darüber, dass Sie sich schlecht fühlen**. Wie in der Einleitung schon kurz angeschnitten, versuchen wir Menschen immer genau das Gegenteil: Wir wollen nicht annehmen, dass wir beispielsweise traurig oder wütend sind. Wir wollen nicht verstehen, warum uns der Partner verlassen hat oder wie es dazu kommen konnte, dass man Hass und Wut gegenüber einer Person empfindet, die man doch eigentlich liebt. Sie führen innere **Kämpfe mit sich, kämpfen gegen die Ohnmacht und das leere Gefühl an**, das sich einstellt, wenn der Partner nicht wiederkommt wie gewohnt. Die Wohnung bleibt leer, die Anrufe und Nachrichten fallen aus und schön langsam realisieren Sie, dass Sie alleine sind. Dagegen wehren Sie sich, denn Sie wollen nicht alleine sein. Und hier kommt Ihre Aufgabe: **Akzeptieren Sie, dass Sie traurig, wütend, enttäuscht, verletzt sind oder sich einsam fühlen.** Denken Sie über nichts weiter nach. Akzeptieren Sie Ihre Tränen, akzeptieren Sie alle Gefühle, die Sie gerade durchleben. Wichtig ist, dass Sie das **laut aussprechen** und zu sich sagen. Wenn Sie traurig sind und viel weinen müssen, dann **sagen Sie laut: „Ich akzeptiere, dass ich traurig bin** und dass ich weinen muss. Das darf ich auch." **Sie befreien sich durch dieses Zugeständnis an sich selbst von Ihrem inneren Kampf.** Sie öffnen sich dadurch nicht nur Ihren Gefühlen, sondern öffnen auch den **Zugang zu Ihrem Herz. So kann es heilen**. **So können Sie wieder zur Ruhe kommen.** Beruhigen Sie sich, indem Sie Ihre Gefühle annehmen. Vielleicht schaffen Sie es bereits durch das laute Aussprechen. Hilfreich sind jedoch auch Meditationen, in denen Sie lernen Ihren Geist zu beruhigen. Denn um den Liebesschmerz als Chance wahrzunehmen brauchen Sie inneren Frieden.

kämpfen Sie nicht gegen Ihre Gefühle an

ich akzeptiere, dass ich traurig bin

öffnen Sie Ihr Herz damit es heilen kann

2. Akzeptieren Sie, was geschehen ist

Wir sprechen von Liebeskummer oder Liebesschmerzen. Dabei sollten wir, sofern Sie sich bereit erklären, den Liebeskummer als Chance anzunehmen, das Wort „Trauer“ verwenden. Denn es gibt einen **Unterschied zwischen Schmerz und Trauer**. **Der Schmerz sagt: „Ich will es nicht wahrhaben.** Ich will es nicht!“ **Und die Trauer sagt: „Ich bin traurig, dass es so ist.“** Das ist ein ganz entscheidender Unterschied. Nachdem Sie akzeptiert haben, dass Sie im Moment diese unkontrollierbaren Gefühle haben, gehen wir einen Schritt weiter in der Akzeptanz. **Damit Sie sich besser fühlen können, ist es wichtig, die Vergangenheit ruhen zu lassen**. Egal, was passiert ist, es ist eine abgeschlossene Zeit. Das Einzige, was Ihnen bleibt, sind die Erinnerungen. Sie haben zwei Möglichkeiten: Seien Sie dankbar und glücklich über die schönen Momente, die Sie gemeinsam erleben konnten. Und akzeptieren Sie den Grund für das Ende Ihrer Beziehung. Sie müssen es nicht verstehen, wenn Ihr ehemaliger Partner Sie aus heiterem Himmel verlassen hat, Sie müssen es nicht verstehen, dass Ihr Partner Sie betrogen hat. **Aber nehmen Sie die Tatsachen wahr und akzeptieren Sie sie.** Zerbrochenes bleibt zerbrochen. Da hilft in vielen Fällen der beste Kleber nicht mehr. Denken Sie wieder zukunftsbewusst, statt voller Schmerz in der Vergangenheit zu verweilen. Nur so können Sie in die nächste Phase eintreten.

Schmerz rebelliert gegen die Trennung

Trauer ist ein wichtiges Gefühl und heilt

akzeptieren Sie den Abschied

3. Lassen Sie den anderen bewusst gehen, lassen Sie los

Loslassen ist für fast jeden Menschen etwas äußerst schwieriges, weil dahinter sehr viele Ängste stecken. Viele leiden unter Verlassensängsten. **Denn das Verlassen werden ist eine äußerst schmerzhafte Erfahrung, die man bereits in der Kindheit durchleben muss**. Wenn ein Kind von seiner Mutter allein gelassen wird, z. B. nachdem es ins Bett gelegt wurde, schreit es. Denn es will nicht, dass die Mutter geht. Das entspricht nicht seinen Wünschen. Am liebsten wäre es ihm, wenn die Mutter nicht von seiner Seite weicht und stets auf seine Bedürfnisse achtet. Aber so käme sie

wir sind nicht gerne allein

nicht zu ihrem eigenen Leben und deshalb wird sie das Kind früher oder später allein lassen müssen. Damit muss man sich auseinandersetzen. Kinder beginnen zu weinen und zu schreien und die Aufmerksamkeit einzufordern, wenn sie merken, dass sie alleine sind. Doch irgendwann funktioniert diese Strategie nicht mehr. Man wird mit der Tatsache konfrontiert: „Du musst jetzt lernen, für dich allein zu sein."

Je nachdem, wie dieser Prozess in der Kindheit stattgefunden hat, sind diese Ängste vor dem Verlassen werden unterschiedlich stark ausgeprägt.

Aber jeder kennt sie. **Die meisten Menschen erleben das auch als Erwachsene immer wieder ein Stück weit**. Wer möchte schon gerne verlassen werden? Niemand will das. Aber trotzdem muss man erkennen, dass diese Entwicklung – man lernt, allein zu spielen, zu schlafen, sich auf sich selbst zu konzentrieren und mit sich allein klar zu kommen – zu einem sehr wichtigen Reifeprozess dazugehört. Nicht nur in der Kindheit: Diese Reifung geht auch im Erwachsenenalter weiter.

ein wichtiger Schritt: loslassen lernen

Das müssen Sie annehmen und akzeptieren: Sie müssen lernen, loszulassen. Das ist ein schwieriger Schritt, vor dem man sich gerne sträubt. Deshalb bleibt man oftmals auch in Beziehungen, die einem eigentlich nicht mehr gut tun. **Aber diesen Schritt müssen Sie lernen und auch gehen.** Jetzt ist der richtige Zeitpunkt, damit zu beginnen. Das Leben hat Sie hierher geführt. Lassen Sie Ihren Ex-Partner ganz bewusst gehen und versuchen Sie nicht, etwas festzuhalten, das es so nicht mehr gibt. Zur Liebe gehört es auch, den anderen gehen zu lassen, wenn er das möchte.

4. Besinnen Sie sich auf sich selbst

Während einer Beziehung überträgt man mitunter (unbewusst) dem Partner ein hohes Maß an Verantwortung. Von nun an ist es an ihm, dafür zu sorgen, dass man glücklich ist und sich geliebt fühlt. **Das eigene Wohlbefinden liegt in den Händen eines anderen.** Eine Trennung, die nicht von Ihnen ausgegangen ist, bringt deshalb häufig auch unglaubliche Selbstzweifel mit sich. Sie fühlen sich herabgesetzt und denken, dass Ihr Lebensglück ebenfalls verschwunden ist. **Dieses Verlustempfinden überträgt sich**

meist auch auf zahlreiche andere Bereiche: Sie verlieren den Partner, Freund und Liebhaber, den Beziehungsstatus, unter Umständen Kinder und einen gemeinsamen Freundeskreis, die finanzielle Absicherung und vieles mehr.

Sind Sie während der Beziehung tatsächlich in diese Art Bequemlichkeit gerutscht, durch die Sie Ihrer eigentlichen (Lebens-)Aufgabe ausgewichen sind? Denn diese **Aufgabe besteht darin, für sich selbst zu sorgen**, nicht nur in materieller Hinsicht, sondern auch und gerade eben **auf emotionaler Ebene**. Durch den Liebeskummer werden Sie wieder damit konfrontiert. Denn derjenige, an den Sie die Verantwortung abgegeben haben, steht dafür nun nicht mehr zur Verfügung. Von daher ist es ratsam, sich diesen beinahe automatisierten Prozess bewusst zu machen und **die eigene Selbstständigkeit wieder aufzubauen**. Sie sollten sich an diesem Punkt klar werden, dass Sie jetzt **für sich selbst Verantwortung übernehmen** müssen und auch dürfen. Wenn Sie sich hier auf sich selbst besinnen, in sich hinein hören und sich nicht ausweichen, **gewinnen Sie aus dem Liebeskummer heraus einen großen Reichtum für sich persönlich**. Stellen Sie sich dieser schmerzhaften Erfahrung und gehen Sie gestärkt daraus hervor.

selbst Verantwortung übernehmen, dass es mir gut geht

Können Sie diesen Schritt nicht alleine gehen und wissen Sie eventuell gar nicht mehr, wer Sie selbst ohne den Partner sind, dann **holen Sie sich Hilfe von außen.** Denkbar sind hier Begleit-Gespräche, so dass Sie nicht allein durch diesen Prozess hindurch müssen. Hilfreich ist es, wenn Sie noch einmal aufmerksam die Kapitel zum Thema „Selbstliebe" durchlesen.

5. Reflektieren und prüfen Sie Ihre Ängste

Oft haben Kummer und Schmerz, den man durchmachen muss, nicht nur mit der Situation im Hier und Jetzt, mit dem gerade Erlebten zu tun. Viele Wunden, die uns in der Kindheit zugefügt wurden, brechen jetzt wieder auf, z. B. die in Punkt 3 beschriebenen Verlassensängste, aber auch Existenzängste oder Ähnliches. Je mehr Ängste wir dort gesammelt haben, je weniger wir diese verarbeiten konnten, desto unsicherer gehen wir durchs

Leben. Manchmal durchlebt man diese Ängste in einer schmerzhaften Situation wie dem Liebeskummer besonders heftig.
Deshalb ist es ratsam, sich darüber klar zu werden, weshalb Sie eigentlich noch an Ihrer Beziehung hängen und wovor Sie jetzt, nach deren Ende eigentlich genau Angst haben. Wollen Sie z. B. nicht allein sein, weil Sie mit jemandem zusammensitzen und sich unterhalten wollen oder liegt dahinter doch eher die in der Kindheit geprägte Verlassensangst? Vielleicht haben Sie aber auch **Angst davor, verlassen zu werden**, weil Sie das Gefühl haben, Sie wären nicht liebenswert genug. Oder Sie befürchten, allein zu bleiben, dass das Leben keinen neuen Partner mehr für Sie vorsehen hat. Haben Sie Angst vor fehlender Sicherheit, weil ein loyaler Partner fehlt, der Ihnen den Rücken stärkt? Oder Sie denken, dass Sie allein nicht mehr lachen können und dass es keine glücklichen Momente mehr gibt. Sie befürchten vielleicht, dass Sie sich allein nicht mehr aufraffen, Ihre Freizeit aktiv zu gestalten und z. B. Reisen zu unternehmen.
Hatten Sie in der Kindheit das Gefühl, nicht genug Liebe von Ihrer Mutter oder Ihrem Vater zu bekommen? Dieses Gefühl begleitet Sie ein Leben lang und Sie werden versuchen, dieses Manko in einer Partnerschaft zu beseitigen. Durch die Prägung in der Kindheit werden Sie sich aber immer wieder Partner suchen, die ähnlich ablehnend reagieren wie Ihre Eltern. Diesen Ängsten werden Sie aber nur auf die Schliche kommen, wenn Sie Verstand und Herz vereinen, wenn Sie innehalten und genau hinschauen.
Diese in der Kindheit geprägten Ängste führen oftmals auch dazu, dass wir uns nicht mehr weiterentwickeln, dass wir eine Situation, so schmerzhaft sie für uns auch sein mag, nicht verlassen, sondern im Hamsterrad „Alltag“ verharren. Diese Vogelstrauß-Haltung, den Kopf in den Sand zu stecken und zu erstarren, führt dazu, dass wir uns an den Schmerz gewöhnen und mit ihm leben. Dann wollen wir uns aus der Situation gar nicht mehr befreien, da ein neuer Schmerz auf uns warten könnte. Dieser könnte dann vielleicht noch schmerzhafter sein, da wir diesen noch nicht kennen. Viele Menschen leben in Routinen, obwohl wir uns eigentlich, besonders in der Kindheit, stetig weiterentwickeln. Aber irgendwann haben sich zu viele Ängste aufgestaut und wir beginnen, uns einzunisten

und stehen zu bleiben. Veränderung beginnt, uns ebenfalls zu ängstigen. Wir beginnen, uns **im Hamsterrad zu bewegen**, wie Roboter, die **nur noch funktionieren**. Hier liegt nun wiederum **die Chance des Liebeskummers. Er stößt uns aus dem Rad und stört die Routine**. Er zwingt uns in einen Veränderungsprozess und dazu, unsere Ängste genauer unter die Lupe zu nehmen und den Alltag, in dem wir uns eingerichtet haben, auf die Probe zu stellen. Es ist also wichtig, dass Sie sich über Ihre Ängste klar werden und sich ganz konkret fragen, wovor Sie eigentlich Angst haben. In einem nächsten Schritt sollten Sie sich überlegen, welche dieser Ängste denn wirklich berechtigt sind und wo eigentlich deren Ursprung liegt. **Welche haben überhaupt noch Bestand, wenn Sie die Dinge genau betrachten und überprüfen?** Sie werden vielleicht feststellen, dass viele Ihrer Befürchtungen so nicht gerechtfertigt sind und anschließend wieder ein wenig befreiter durchatmen. Wenn Sie sich Ihre Ängste bewusst machen, haben Sie die Möglichkeit, sie zu bekämpfen und nicht wieder automatisch in das Hamsterrad einzusteigen.

Liebeskummer stört Roboter-Leben

stellen Sie sich Ihren Ängsten

Hier finden Sie eine Liste mit Ängsten: www.bedienungsanleitung-liebe.de

@

6. Stellen Sie sich selbst in den Mittelpunkt

Nun ist es wichtig, dass Sie nicht nur die Trauer über die beendete Beziehung, sondern auch die negativeren Gefühle zulassen. Vielleicht ist es Ihnen selbst nicht bewusst, aber Sie empfinden bestimmt gegenüber Ihrem ehemaligen Partner ein gewisses Maß an Wut. Sei es über Dinge, die noch während der Beziehung geschehen sind, sei es über die Art und Weise, wie die Trennung vonstatten gegangen ist. **Es ist vollkommen in Ordnung, wütend zu sein**. Lassen Sie es zu. Auch diese Emotion gehört zum Verarbeitungsprozess und kann sehr heilsam wirken. Versuchen Sie nicht, die Entscheidungen Ihres Ex-Partners zu entschuldigen, stellen Sie sich und Ihre eigenen Gefühle und Bedürfnisse in den Vordergrund.

Wut gehört zum Heilungsprozess

Liebeskummer macht Sie stark. Sie haben bereits in Punkt 2 gelernt, Ihre Trennung und den Kummer zu akzeptieren. Jetzt haben Sie die Wut zugelassen. Wichtig ist, dass Ihnen **bewusst wird, dass Sie diese schwere Phase überwinden**. Am Ende dessen können Sie (wieder) zu sich selbst finden, wenn Sie die Chance nutzen, die in jedem Liebeskummer liegt. An diesem Punkt können Sie Neuem ganz offen entgegentreten. Sie können stolz auf sich sein, durchatmen und Ihren Blick vertrauensvoll in Richtung Zukunft wenden. Sie werden ein **Selbstwertgefühl entwickeln, das losgelöst von Ihrem Ex-Partner besteht**. Denn meist gelangen Sie erst durch eine Krise zu wertvollen Erkenntnissen über sich selbst, die eine **starke Charakterbildung** erst möglich machen. Von nun an seien Sie sich sicher: Sie wirft nichts mehr so schnell über Bord, denn schließlich überstehen Sie auch solch chaotische Gefühlssituationen wie Liebeskummer. Es ist tatsächlich so, dass Zeit die meisten Wunden heilt. Dies geschieht aber nur, wenn Sie **selbst aktiv daran mitarbeiten, wenn Sie sich selbst nicht ausweichen** und so auch die Länge dieser schmerzvollen Zeit mit beeinflussen. Nutzen Sie diese Möglichkeit, brechen Sie aus den Alltagsroutinen aus, wie im letzten Punkt beschrieben, und stellen Sie sich selbst wieder in den Fokus. Denn im Endeffekt sind nur Sie allein für Ihr Lebensglück verantwortlich.

überwundener Liebeskummer macht stark

7. Vermissen Sie die Person oder die Funktion?

Nach dem Ende einer Beziehung ist es hilfreich, genau zu überprüfen, wen oder was Sie konkret vermissen. Die Gründe für die Sehnsucht nach der vergangenen Zweisamkeit können in zwei gänzlich unterschiedlichen Ursprüngen liegen. **Fehlt Ihnen die Person selbst oder nur die Funktion**, die Ihr Ex-Partner für Sie erfüllt hat, nämlich zum Beispiel nicht alleine zu sein? Dieser Unterschied ist von besonders großer Wichtigkeit und Sie sollten gründlich überlegen, weshalb Sie um die Beziehung trauern. Wenn Sie sich klar darüber werden, ob Sie **diesen einen besonderen Menschen vermissen** oder doch eigentlich **nur das Zusammensein**, **kann das über das Ausmaß Ihres Liebeskummers entscheiden**.

Wollen Sie nicht allein sein oder vermissen Sie den konkreten Menschen

Sie vermissen z. B. das gemeinsame Abendessen. Warum nun aber genau fehlt Ihnen das? Essen Sie nicht gern alleine oder mögen Sie es, Hilfe beim

Zubereiten zu haben, dann **vermissen Sie nicht die Person, sondern nur die Funktion**. Das kann Ihnen auch eine gute Freundin oder ein netter Bekannter bieten. Ganz anders wiederum ist es, wenn Ihnen dieser Mensch fehlt, der sie während des Kochens immer so charmant zum lächeln gebracht hat, wenn Sie es vermissen, Ihrem Gegenüber beim Essen einfach nur in die Augen zu blicken. Mit keinem anderen konnten Sie es derart genießen, gemeinsam am Tisch zu sitzen. In diesem Fall vermissen Sie tatsächlich die Person.

prüfen Sie genau: vermissen Sie den Partner oder die Person

Sie tanzen leidenschaftlich gern und nun fehlt Ihnen der geeignete Tanzpartner? Dann fehlt Ihnen auch nur die Funktion, die Ihr Ex-Partner erfüllt hat. Wenn Sie aber eigentlich gar nicht gerne tanzen, mit diesem einen Menschen hat es Ihnen aber trotzdem Spaß gemacht, gemeinsam übers Parkett zu schweben. Denn bei ihm sind Ihnen immer die Knie weich geworden, dann vermissen Sie die Person.

Fehlt Ihnen also derjenige, die Person, mit der Sie gemeinsam über die gleichen Dinge lachen konnten, die Ihre Träume und Hoffnungen geteilt hat und diese eine besonders liebenswerte Angewohnheit hatte? Oder wollen Sie einfach nur nicht allein schlafen, gefällt es Ihnen nicht, ohne Begleitung ins Kino zu gehen, dann vermissen Sie die Funktion. Sie werden vielleicht feststellen, dass viele Dinge, die Ihnen fehlen, der Funktionsseite zuzuordnen sind und **diese Dinge finden Sie auch bei einem anderen Menschen und nicht nur mit diesem Partner**. Wenn Sie jedoch mehr Kreuze auf der Personenseite machen, seien Sie dankbar, für jeden Augenblick, den Sie gemeinsam teilen durften. Nehmen Sie das Glück und die Liebe, die Sie durch diesen Menschen erleben durften, für sich selbst mit und lassen Sie den anderen gehen.

der Partner ist austauschbar die Person nicht

Hier finden Sie eine Liste mit möglichen Unterschieden zwischen Person und Funktion: www.bedienungsanleitung-liebe.de

@

8. Wurden Ihre Wünsche erfüllt?

erfüllen Sie sich Ihre Wünsche

Nachdem Sie sich darüber klar geworden sind, wo die Ursachen Ihrer Sehnsucht begründet liegen, folgt nun ein weiterer wichtiger Schritt. Jeder Mensch hat bestimmte, ganz allgemeine Erwartungen an eine Beziehung und auch an einen Partner. **Sie sollten sich nun Ihre eigenen Wünsche und Bedürfnisse bewusst machen**. Was haben Sie sich **schon immer von einer Beziehung erträumt?** Brauchen Sie einen Partner, mit dem Sie gute und ausführliche Gespräche führen können? Ist es Ihnen wichtig, gemeinsam lachen zu können? Oder liegt Ihr Fokus mehr auf den körperlichen Aspekten? Wollen Sie einen Partner, der Sie oft in den Arm nimmt? Gehört für Sie guter Sex einfach dazu? Welche Dinge sind für Sie ganz konkret **unerlässlich für eine gute und funktionierende Partnerschaft?**

Nach dieser ersten Reflexion **Ihrer eigenen Ansprüche überlegen** Sie nun genau, ob diese von Ihrem **ehemaligen Partner auch wirklich befriedigt** wurden. Denken Sie darüber nach, ob Ihnen die Beziehung tatsächlich all das gegeben hat, was Sie sich davon erhofft haben. Hat Ihr Ex-Partner ähnliche Prioritäten innerhalb der Beziehung gesetzt wie Sie? Es wird vermutlich einige Punkte geben, die unerfüllt geblieben sind und bei denen Sie nicht einer Meinung gewesen sind. Einige Aspekte haben Sie vielleicht aufgegeben, obwohl Sie ihnen eigentlich eine besonders hohe Priorität zugesprochen haben. **Sie sollten sich hier also darüber klar werden, was für Sie selbst, was von Ihren Wünschen und Hoffnungen an eine Beziehung in der Ex-Partnerschaft eigentlich übrig geblieben ist**.

erstellen Sie eine Wunschliste. Was wurde davon in Ihrer Beziehung erfüllt?

Sie können hier auch die Dinge, die Sie in Punkt 7 aufgelistet haben, zur Hand nehmen und sich überlegen, ob die Aspekte, die Sie vermissen auch Ihren Wünschen entsprechen

@ Eine Liste mit möglichen Wünschen an eine Partnerschaft finden Sie unter: www.bedienungsanleitung-liebe.de

9. Setzen Sie sich Ziele

Vor allem nach einer langfristigen Beziehung ist man es oftmals nicht mehr gewohnt, derart viel Zeit für sich selbst zur Verfügung zu haben. Sie haben viele Dinge gemeinsam mit Ihrem Partner gemacht und erlebt. Mit Sicherheit waren darunter auch einige Sachen, die Ihnen am Herzen lagen. Sie haben vermutlich aber ebenso etwas getan, weil es Ihrem Partner wichtig gewesen ist und Spaß gemacht hat. Vielleicht haben Sie sogar einige Hobbys oder Träume während der und für die Beziehung vernachlässigt oder auch aufgegeben. Außerdem ist nach dem Verlust eines Partners die Gefahr groß, dass man von dem Gefühl beherrscht wird, dass das eigene Glück und auch die Lebensfreude gegangen sind. Sie denken vielleicht, dass es keinen Spaß macht, etwas ganz allein zu tun. Ihr Antrieb, auf sich selbst zu achten, ist vielleicht nicht mehr vorhanden.

Es wird Zeit, wieder eigene Ziele zu suchen

Es kann aber auch passieren, dass Sie **während der Partnerschaft in eine Art Alltagstrott und Routine verfallen sind**, dass Sie nur noch funktioniert haben und eigentlich gar nicht mehr richtig gelebt haben. Sie sind in Ihrer emotionalen und geistigen Persönlichkeitsentwicklung stehen geblieben. Auch in diesem Fall kann der Verlust des Partners eine Chance bedeuten, denn dieses Erlebnis reißt Sie aus Ihrem Trott und zwingt Sie dazu, sich wieder mit sich selbst zu beschäftigen und Ihr Leben auf den Prüfstand zu stellen.

Deshalb sollten Sie sich an dieser Stelle ganz bewusst Ziele setzen, um sich selbst nicht zu vernachlässigen. Jetzt haben Sie Zeit, genau die Dinge zu tun, die für Sie etwas ganz besonderes sind oder die Sie mit Ihrem Ex-Partner nicht gemeinsam tun konnten.

Wollten Sie z. B. schon immer einen Segeltörn im karibischen Meer machen, einen Heilpraktikerkurs besuchen oder ein Instrument spielen lernen? Schreiben Sie Ihre ganz besonderen, persönlichen Wünsche auf. Dinge, die für Sie eine Herzensangelegenheit sind und die Sie in Ihrer Persönlichkeitsentwicklung einen Schritt nach vorne bringen. Prüfen Sie deren Realisierbarkeit und setzen Sie sich Ziele, die Sie dann auch in Pläne verwandeln und tatsächlich umsetzen. Schieben Sie diese Pläne nicht zu weit

Was wünschen Sie sich von einer Beziehung?

nach hinten, sondern nutzen Sie jetzt die Zeit, die Ihnen das Leben gegeben hat. Einer meiner Wünsche war, dieses Buch über Liebe zu schreiben.

achten Sie auf Ihre Bedürfnisse

Überlegen Sie sich also ganz bewusst, was Sie tun möchten und wie Sie das Gefühl der Leere, dass die Trennung bei Ihnen hinterlassen hat, sinnvoll füllen. **Machen Sie Ihre Hausaufgaben und missachten Sie nicht Ihre eigenen Bedürfnisse und Belange.** Sie haben es geschafft, Ihre Trauer und Ihre Wut zu akzeptieren und die Dinge angenommen, wie sie sind. Jetzt ist es an der Zeit, dass Sie wieder aktiv werden und Ihre eigene geistige und emotionale Entwicklung voranbringen.

@ Eine Liste mit Zukunftswünschen finden Sie hier:
www.bedienungsanleitung-liebe.de

10. Suchen Sie sich Menschen, die Ähnliches durchmachen

reden Sie mit anderen Betroffenen

Sehr viele Menschen durchleiden Liebeskummer. Fast jeder musste diese schmerzhafte Erfahrung schon einmal erleben. Kaum jemand bleibt davon verschont. Mit diesem Gefühl sind Sie also nicht allein. Manchmal kann es in so einer Situation helfen, mit jemandem zu sprechen, der etwas Ähnliches wie Sie selbst durchgemacht hat. Es kann in einer Zeit, in der es Ihnen beiden nicht gut geht, ratsam sein, sich gemeinsam zu sagen: **„Das schaffen wir!“** Das kann ein Freund sein, der zufällig gerade in einer vergleichbaren Situation steckt, wie Sie selbst. Vielleicht ist es aber auch eine neue Bekanntschaft, die Sie erst aufgrund der schmerzhaften Erfahrung kennen gelernt haben. Oft verändert sich der Freundes- und Bekanntenkreis nach einer Trennung. Andere Pärchen, mit denen Sie während Ihrer Partnerschaft befreundet waren, können vielleicht mit Ihnen als Single nicht mehr so viel anfangen. Immerhin entsteht hier auch eine neue Konkurrenzsituation. **Deshalb ist es jetzt wichtig, sich wieder neuen Kontakten zu öffnen und sich einen neuen Kreis zu suchen.**
Suchen Sie sich also Menschen, die Sie aktiv durch diese schwere Zeit begleiten und Sie bei dem unterstützen, was Sie sich vorgenommen haben. Treffen Sie andere, die mit Ihnen im gleichen Boot sitzen. Das können Sie

z. B. in einem Selbsthilfe-Forum oder einer Liebeskummerseite im Internet. Hier tauschen sich Gleichgesinnte aus, sprechen über ihre Gefühle und Erlebnisse. **Es kann helfen, zu hören, dass man nicht allein ist und Andere ähnliche Geschichten zu erzählen haben.** Teilen Sie, was Ihnen der Liebeskummer für Chancen und Möglichkeiten gegeben hat und profitieren Sie von dem, was andere Ihnen darüber mitteilen können. Ziehen Sie sich nicht gegenseitig tiefer hinunter.

besuchen Sie ein Liebeskummer-Forum

Hier finden Sie ein Selbsthilfe-Forum zum Austausch mit anderen Betroffenen: www.bedienungsanleitung-liebe.de (Login: Ich_liebe)

@

Fünf Don'ts bei Liebeskummer

1. An der Vergangenheit festhalten

Wenn Sie sich verzweifelt an **Ihrem Ex-Partner und an der Beziehung** mit ihm **festklammern**, verpassen Sie die Chance, sich weiter zu entwickeln. Versuchen Sie nach einer Trennung nicht krampfhaft, diese ungeschehen zu machen und Ihren Partner von einer Rückkehr zu Ihnen zu überzeugen, sondern **versuchen Sie, die Situation anzunehmen**.

nicht klammern, sondern loslassen

2. Verdrängen, was geschehen ist

Versuchen Sie nicht, die Trennung und die Gefühle, die Sie deshalb empfinden beiseite zu schieben und zu behaupten, Sie wären nicht traurig, wütend oder verletzt wegen dem, was passiert ist. **Lassen Sie Ihre Gefühle zu** und **geben Sie sich ein wenig Zeit, um die Trennung in Ruhe zu verarbeiten**. Keiner verlangt von Ihnen, dass Sie das ohne Weiteres wegstecken und einfach mit Ihrem Leben weitermachen.

Gefühle zulassen

3. In der eigenen Wohnung verkriechen

Gönnen Sie sich eine Trauerphase und viel Ruhe und Zeit für sich nach der Trennung, aber **verkriechen Sie sich nicht**. Verstecken Sie sich nicht vor Ihren Freunden oder Ihrer Familie, die Ihnen helfen wollen und können. Ziehen Sie sich nicht von Ihrem eigenen Leben zurück. Eine Trennung bedeutet nicht, dass Ihr Leben vorbei ist.

4. Flucht in die Alltagsroutine

Lassen Sie sich nach der Trennung **nicht zurück in den alltäglichen Arbeits- und Lebenstrott** fallen, um den Liebeskummer beiseite zu drängen. Nutzen Sie vielmehr die Chance, die er Ihnen bietet und **räumen Sie in Ihrem Leben auf**. Brechen Sie aus dem Hamsterrad aus und verändern Sie sich und Ihr Leben zum Positiven.

5. Sofort Ersatz suchen

Stürzen Sie sich **nicht sofort in die nächste Beziehung** mit der erstbesten Alternative, die sich Ihnen bietet, um die entstandene Lücke zu füllen. **Lassen Sie sich Zeit** und **finden Sie** (wieder) **zu sich selbst**. Werden Sie sich in aller Ruhe klar, welche Dinge Ihnen eigentlich wichtig sind im Leben, in einer Beziehung und an einem Partner, so dass Sie beim nächsten Mal vielleicht nicht wieder die gleichen Fehler machen.

Nützliches

Platz für Ihre Notizen

Wichtige Zugangsdaten:

Auf der **Homepage** www.bedienungsanleitung-liebe.de
geben Sie bitte unter **„Nützliches“** und **„Liebeskummer“**
Ihren Zugangscode: „Ich_liebe“ ein.

Ihr Arbeitsbuch

Passend zum Buch gibt es das Arbeitsbuch. Hier finden Sie zu allen 100 Tipps des Buches **Fragen und Übungen**.

So **arbeiten** Sie ganz **konkret an sich** und **leben automatisch mehr Liebe**.

Profitieren Sie von mehr Selbsterfahrung und **gewinnen Sie an Kraft und Energie**.

„Lesen heißt vergessen, schreiben heißt erinnern, doch nur tun heißt verstehen."
– Konfuzius –

Mit dem **Arbeitsbuch** – passend zum **Buch** „Bedienungsanleitung Liebe" – setzt du die Theorie in die Praxis um: damit du von mehr Liebe profitierst. So bekommst du Tag für Tag mehr Liebe in dein Leben.

Liebe für den Alltag
Arbeite mit dem Buch, beantworte die Fragen und finde heraus, wie dich die Liebe im Alltag jeden Tag bereichert.

Selbstliebe
Lerne, dich selbst zu lieben und zu akzeptieren. Denn alles beginnt und endet mit der Einstellung zu dir selbst! Hier machst du dich auf den Weg zu mehr Selbstliebe.

Partnerschaftsliebe
Diese Fragen kannst du mit deinem Partner beantworten und viel über eure Beziehung lernen. Was eint euch? Was wünscht ihr euch? Hier gibt's viele neue und wertvolle Erkenntnisse.

Partnersuche
Du bist alleine, aber sehnst dich nach einer glücklichen Partnerschaft? Hier findest du heraus, was dir wichtig ist. Du gehst deinen Wünschen auf den Grund und bekommst Klarheit, welche Beziehung gut für dich ist.

Liebeskummer
Kein Schmerz tut so weh wie der Liebeskummer. Hier lernst du, befreit loszulassen. Dir wird klar, dass Liebesschmerz auch immer eine Chance zum Neuanfang ist.

„Ohne Liebe ist das Leben sinnfrei!"
– Claudia Bayerl –

www.bedienungsanleitung-liebe.de

9 783000 401541

Auch im Arbeitsbuch finden Sie **alle fünf Bereiche der Liebe:**

- Liebe für den Alltag
- Selbstliebe
- Partnerschaftsliebe
- Partnersuche
- Liebeskummer

So können Sie auch hier **genau die Themen bearbeiten, die zu Ihrer Situation passen**.

Viel Spaß und Erfolg beim Üben!

Homepage www.bedienungsanleitung-liebe.de

Mit der Homepage bleiben Sie in ständiger Verbindung zum Thema Liebe. Geben Sie unter „Nützliches" die Login-Daten „Ich_liebe" ein und erhalten Sie so Eintritt in die Liebeswerkstatt. Dort erwarten Sie:

- **Checklisten**, Aufgaben und Übungen.
- **Der Tipp zur Liebe**: Bestellen Sie den monatlichen Newsletter mit Tipps zum Thema Liebe. Dadurch wächst Ihre Bedienungsanleitung ständig weiter.
- Lesen Sie **Redaktionsbeiträge** zum Thema Liebe.
- **Gästebuch**: Teilen Sie uns mit, welche Tipps Sie besonders ansprechen und wie Ihnen „Bedienungsanleitung Liebe" im Alltag weiterhilft.
- **Liebeskummer-Forum**: Hier können Sie sich mit einem Pseudonym anmelden und mit Gleichgesinnten über die Herausforderungen der Liebe sprechen.
- **Bestellung**: Bestellen Sie hier ganz einfach Ihr persönliches Arbeitsbuch, begleitend zur „Bedienungsanleitung Liebe".

Newsletter „Tipp zur Liebe“

Eine ganz besondere Hilfestellung für Sie:

Der Tipp zur Liebe

Die Anmeldung zum Newsletter ist **kostenlos**! Sie erhalten **jeden Monat** einen Tipp zur Liebe, einen schönen Spruch oder Übungsanweisungen ganz bequem **per E-Mail** zugeschickt. So wächst Ihre „Bedienungsanleitung Liebe“ **immer weiter**. Denn auch die Liebe in Ihrem Leben soll stetig wachsen.

Und so geht's:

1. Besuchen Sie uns auf der Homepage:
   www.bedienungsanleitung-liebe.de
2. Dann klicken Sie auf „Newsletter“.
3. Dort können Sie ganz einfach den Newsletter abonnieren, indem
   Sie Ihre E-Mail-Adresse eintragen und den Auftrag bestätigen.
   Wir wünschen Ihnen ganz viel Freude damit und freuen uns auf Sie.

Facebook

Besuchen Sie uns auf Facebook unter www.facebook.com/bedienungsanleitung.liebe und werden Sie Fan. Dort finden Sie u. a.:

- regelmäßig Tipps und Informationen zum Thema Liebe,
- aktuelle Nachrichten vom Redaktionsteam,
- viele Motive zum Thema Liebe,
- Muster für Liebesbriefe,
- viele Gleichgesinnte,
- Sonderpreise und vieles Mehr.

Das Redaktionsteam

Eva-Maria Ruhland

Sie hat ihr Studium an der Universität Regensburg in Germanistik, Spanisch und Kulturwissenschaft erfolgreich abgeschlossen. Ihr Interesse für Sprache und Psychologie kommt in ihrem Artikel zum Ausdruck.

Janika Rehmann

Sie hat ihr Studium an der Universität Tübingen in Soziologie und Germanistik erfolgreich abgeschlossen. Ihre Leidenschaft gilt der deutschen Literatur und dem Verfassen von Texten aller Art.

Elisabeth Jung

Sie studiert Theater- und Medienwissenschaften und Germanistik an der Universität Erlangen-Nürnberg. Ihr dadurch erworbenes Wissen wendet sie gekonnt bei allen Projekten der Textakademie an.

Motive:

Hasan Yüksel

Er ist Fachinformatiker bei der Textakademie GmbH. Als Spezialist für IT-Fragen und als erfahrener Grafiker ist er bei der Textakademie sehr gefragt. Er ist der tolle Zeichner unserer lebendigen Motive.

Das Redaktionsteam können Sie hier kontaktieren:
www.bedienungsanleitung-liebe.de

Es ist die Hilfe und Liebe der Menschen, die unser Leben lebenswert machen.

Lieben Dank an …

… Sie, dass Sie dieses Buch lesen. Wir alle, die Autoren, das Redaktionsteam und ich freuen uns so sehr darüber. Für Sie haben wir dieses Buch geschrieben. Wir wünschen uns innig, dass Sie Freude daran haben. Mit jedem Lächeln beschenken Sie auch uns.

… die vielen lieben Menschen in meinem Leben, die mir immer zeigen, dass wir Liebe brauchen und geben können.

… die Menschen, die mir Stolpersteine in mein Leben gelegt haben.
Durch sie habe ich ganz viel gelernt.
Den Liebeskummer, durch ihn bin ich gewachsen.

… alle Menschen, die lieben. Sich selbst, Menschen, Tiere, Natur, ihre Arbeit, das Leben. Sie alle machen unsere Welt lebenswerter.

… meine Mitarbeiter, die Autoren, das Redaktionsteam für eine tolle Arbeit und den leidenschaftlichen Einsatz. Ihr seid großartig.

… meine Seminarteilnehmer und Kunden, durch die ich so viel Freude an meiner Arbeit haben darf und ich immer wieder beschenkt werde.

… das Redaktionsteam für die Liebe und den Einsatz für dieses Buch:
Eva-Maria Ruhland, Janika Rehmann, Elisabeht Jung, Anita Gedak, Dominik Wellenhofer.
Hasan Yüksel für die lebendigen Motive, die wir alle lieben.

… die Menschen in meinem Leben, meiner Familie, meinen Freunden, insbesondere meiner Tante Stella Fried, Winnie Bayerl, Markus Kuster und Martin Schaller für Hilfe, Gespräche und Liebe.

… meine wunderbaren Tiere. Sie sind die besten Lehrmeister in Sachen Liebe.

Lieben Sie Tiere: Engel haben Fell

In diesem Buch geht es um die Liebe. Deshalb **dürfen die Tiere nicht fehlen**. Tiere schenken uns ganz viel Liebe. Sie sind **wahre Lehrmeister in Sache Liebe**.

Besuchen Sie die Homepage www.schutz-fuer-tiere.de.

Hier **helfen Sie Tieren ganz konkret mit Ihrer Stimme**.

Schutz für Tiere ist ein Tierschutz-Portal, auf dem sich alle Tierfreunde registrieren und mit Ihrer Stimme für mehr Tierschutz sorgen.

So einfach geht es:

- Besuchen Sie die Homepage www.schutz-fuer-tiere.de.
- Registrieren Sie sich bitte mit Namen und E-Mail-Adresse.
- Sie erhalten einmal im Monat eine E-Mail von uns, mit der Bitte um Ihre Stimme.
- Mit ganz vielen Stimmen erreichen wir aktiv und demokratisch etwas für den Tierschutz.

So helfen Sie allein mit Ihrer Stimme und Meinung vielen Tieren ganz konkret.

Verschenken Sie Liebe

Verschenken Sie Liebe und machen Sie **Ihren Freunden, Bekannten und Kunden** mit dem Buch „Bedienungsanleitung Liebe“ und dem Arbeitsbuch eine ganz besondere Freude.

So bereichern Sie Ihre Mitmenschen und schenken ihnen mehr Lieben im Leben.

So einfach können Sie Liebe verschenken:
Ab zehn Exemplaren erhalten Sie Sonderpreise.

Ein Geschenk wartet auch auf Sie:
Empfehlen Sie Bedienungsanleitung Liebe weiter.

Informieren Sie Ihre Freunde, Bekannten und Kunden über das Buch „Bedienungsanleitung Liebe“. Jeder, der das Buch weiterempfiehlt und in seinen Newsletter aufnimmt, erhält ein Geschenk.

Weitere Informationen über die Sonderkonditionen und das Empfehlungsgeschenk geben wir Ihnen gerne unter www.bedienungsanleitung-liebe.de. Oder Sie schicken uns eine E-Mail an info@bedienungsanleitung-liebe.de.

Liebe Leserin, lieber Leser,

ich bin sehr gespannt, ob Ihnen das Buch gefällt. Es ist für mich mehr als ein Buch. Es ist wirklich als Bedienungsanleitung für die Liebe gedacht.

Ich weiß, dass alle Menschen Liebe brauchen und suchen. Wie schön ist die Vorstellung, wenn jeder etwas mehr Liebe für sich entdeckt. Wenn ich zaubern könnte, würde ich Ihnen Liebe schenken, Ihnen ganz persönlich, jedem Menschen und jedem Tier.

Aber ich hoffe wirklich sehr, dass Sie mit dem Buch mehr Liebe leben. Ihr Leben ist so kostbar und die Liebe wird es verzaubern. Das wünsche ich Ihnen von ganzem Herzen.

Schön ist es, wenn wir uns einmal persönlich begegnen. Das Leben führt die Menschen zusammen, die lieben. Aber vielleicht haben Sie Lust mir mal zu schreiben. Ich freue mich sehr über Nachricht von Ihnen.
Einfach an bayerl@bedienungsanleitung-liebe.de eine E-Mail schicken.

Sie treffen mich aber auch auf der Homepage. Ich schreibe Ihnen gerne auch jeden Monat einen Tipp zur Liebe. Melden Sie sich einfach auf der Homepage kostenlos für den Newsletter an. So bleiben wir immer in Kontakt und Sie am Thema Liebe dran.

Ich wünsche Ihnen bei allem, was Sie tun und erleben Liebe und Freude.
Bis bald und passen Sie gut auf sich auf.

Von Herz zu Herz

Ihre

Claudia M. Bayerl

Claudia Maria Bayerl